# 制度质量、空间效应 与中国农产品贸易
## ——基于"一带一路"国家的视角

李文霞／著

图书在版编目(CIP)数据

制度质量、空间效应与中国农产品贸易：基于"一带一路"国家的视角 / 李文霞著. —上海：立信会计出版社，2023.5
（序伦财经文库）
ISBN 978-7-5429-7371-9

Ⅰ.①制… Ⅱ.①李… Ⅲ.①农产品贸易-国际贸易-研究-中国 Ⅳ.①F752.652

中国国家版本馆 CIP 数据核字(2023)第 107075 号

策划编辑　　窦瀚修
责任编辑　　余　榕
助理编辑　　王悠然

**制度质量、空间效应与中国农产品贸易：基于"一带一路"国家的视角**
ZHIDUZHILIANG KONGJIAN XIAOYING YU ZHONGGUO NONGCHANPIN
MAOYI JIYU YIDAIYILU GUOJIA DE SHIJIAO

| | |
|---|---|
| 出版发行 | 立信会计出版社 |
| 地　　址 | 上海市中山西路 2230 号　邮政编码　200235 |
| 电　　话 | (021)64411389　　传　真　(021)64411325 |
| 网　　址 | www.lixinaph.com　电子邮箱　lixinaph2019@126.com |
| 网上书店 | http://lixin.jd.com　http://lxkjcbs.tmall.com |
| 经　　销 | 各地新华书店 |
| 印　　刷 | 江苏凤凰数码印务有限公司 |
| 开　　本 | 710 毫米×1000 毫米　1/16 |
| 印　　张 | 14 |
| 字　　数 | 188 千字 |
| 版　　次 | 2023 年 5 月第 1 版 |
| 印　　次 | 2023 年 5 月第 1 次 |
| 书　　号 | ISBN 978-7-5429-7371-9/F |
| 定　　价 | 68.00 元 |

如有印订差错，请与本社联系调换

# 前　言

中国是农产品生产大国,农产品出口在我国出口贸易中占据举足轻重的地位。根据联合国商品数据库在2002—2016年的数据,中国农产品的出口对象国主要为日本、美国、韩国、中国香港、德国、马来西亚等国家和地区。虽然相对较高的出口集中度在一定程度上降低了农产品的出口成本,但同时使得中国农产品易受出口市场波动的影响。近年来,伴随"一带一路"倡议的持续推进,中国同"一带一路"沿线国家之间的联系日益密切,沿线主要国家逐渐成为中国农产品的重要出口对象国。

基于比较优势理论、自由贸易理论、新制度经济学和新经济地理学等理论,本书对2002—2016年中国及世界农产品出口"一带一路"沿线主要国家的数据进行分析。首先,在对中国农产品出口"一带一路"沿线主要国家的现状及存在的问题加以分析的基础上,本书从微观基础出发,将制度纳入引力模型的分析中,分析中国农产品出口"一带一路"沿线主要国家的影响因素,重点探讨制度质量对中国农产品出口的影响;其次,考虑到"一带一路"沿线主要国家的经济水平存在较大差异,中国农产品出口对不同收入国家的影响因素进行分析;再次,基于经济活动存在空间相关性,将空间计量经济模型同引力模型相结合,通过构建不同类型的空间权重矩阵,实证分析空间效应对中国农产品出口"一带一路"沿线国家的影响;最后,结合上述分析得出主要结论。为有效扩大中国农产品在"一带一路"沿线主要国家的出口规模,推动中国农产品出口市场发展的多样化,提出了针对性的政策建议,以及该研究存在的不足和未来的研究展望。

上述研究有助于进一步明晰中国农产品出口变动趋势、市场结构、产品结构和竞争力水平,丰富已有研究对引力模型理论基石的探讨,拓展制度因素在进出口贸易方面的应用,并为中国农产品贸易的研究提供新视野。

由于作者学识有限,书中可能存在疏漏和不当之处,敬请各位专家和读者批评指正。

作 者

2023 年 3 月

# 目　录

1　绪论 …………………………………………………………… 1
　1.1　研究背景和意义 …………………………………………… 1
　1.2　研究方法和研究范围 ……………………………………… 5
　1.3　研究内容和框架 …………………………………………… 8
　1.4　研究难点和创新点 ………………………………………… 11

2　理论基础和文献综述 ………………………………………… 13
　2.1　理论基础 …………………………………………………… 13
　2.2　文献综述 …………………………………………………… 20

3　中国农产品出口"一带一路"沿线主要国家的现状分析 …… 49
　3.1　对出口规模的分析 ………………………………………… 49
　3.2　对出口产品结构的分析 …………………………………… 50
　3.3　对贸易逆差的分析 ………………………………………… 55
　3.4　对出口市场结构的分析 …………………………………… 56
　3.5　对竞争力水平的分析 ……………………………………… 57

4　制度质量对中国农产品出口"一带一路"沿线主要国家的影响因素分析 …………………………………………………… 67
　4.1　模型的基本形式及推导 …………………………………… 67

4.2 回归模型与数据 …………………………………………… 72
4.3 变量的描述性统计 ………………………………………… 79
4.4 单位根检验和协整检验 …………………………………… 81
4.5 回归结果分析 ……………………………………………… 83
4.6 稳健性检验 ………………………………………………… 95

## 5 中国农产品出口对"一带一路"沿线不同收入水平国家的影响因素分析 …………………………………………………… 105

5.1 中国农产品出口对"一带一路"沿线中等收入国家影响因素的分析 …………………………………………………… 105
5.2 中国农产品出口对"一带一路"沿线高收入国家影响因素的分析 …………………………………………………… 127

## 6 空间效应对中国农产品出口"一带一路"沿线主要国家的影响 …………………………………………………………………… 151

6.1 空间效应和空间权重矩阵 ………………………………… 151
6.2 空间计量经济模型的基本形式 …………………………… 156
6.3 引入空间效应的回归结果分析 …………………………… 159

## 7 主要结论和政策建议 ……………………………………………… 172

7.1 主要结论 …………………………………………………… 172
7.2 政策建议 …………………………………………………… 178
7.3 研究存在的不足与展望 …………………………………… 183

参考文献 …………………………………………………………………… 184

后记 ………………………………………………………………………… 214

# 1 绪 论

本章从研究背景和意义出发,综合多种研究方法,对本书的基本内容和框架结构进行说明,阐述各章研究重点,并在此基础上提出研究的难点和创新点。

## 1.1 研究背景和意义

### 1.1.1 研究背景

中国是农业大国,农产品贸易的发展不仅直接关系到农民的切身利益,还关系到国家的经济增长、社会的和谐稳定等诸多方面。因此,农产品贸易在中国对外贸易中扮演着十分重要的角色,中国农产品的生产、消费和贸易状况,对世界农产品贸易活动有着重要的影响。改革开放以来,中国农产品对外开放取得了举世瞩目的成就,中国已成为世界农产品贸易大国。由图 1-1 可知,1992—2016 年中国农产品进口额保持快速增长态势,年均增长 10.39%。中国加入世界贸易组织(World Trade Qrganization,WTO)后,中国农产品进口额呈跳跃性增长,年均增长 15.96%,截至 2016 年,中国农产品当年进口额是 1992 年农产品进口额的 21 倍左右。相比而言,中国农产品出口额增长态势较为平稳,1992—2016 年平均增长速度为 8.38%,中国加入 WTO 后,中国农产品出口额年均增长 10.85%。从贸易平衡角度来看,1992—2002 年中国农产品顺差长期维持在 40 亿美元左右,自 2003 年首次出现贸易逆差后,中国农产品贸易差额的绝对值显著增加,2016 年达到 494.82 亿美元。

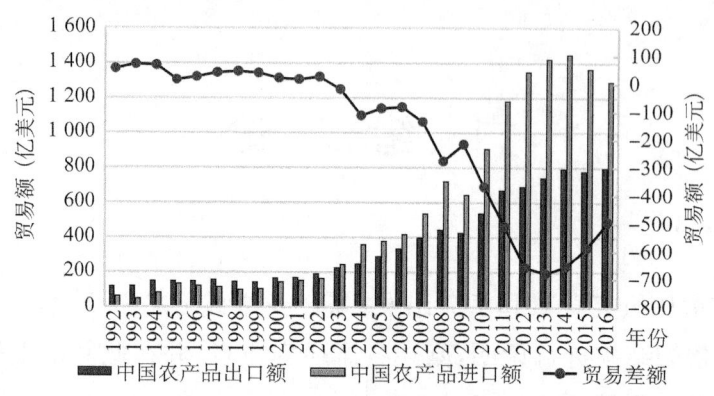

图 1-1　中国农产品进出口贸易流量

数据来源:根据联合国商品贸易数据库计算整理所得。

  一般而言,进出口贸易的最佳状态是保持产品进出口平衡并略有结余,这样可以推动对外贸易的持续良好发展。但目前中国农产品进口增幅较大,出口却并未出现匹配性增长,导致中国农产品贸易逆差愈发严重。我国农产品贸易长期持续逆差的现象将对农产品进出口结构产生影响。因此,基于亟须扩大我国农产品出口规模的现状,深入分析目前中国农产品出口增长的原因,对缓和农产品贸易的贸易逆差、优化贸易条件是十分必要的。

  对中国农产品出口对象国进行整理后发现,中国农产品的出口市场集中度较高,2002—2016 年,中国农产品前十大出口对象国家和地区长期集中在日本、美国、韩国、中国香港、德国、马来西亚等,中国对这些国家和地区的出口额占中国农产品出口总额的 65%～77%。虽然我国长期倡导多元化的农产品出口市场,但实际情况仍表现为过高的农产品出口集中度。这虽在一定程度上会降低中国农产品的出口成本,但同时会造成中国农产品依赖个别出口市场,易受国际市场或出口对象国经济波动、政策导向的影响。因此,深入分析中国农产品出口影响因素,开发新兴农产品出口市场,对于推动中国农产品出口稳定增长、缩小逆差具有重要作用。

2013年,习近平总书记提出"一带一路"(丝绸之路经济带和21世纪海上丝绸之路)倡议,提出加强同"一带一路"沿线国家(以下简称"沿线国家")的交流合作,深化双边政治互信,推动中国同沿线国家和地区实现区域共赢发展,构建便利化水平更高的自由贸易区域网。"一带一路"覆盖亚、欧、非三大洲65个国家和地区,涉及的人口占全世界人口的63%,经济总量占全球总量的30%左右,沿线国家多为发展中国家和新兴经济体。

根据联合国商品贸易数据库统计,2002年,中国对"一带一路"沿线主要国家①(以下简称"沿线主要国家")农产品出口额仅为49.42亿美元,2016年该出口额增至299.31亿美元,出口额增长了6倍有余,其占中国农产品出口总额的比重从2002年的26.27%增至37.62%。随着"一带一路"倡议的进一步深化,借助现有政策优势,加强同沿线国家的经贸合作,将进一步激发中国同这些国家的合作潜力,推动中国农产品出口市场发展的多样化,降低出口风险,提高中国农产品整体出口规模。

### 1.1.2 研究意义

本书在已有研究的基础上,以中国农产品对沿线主要国家的出口流量作为研究对象,通过扩展的引力模型从不同层面分析各因素对中国农产品出口规模的影响,同时将空间计量经济模型同引力模型相结合进行实证分析,以深入探究空间效应对中国农产品出口沿线主要国家规模的影响。这对于丰富有关中国农产品贸易的相关研究有重要意义,主要表现在以下四个方面。

第一,中国加入WTO后,中国农产品贸易规模不断扩大,2005年中

---

① 考虑到中国对"一带一路"沿线部分国家的农产品出口额缺失或规模过小,部分国家经济总量较低以及在实证分析中模型变量(如制度水平、关税税率、农业增加值占比等)缺失较为严重,故本书在研究中选取39个国家作为研究对象,这些国家为本书中的沿线主要国家。

国农产品出口占中国货物贸易的4.34%,2016年该比例增至6.2%[①],由此可见,中国农产品贸易在中国货物贸易中所占的比重不断攀升。农产品贸易的发展对人民生活、社会稳定有着重要作用。因此,对中国农产品出口至沿线主要国家的现状及存在的主要问题的分析,有助于政府及企业对中国农产品出口变动趋势、市场结构、产品结构和竞争力水平进行整体把握,对增加我国农产品出口市场结构的多元化、提高农产品市场竞争力、扩大农产品出口和有效控制农产品贸易逆差规模有着重要意义。

第二,基于农产品贸易在中国出口贸易中的重要地位,现有文献已从不同角度对中国农产品贸易进行分析,但相关研究在实证回归中多采用传统的引力模型,自变量的选取较为主观,模型缺乏理论基础。本书结合已有的研究成果,通过从微观基础角度出发的引力模型,使得模型的设定和变量选择更具说服力。这一方面丰富了现有研究对引力模型理论基石的探讨,另一方面加深了对分析中国农产品出口沿线国家影响因素的认识。

第三,现有研究常忽略双边贸易中交易成本的存在,但交易成本的高低对双边贸易的开展至关重要。根据新制度经济学,国家制度水平的高低显著影响双边贸易的交易成本,因此,在研究中国同沿线国家的农产品贸易时,我们应对制度的影响情况予以考虑。鉴于此,本书首先将制度纳入引力模型的推导过程中;其次在对制度水平的测度中,将制度分为经济制度、政治制度和法律制度,采用从分到总的方法,对三类制度的二级指标、三类制度和总制度质量分别进行实证分析,丰富了制度在国际贸易领域尤其是农产品贸易方面的应用。

考虑到沿线主要国家经济发展水平存在的差异,本书将其进行分类,分别探究中国对沿线主要国家整体农产品出口规模,以及对不同发展水平国家农产品出口影响因素的差异。由此,本书一方面完善了现有文献关于制度的研究;另一方面明确了中国农产品对不同发展水

---

① 根据中华人民共和国商务部(以下简称"商务部")对外贸易司统计所得。

平国家出口的影响因素。这些研究使得我们对中国农产品出口沿线主要国家的影响因素有了更全面和深刻的认识,为政府和出口企业扩大农产品出口规模提供政策制定及战略决策依据。

第四,伴随空间计量经济学的快速发展,学者在分析区域经济活动(如产业集聚、创新活动等经济现象)时,已较多考虑空间相关性的影响。但在现有的国际贸易研究中,采用空间计量经济模型对双边农产品贸易流量的空间效应加以分析的研究较少。基于此,本书借鉴相关学者的研究成果,从地理和经济两个角度构建空间权重矩阵,考虑不同的空间相关性,分析中国农产品出口沿线主要国家的空间相关性,以及纳入空间因素后对中国农产品出口沿线主要国家影响因素的变化,由此弥补现有研究的不足,不仅为中国农产品贸易的相关研究提供了新的研究视野,同时还为后续深入探究多样化的空间计量经济模型在国际贸易中的应用奠定了基础。

## 1.2 研究方法和研究范围

### 1.2.1 研究方法

本书基于比较优势理论、自由贸易区理论、新制度经济学、新经济地理学等理论,将定性分析(如文献分析法)同定量分析(如对比分析法、定量分析法)等方法相结合,对中国农产品出口沿线主要国家的影响因素进行全面系统的分析。

文献分析法是在研究中较为常用的方法,主要通过对国内外学者的相关研究成果进行收集、分类和系统性梳理,掌握相关研究领域的最新动向和发展方向。本书主要通过对现有文献加以整合,对农产品贸易的相关研究、制度、同国际贸易的关系、空间计量经济学的研究成果以及新制度经济学、新经济地理学等理论进行阐述和总结,以对现有研究有较全面的了解,并发现其存在的不足,进而提出相应的解决方法。

对比分析法主要是基于合理的标准,从不同角度对研究对象进行比较分析,从而对研究的样本有更客观、合理的认识。本书的研究从三个角度进行对比分析。第一,将沿线主要国家分为高收入国家和中等收入国家,一方面对比分析中国对两类国家农产品出口规模、结构及竞争力水平的差异,另一方面在实证分析中对两类国家各自变量的弹性系数进行对比分析。第二,基于中国农产品出口对象国经济制度、政治制度和法律制度存在的差异,实证分析不同制度对中国农产品出口沿线主要国家的影响。第三,在空间计量经济模型中,构建不同的空间权重矩阵进行实证分析,以期对中国农产品出口的空间相关性有更清晰的认识。

定量分析法主要是对研究对象相关数据的分析,以发现样本之间的相互关系及变化趋势。本书首先从中国农产品出口的产品结构、市场结构及竞争力等角度,对中国同沿线主要国家的农产品贸易进行定量分析;其次基于微观基础得到包含制度的引力模型,在对模型变量进行描述性统计的基础上,对面板数据进行一系列相关检验(如平稳性检验、单位根检验等);最后通过对模型固定效应、随机效应和混合效应的选择,实证分析中国农产品出口沿线主要国家的影响因素,并通过内生性检验对模型回归结果的稳健性和可靠性进行验证。

### 1.2.2 研究范围

为准确测度 2002—2016 年中国对沿线主要国家农产品出口规模的影响因素①,根据沿线国家的代表性、数据可获得性,同时借鉴现有文献的选取方法,如许家云和周绍杰等(2017)[1]及其他学者的做法,本书选取 39 个国家作为中国对沿线国家的主要农产品出口对象国。这些国家分别为:亚美尼亚、奥地利、比利时、保加利亚、捷克、德国、西班牙、法国、英国、格鲁吉亚、希腊、匈牙利、印度尼西亚、印度、意大利、立陶宛、拉脱维亚、马来西亚、荷兰、巴基斯坦、菲律宾、波兰、罗马尼亚、俄

---

① 本书相应农产品贸易数据均来自联合国商品贸易数据库。

罗斯、新加坡、斯洛文尼亚、泰国、土耳其、乌克兰、乌兹别克斯坦、哈萨克斯坦、塔吉克斯坦、吉尔吉斯斯坦、土库曼斯坦、沙特阿拉伯、白俄罗斯、越南、以色列、阿尔及利亚。

考虑到出口对象国经济发展程度存在差异,为区分中国对"一带一路"沿线不同收入水平国家①出口农产品的现状及影响因素,按照世界银行的划分标准,将2016年人均国民总收入在1 006~12 235美元的国家确定为中等收入国家,人均国民总收入在12 235美元以上的国家设定为高收入国家。按此标准,沿线中等收入国家包括亚美尼亚、格鲁吉亚、印度尼西亚、印度、巴基斯坦、菲律宾、乌克兰、乌兹别克斯坦、塔吉克斯坦、吉尔吉斯斯坦、越南、保加利亚、马来西亚、罗马尼亚、俄罗斯、泰国、土耳其、哈萨克斯坦、土库曼斯坦、白俄罗斯、阿尔及利亚共21个国家;沿线高收入国家包括奥地利、比利时、捷克、德国、西班牙、法国、英国、希腊、匈牙利、意大利、立陶宛、拉脱维亚、荷兰、波兰、新加坡、斯洛文尼亚、沙特阿拉伯、以色列共18个国家。

对于农产品的统计范围,本书借鉴刘庆林和汪明珠(2014)[2]的分类标准,采用WTO《农业协定》涵盖HS92版本中的农产品及鱼和鱼产品,共包括HS92版本编码第1~24章的所有农产品以及其余章节所对应的农产品,各章节对应农产品如表1-1所示。

表1-1 农产品范围

| HS92 | 农产品名称 | HS92 | 农产品名称 | HS92 | 农产品名称 |
| --- | --- | --- | --- | --- | --- |
| 01 | 活动物 | 04 | 乳品;蛋品;天然蜂蜜;其他食用动物产品 | 07 | 食用蔬菜、根及块茎 |
| 02 | 肉及食物杂碎 | | | 08 | 食用水果及坚果;甜瓜或柑橘属水果的果皮 |
| 03 | 鱼、甲壳动物、软体动物及其他水生无脊椎动物 | 05 | 其他动物产品 | | |
| | | 06 | 活树及其他活植物等 | 09 | 咖啡、茶、马黛茶及调味香料 |

① 本书涉及"一带一路"沿线不同收入水平国家时,为表述清晰,将其简称为沿线中等收入国家和沿线高收入国家。

(续表)

| HS92 | 农产品名称 | HS92 | 农产品名称 | HS92 | 农产品名称 |
|---|---|---|---|---|---|
| 10 | 谷物 | 17 | 糖及糖食 | 3501—3505 | 蛋白质、淀粉、明胶 |
| 11 | 制粉工业产品、麦芽、淀粉、菊粉、面筋 | 18 | 可可及可可制品 | 3809 | 整理剂 |
| | | 19 | 谷物、粮食粉、淀粉或乳制品;糕饼点心 | | |
| 12 | 油子仁及果实、杂项子仁及果实等 | | | 3823 | 工业用单羧脂肪酸、脂肪醇、酸性油 |
| | | 20 | 蔬菜、水果、坚果或植物其他部分的制品 | 4101—4103 | 生皮 |
| 13 | 虫胶、树胶、树脂及其他植物液、汁 | | | | |
| | | 21 | 杂项食品 | 4301 | 生毛皮 |
| 14 | 编织用植物材料、其他植物产品 | 22 | 饮料、酒及醋 | 5001—5003 | 适于缫丝的蚕茧、生丝、废丝 |
| | | 23 | 食品工业残渣、动物饲料 | 5101—5103 | 羊毛、动物细毛、动物粗毛及其废料 |
| 15 | 动、植物油、脂及其分解产品,精制的食用油脂、动、植物蜡 | 24 | 烟草、烟草及烟草代用品的制品 | 5105 | 已梳的羊毛及动物细毛或粗毛 |
| | | 2905 | 硝化或亚硝化衍生物 | | |
| 16 | 肉、鱼、甲壳动物、软体动物及其他水生无脊椎动物的制品 | | | 5202—5203 | 废棉、已梳的棉花 |
| | | 3301 | 精油;香膏;提取的油树脂 | 5301—5302 | 生亚麻、生大麻 |

## 1.3 研究内容和框架

本书共分为7章,各章节内容联系密切、依次展开。以"一带一路"沿线39个中国农产品主要出口对象国作为研究对象,利用HS92版本对应的农产品贸易数据,本书基于中国对沿线主要国家农产品出口的基本现状和存在的主要问题的分析,结合贸易引力模型和空间计量模型,实证分析中国农产品出口沿线主要国家的影响因素,重点从不同层次分析制度对中国农产品出口的影响。基于不同的影响因素,为扩大中国农产品对沿线主要国家的出口规模提出相应的政策建议。

第1章为绪论,主要分四部分内容:一是研究背景和意义;二是研究方法和范围;三是研究内容和框架;四是研究难点和创新点。这部分主要是从整体上对本书的核心内容进行较为全面的概括。

第2章为理论和文献综述,从两部分进行阐述:一是介绍本书的理论基础,基于贸易理论演化发展,从比较优势理论、自由贸易区理论、新制度经济学和新经济地理学的有关内容,探究与本书相关的理论基础;二是介绍与本书相关的文献综述,主要是对关于农产品竞争力、贸易结构、影响因素的分析,关于中国同沿线国家经贸关系的研究,关于制度同国际贸易关系的研究以及关于空间计量经济学的相关研究等方面的分析,并对现有的文献进行了简要评述。

第3章是介绍中国农产品出口"一带一路"沿线主要国家的现状。其主要是从中国对沿线主要国家、沿线不同收入水平国家出口规模、出口产品结构、贸易逆差、出口市场结构和竞争力水平等角度,阐述中国农产品出口沿线主要国家的基本现状。

第4章是制度质量对中国农产品出口"一带一路"沿线主要国家的影响因素分析。其从理论基础出发,得到扩展的引力模型,在对面板数据进行描述性统计、单位根检验和协整检验的基础上,对混合效应、随机效应、固定效应模型进行选择,实证分析影响中国农产品出口沿线主要国家的影响因素,重点探究各制度变量对中国农产品出口的影响情况。

第5章是中国农产品出口对"一带一路"沿线不同收入水平国家的影响因素分析。其主要基于第4章的模型基础,将样本国分为沿线中等收入国家和沿线高收入国家,深入探究中国对这两类国家农产品出口规模的影响因素。

第6章是空间效应对中国农产品出口"一带一路"沿线主要国家的影响。其将空间计量经济模型同引力模型相结合,在利用莫兰指数对中国农产品出口沿线主要国家的空间相关性进行分析的基础上,构建地理邻接权重矩阵、地理距离权重矩阵和经济距离权重矩阵,并采用空间计量经济模型实证分析中国对沿线主要国家农产品出口的空间效应和相关的影响因素。

第7章为主要结论和政策建议。其主要对上述分析进行归纳整理,结合实证分析的结果,有针对地提出扩大中国农产品出口规模的政策建议;同时,总结现有研究存在的不足,并提出未来的研究展望。

本书的基本框架如图1-2所示。

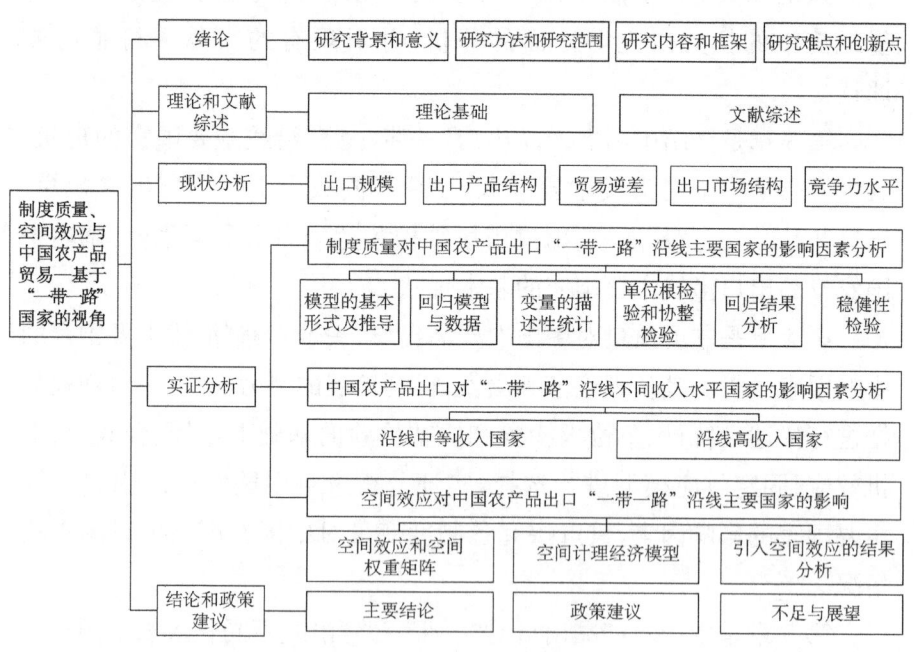

图1-2 本书的基本框架

## 1.4 研究难点和创新点

### 1.4.1 研究难点

本书在研究中的难点主要表现为两个方面:

(1) 现有研究对制度的界定尚未形成统一的标准,多数学者对制度的测度较为片面,如仅使用经济自由度作为制度的代理变量进行衡量,将制度纳入模型的过程缺乏合理的推导。因此,如何全面测度制度并将其合理纳入引力模型的分析是本书研究的一个主要难点。

(2) 已有关于空间效应的研究主要集中在分析区域经济活动,如地区间创新活动的溢出或区域产业集聚现象等,考虑农产品贸易空间相关性的研究较少。同时,在空间计量经济模型的构建中,现有研究在空间权重矩阵的设定中多选取0-1矩阵或者相邻矩阵,缺乏分析区域经济社会关系对经济活动的影响。因此,如何在分析中国农产品出口沿线主要国家的影响因素中,有效结合空间效应的相关研究以及构建同现实经济活动更吻合的空间权重矩阵是本书另外一个研究难点。

### 1.4.2 创新点

本书在引力模型中纳入制度变量,利用引力模型和空间计量经济模型对中国农产品出口沿线主要国家的影响因素进行实证研究。同已有文献相比,本书的创新点主要表现在以下四个方面:

(1) 在现有关于双边贸易影响因素的研究中,学者多从生产成本角度出发,分析可变贸易成本、工资水平等对双边贸易的影响,往往假定交易成本为零,缺乏考量制度质量对进出口贸易的作用,重点分析制度对农产品贸易影响的研究更少。因此本书基于新制度经济学,从经济制度、政治制度和法律制度三个角度对制度进行测度,从经济制度、政治制度、法律制度及其二级指标和总制度质量的角度,逐层次实证分析制度对中国农产品出口沿线主要国家的影响情况,以期对现有研究加以补充。

(2)在对影响因素的选取和设定中,多数文献倾向从传统引力模型角度出发,对双边贸易的影响因素进行分析。但这种做法缺乏理论基石的铺垫,较为主观地添加或删除模型变量,使研究缺乏一定的说服力。因此本书基于 Anderson J 和 Wincoop E(2003)[3]构建的模型,利用效用函数和预算约束函数,从消费者效用最大化角度出发,基于引力模型的微观基础,在模型中纳入制度因素,得到包含制度变量的扩展引力模型。

(3)在对被解释变量的设定中,多数学者从样本整体出发,分析各解释变量对双边贸易的影响,缺乏考虑样本内部客观存在的差异性,从而弱化不同样本个体自变量的影响情况。本书在研究中充分考虑沿线国家的经济发展水平存在较大差异,在对中国农产品出口至所有样本国影响因素分析的基础上,基于各国经济发展水平,将样本国分为沿线高收入国家和沿线中等收入国家,进一步分析不同经济发展水平下各变量对中国农产品出口的影响。

(4)在对国际贸易的分析中,已有文献在研究中多假定贸易流量相互独立,并采用引力模型进行分析。但这同现实贸易活动存在差异,如越南和泰国相邻,中国对越南的农产品出口额很可能受到中国对泰国的农产品出口额影响。因此,本书在基于扩展引力模型分析的基础上,将空间计量经济模型同引力模型相结合,在研究中尝试考虑中国对沿线主要国家农产品出口的空间相关性。同时,由于空间权重矩阵的设定在空间计量经济模型中至关重要,本书基于地理邻接权重矩阵和地理距离权重矩阵,进一步构建反映"一带一路"沿线各国经济水平关系的经济距离权重矩阵,由此基于不同的空间权重矩阵实证分析中国对沿线主要国家农产品出口的影响因素。

# 2 理论基础和文献综述

本章主要对相关的理论和文献研究成果进行阐释。首先,本章将相关的比较优势理论、自由贸易区理论、新制度经济学和新经济地理学等进行整理,为后文研究奠定理论基石。其次,本章从四个方面对相关文献进行展开。第一,对中国农产品贸易的相关方面进行梳理,主要包括农产品竞争力、农产品贸易结构、农产品贸易影响因素等方面;第二,对中国同沿线国家经贸关系的相关研究加以梳理;第三,总结整理关于制度对国际贸易关系影响的研究;第四,对空间计量经济学相关研究的运用和发展进行归纳总结。最后,本章通过对上述相关文献加以整理和评述,总结现有研究取得的成果以及存在的缺陷和不足,从而在后文的研究中加以补充和完善。

## 2.1 理论基础

### 2.1.1 比较优势理论

比较优势理论是以绝对优势理论为基础,基于一系列理论假定发展起来的。绝对优势理论指出,一国的贸易方式同本国所拥有生产某种产品的绝对优势相关,各国均可按照本国拥有的绝对优势进行国际分工,开展自由的国际贸易。根据该理论可知,国际贸易将集中发生在发达国家之间,因为当一国在产品生产中处于绝对劣势时,该国将无法参与国际贸易。基于该理论存在的不足,李嘉图提出比较优势理论。

比较优势理论认为,两国(以 A 国和 B 国为例)均生产两种产品(以 P1 和 P2 为例),假定生产要素在两国内部可以实现自由流动,在国际市场完全不流动,两国在生产 P1、P2 的技术水平存在差别,使得 P1、P2 的生产成本也存在相对差异。在此条件下,假设 A 国生产 P1 和 P2 的效率,相对于 B 国生产均处于绝对劣势,但只要处于绝对劣势地位的 A 国在生产 P1 和 P2 时的生产成本或者机会成本存在差异,而处于绝对优势地位的 B 国在生产 P1 和 P2 时的成本也存在差异,那么 A 国在 P1 和 P2 中选择生产效率较高的产品(假设为 P1)就具有比较优势,B 国选择生产效率较高的产品(假设为 P2)也具有比较优势。因此,A 国和 B 国均可进行专业化分工,生产和出口本国比较优势相对较大的产品,进口本国比较劣势的产品。基于该理论,我们可以认为,即使一国在两种产品的生产中均处于劣势,也同样拥有参与自由贸易的资格。比较优势理论的思想可描述为"两优取其重,两劣取其轻",按照该理论参与贸易活动的双方均可通过国际贸易带来双方福利水平的提升。因为比较优势理论认为,两国生产效率的差异是由本国先天存在的生产条件所决定的,由此该理论也被称为"外生比较优势理论"。

伴随经济全球化以及国际贸易理论的不断完善和发展,学者们基于不同视角对比较优势理论进行完善和拓展。Helpman E 和 Krugman P(1985)[4]拓展了完全竞争市场假设,通过引入规模经济,构建垄断竞争模型,发现在贸易中一国厂商可以通过提高规模效率,从而提高该厂商在国际市场中的竞争优势。Grossman G 和 Helpman E(1989,1990)[5][6]对比较优势理论中经济静态发展的假设进行扩展,从研究与开发的角度构建动态均衡模型,从动态视角演绎了比较优势的发展变化。Dollar D 和 Wolff E(1993)[7]指出,规模经济对比较优势产生的解释并不全面,其主要用于分析发生在与要素禀赋类似的发达国家间的产业内贸易,研发和技术水平的差异对厂商的专业化生产和比较优势的形成有重要影响,但这种影响力主要在短期内有效。其他学者如 Clarida R 和 Findlay R(1992)[8]、Grossman G 和 Maggi G

(2000)[9]、Fisher E 和 Kakkar V(2004)[10]等从政府供给、人力资本配置及经济长期演化等角度,对比较优势理论进行深层次的探究。

### 2.1.2 自由贸易区理论

自由贸易区理论是区域经济一体化的代表性理论之一。自由贸易区是经济一体化最基本的形式,是指由多个关税领土在彼此的国际贸易中取消贸易关税壁垒和限制的集团。简而言之,其主要是对区域内贸易壁垒加以消除,进而使得成员国之间实现贸易自由化。同关税同盟相比,自由贸易区的应用更为广泛。

自由贸易区理论主要包括自由贸易区静态效应理论和动态效应理论。在静态效应理论框架下,自由贸易区的建立会使得区域内流通的商品,主要由生产效率高的国家所提供。假定一国在进口中遭遇关税壁垒,当各成员国产出效率之差超过关税值,则自由贸易协定会推动交易在新成员国之间产生,从整体来看,自由贸易区的构建增加了社会福利水平。

动态效应理论主要包括三个效应:

(1)规模经济效应。签订贸易协议,有助于打破原本狭小、寡头垄断的市场格局,推动成员国之间形成更大的市场规模。市场规模的扩大会加剧成员国之间的竞争性,企业则更有动力借助规模效应不断降低自身的生产成本。规模化生产有利于增强企业主动完善运营结构、调整生产线和生产效率、加大研发创新的投入力度等,从而更高效地对成员国的固定设备(如机器设备等)加以利用,大规模批量化的生产得以实现,最新的科研成果得以应用,最终推动经济的总体增长。

(2)竞争激励效应。自由贸易协议的落实可以将各成员国原本相对独立的国内市场加以合并,形成区域性的国际市场。而各成员国国内原有的寡头垄断企业均将面临在新市场中产生的竞争者,进而有可能失去在原有市场中的优势地位。因此,企业只有通过改善自身的经营环境、降低生产成本或提高研发投入,才能提高自身的竞争力。

(3) 风险降低效应。自由贸易区的建立能够为企业缓解对外贸易带来的风险和不确定性,由此为企业提高生产效率和投资规模创造相对稳定的外部环境;同时,自由贸易区内各种形式的贸易壁垒可能被弱化甚至消失,这样可以提高企业在国际市场中的应变能力,降低企业可能遭遇的风险系数。另外,这种风险系数的减少有利于成员国企业提高海外直接投资规模,因为企业在国际市场中进行对外投资时,需结合投资目标国社会稳定性、国内市场规模、市场增长潜力、法律法规透明度等多方面的因素,这些因素可以通过签署自由贸易协定加以改善。

### 2.1.3 新制度经济学

罗纳德·科斯的《企业的性质》代表新制度经济学的诞生。20世纪70年代,凯恩斯经济学无法解释西方国家高通胀和高失业率并存的经济现象,罗纳德·科斯、道格拉斯·诺斯、张五常、奥利弗·威廉姆森等学者,通过放宽原有理论的假设条件,从交易费用、产权、佃农理论等角度出发,开创了新制度经济学。

新制度经济学将交易费用作为其理论起点,提出产权理论、企业理论和制度变迁理论。交易费用由罗纳德·科斯提出,分析交易费用对理解新制度经济学至关重要。罗纳德·科斯认为,交易费用包含完成一项交易在各阶段所需支出的费用。其具体可表现为交易初始阶段为界定、保障产权所产生的费用,交易过程中双方从最初接触、谈判、签约以及监督合约的履行等方面形成的费用。交易费用的客观存在表明双方交易活动的稀缺性;同时,由于市场经济活动存在较大的不确定性,经济发展周期使得交易活动存在风险,整个社会需要对稀缺的交易活动进行更好的资源配置以提高经济效率。高效的制度环境能对交易活动的正常开展给予更多的保障和支持,由此制度被纳入经济活动的分析中。

罗纳德·科斯基于交易费用提出企业理论,认为企业和市场可相互替代，两者均为实现资源优化配置的途径。为保证企业和市场的正常运转，需要投入一定的成本（即交易成本），在此过程中，企业可发挥自身规模相对较小、决策灵活、生产专业化等特点来降低内部交易费用。因此，当企业内部的生产、管理、运营等费用支出低于市场交易费用时，企业可在一定程度上替代市场的作用机制。

产权理论主要认为，在经济社会中，产权代表社会关系是维系社会个体之间相互交往的准则。产权包括市场经济活动中对物品、资产等的所有权、使用权或处置权等，市场中交易活动的发生实际是个体或企业之间不同权利的置换。个体拥有具有不同内涵的产权时，物品的置换价值也相应不同，因此，产权的分配对社会经济活动存在激励与制约。新制度经济学认为，完善的产权安排对企业和社会的经济效应有至关重要的作用。合理的产权安排将有效激励个体员工的工作效率，从而有效提高企业和社会的经济效益。

以道格拉斯·诺斯为代表的制度变迁理论认为，技术创新虽然是提高国家或地区经济增长的重要途径，但当缺乏国家制度创新和变迁的推动时，技术创新带来的推动力将难以实现。如果缺乏完善的产权保障制度和法律法规，技术创新成果将难以得到保护，从而影响研究人员的积极性和创造性，长期来看将制约经济的快速发展。因此，道格拉斯·诺斯强调，制度建设对各个国家和地区经济的长期持续增长，以及社会的稳定发展起到至关重要的作用。尤其是当经济发展到一定阶段后，原有的制度建设同经济发展水平不相适应，其对降低社会经济活动的交易费用和提升经济效率的作用力逐渐减弱，因而需要采用更为高效的制度代替原有的制度，以实现不同时期的制度变迁，提高制度建设所产生的经济效益。

## 2.1.4 新经济地理学

新经济地理学于20世纪90年代由保罗·克鲁格曼等人开创，其核心是将经济地理同主流经济学相结合。保罗·克鲁格曼指出，传统经济地理理论基于完全竞争市场结构和规模报酬不变的假设,当地区之间发展差异较小时,经济活动会在各区域之间均匀分布,但这同实际生活中的产业活动及区域发展出现的高度集聚的经济现象相违背。阿尔弗雷德·马歇尔在新古典经济学中,从外部经济角度对此进行解释,但并未对外部经济的来源加以明确说明。阿维纳什·迪克西特、约瑟夫·斯蒂格利茨和张伯伦等,在传统贸易理论的基础上,从垄断竞争和规模报酬递增的假设出发,提出新贸易理论和新增长理论,并推导得到 D-S 垄断竞争模型,尝试对国家产业内贸易、市场结构及专业化分工进行解释,以弥补传统贸易理论的不足。

需要注意的是,这些理论在分析中均未对贸易运输成本进行内生化分析,但运输成本的减少会引发外部性以及规模经济等现象;同时,相关理论也缺乏从空间维度对产业集聚、区域专业化生产等集聚现象的因果关系进行解释。基于此,新经济地理学将运输成本纳入分析框架中,将其同企业选址、地区经济发展及其表现出的收敛性与发散性等问题相结合。考虑到经济全球化对国际贸易区域要素流动、地区发展等现象影响的日益显著,该理论在分析中应纳入空间因素的客观影响。

保罗·克鲁格曼认为,产业在空间分布的不均匀性是报酬递增的结果,现实经济生活中报酬递增现象普遍存在,而且可以应用到多个领域。新经济地理学提出借鉴新贸易理论关于不完全竞争和规模报酬递增的假设,通过引入空间区位理论对产业集聚、国际贸易等现象的形成及互动机制进行分析,主要研究规模报酬递增通过何种路径影响产业的空间集聚。

经济活动的空间集聚是新经济地理学研究的主要内容。基于规模报酬递增的假设,当区域中厂商位置相邻或地理距离较近,厂商之间可借助便利的地理位置共享资源,降低生产成本,形成产业集聚。集聚后的企业在随后的经济活动中通过多次互动行为逐渐扩大自身的生产规模,从而进一步加强该区域相关企业的集聚现象。保罗·克鲁格曼认为,这种现象实际上是厂商或产业通过吸引周边企业向集聚地靠拢的拉力,形成空间集聚后产生收益递增的经济效应。

基于空间集聚对城市发展的影响,保罗·克鲁格曼指出,人口流入城市后可以获得丰富的物质资源,如便捷的交通、多样化的产品等,而企业在城市中可以获得更为广阔的市场和优质的人力资源。因此,人口和企业的空间集聚是推动城市形成并不断扩大的原因之一。保罗·克鲁格曼强调,这种空间集聚的影响存在持续性。当区域要素资源流动较强时,伴随集聚现象将形成多次因果循环,继而扩大原有的空间集聚规模,同时会拉大产业集聚区同周边地区的发展差距,但当中心地区要素流动受阻或成本过高时,区域集聚程度将相对减弱。

新经济地理学在研究中考虑经济发展在空间状态的多重均衡,指出即使其在要素禀赋、偏好等方面均相同,在规模报酬递增的前提下,空间经济的分布难以预测。保罗·克鲁格曼基于四个命题(运输成本、报酬递增、空间集聚、路径依赖)和四种分析工具(垄断竞争模型、"冰山"型运输成本、自组织演化模拟和计算机技术),对经济发展中的空间区位问题进行分析。此外,新经济地理学将产业集聚同国际贸易影响因素相联系,产品在国际市场中的贸易活动代表生产要素的贸易活动。最初生产要素的分配状态对产品的生产、消费并无影响,当没有贸易壁垒时,贸易活动的发生使得产品的生产集聚在一些工业区,从而说明制造业存在空间集聚效应。如果存在的贸易壁垒阻碍产品的正常流通,一国市场需求的增加将会使得该国国内生产规模扩大,形成规模经济,提高国内产品竞争力,该国因此成为该类产品的主要生产国和出口国。

通过对相关理论的阐述可知:随着国际贸易的开展和兴起,世界经济呈现经济全球化和区域经济一体化的特征,比较优势理论解释了国际贸易开展的动因。为降低出口对象国之间的关税和非关税壁垒,区域内成员国基于自由贸易区理论,借助地缘优势,通过缔结自由贸易区以扩大和加深经济合作。但我们需要认识到,世界各国经济发展不平衡,相应的制度建设水平也存在差异。新制度经济学指出,不同的制度使得各国的生产效率和经济发展存在差异,从而对双边或多边贸易的开展产生影响。而双边或多边贸易规模不仅受出口对象国自身因素的影响,同时还可能受到其他国家同出口对象国之间贸易规模的影响,伴随世界各国及地区之间的联系日益密切,新经济地理学认为应充分认识到客观存在的空间相关性,分析各国之间存在的空间效应对国际贸易的影响。

## 2.2 文献综述

### 2.2.1 关于农产品贸易的研究

关于农产品贸易的相关研究,国内外学者主要从农产品竞争力、农产品贸易结构和农产品贸易影响因素的相关研究等方面进行分析。

**1. 农产品竞争力的相关研究**

针对农产品竞争力的研究,学者采用不同方法进行测度,归结起来,主要包括以下三类:

(1)测算农产品的比较优势指数。这种方法的优点是数据的可获取性高,无论从横向还是纵向角度,均能对农产品的竞争优势进行测度。Anderson K(1990)[11]基于显示性比较优势(RCA)指数,对中国农产品、纺织品等初级产品的国际竞争力进行相关分析。Salvacruz J(1996)[12]基于竞争力指数,分析美国及东盟各国农产品在国际市场上的竞争力。Sassi M(2006)[13]通过构建竞争指标,考察欧盟成员国各区域间农业竞争力同创新能力、农业差异性之间的关系。类似地,Thorne F 和 Fingleton W(2006)[14]考察欧盟部分成员国在谷物产品的国际竞争力时发现,自有资源产生的机会成本会影响谷物的竞争力水平。

相较而言,国内常用的测算竞争力指数包括国际市场占有率、显示性比较优势指数、贸易竞争优势指数等。张清正(2014)[15]同时采用市场占有率、显示性比较优势指数等四个指标对八大类农产品进行分析,其结论说明我国农产品整体竞争力呈下降态势,其中,土地密集型农产品属于竞争劣势,劳动密集型和资源密集型农产品优势相对较为明显。其他学者如朱新鑫和李豫新(2011)[16]、李婷和李豫新(2011)[17]运用指数测度方法对农产品进行研究。刘小波和陈彤(2009)[18]、侯媛媛和王礼力(2011)[19]、凌华和王凯(2010)[20]通过不同竞争力指数,从多角度对不同类别农产品(如蔬菜等)的国际竞争力进行研究后发现,蔬菜种类不同,相应的国际竞争力也不同。他们认为须全方位提高蔬菜质量和标准化生产过程,大力发展绿色有机蔬菜。

(2)实证分析也是学者测算竞争力水平的重要方法。Almarwani A 等(2007)[21]采用自回归条件异方差模型进行分析时发现,美国农产品竞争力水平受到美元汇率的影响,同时本国竞争力水平同农产品竞争国汇率呈正相关。Uchida Y 和 Cook P(2005)[22]实证分析了美国、日本等国家农产品竞争力的高低对贸易优势的影响力显著大于对国内农业技术的影响力。Fischer C 和 Schornberg S(2007)[23]实证考察了欧盟成员国在食品和饮料等不同产业间的竞争力差异。

国内也有学者采用模型对农产品竞争力水平进行分析。恒定市场份额(CMS)模型因可以反映农产品出口增长优势的源泉和竞争力变化趋势受到学者的青睐。孙致陆和李先德(2015)[24]利用该模型分析发现,竞争力水平是决定中国谷物贸易波动的因素,正是因为中国谷物竞争力逐年下降,导致谷物出口量持续减少。王元彬和郑学党(2014)[25]基于中韩之间农产品贸易不断扩大的背景,采用CMS模型从中国同韩国农产品和各类农产品两个角度,对市场需求、出口结构、出口竞争力三种效应进行分析,研究结果表明,市场需求引致效应是推动贸易增长的最主要因素,竞争力的推动作用缺乏长久稳定性。

李萍(2015)[26]也利用CMS模型对中国农产品出口金砖国家的影响因素进行逐年分解,但其采用逐层递进的分解方法,从整体到局部对农产品出口的增长因素进行深入的分析。相比较而言,李萍(2015)[26]的研究方法对影响因素的分析更加透彻,因而也被更多的学者采用,如庄丽娟和郑旭芸等(2015)[27]、张晓恒和周应恒等(2016)[28]、佟继英(2016)[29]等。同时,也有学者将CMS模型同显示性竞争力指数相结合,帅传敏和程国强等(2003)[30]在利用CMS模型对中国农产品国际竞争力长期变化趋势加以分析的基础上,进一步采用显示性比较优势指数,对比分析不同种类农产品的竞争力。

(3)基于国内资源成本法分析生产和贸易的竞争力水平。这种分析方法需要详细的机会成本和影子价格,但在实际操作中相关资料获取受限,在计算方面也未形成较完整的体系,所以采用这种方法来衡量竞争力的文献有限。这种方法最初是由Pearson S(1976)[31]同其他学者共同创立,其主要包括社会净收益(NSP)、国内资源成本(DRC)和有效保护率(ERP)等指标,这些指标通常被用以测度一国某种产品的比较优势。Carter C(1991)[32]对中国农产品中食品和纺织等产品的比较优势变化进行分析。Thorbecke E(1990)[33]通过构造矩阵对农产品竞争力水平的变化进行测度。

后经蔡昉(1992,1994)[34][35]基于中国农业发展的实际情况,提出了应基于市场机制,充分发挥农业比较优势,并且他首次尝试使用国内资源成本法进行分析。随后国内学者逐渐借鉴此方法对我国农产品生产的比较优势进行不同角度的测定,比较有代表性的如徐志刚和钟甫宁等(2000)[36]基于该方法分析中国不同种类农产品在国际市场中的比较优势,研究发现中国大豆、高粱的比较优势较为明显,但是农业生产受到的保护程度明显不足;黄季焜和马恒运(2000)[37]通过对比中国主要农产品同美国、加拿大对应农产品的生产成本发现,大部分农产品在中国的生产成本明显高于美国、加拿大,从而导致中国的竞争力水平相对较弱;汤勇和黄军等(2006)[38]基于国内资源成本法,对中国蔬菜在供给侧的比较优势进行分析,发现我国蔬菜的潜在优势较强;王野和孙东升(2015)[39]基于该方法对新疆主要农作物的比较优势进行测算,结论表明蔬菜等经济作物的比较优势显著,而粮食作物则存在比较劣势。

通过对比以上方法我们可以发现,采用不同指标对农产品竞争力水平进行测算的可操作性较强,但各指标反映的结果存在片面性,因而在选取指标中应充分对各指标进行筛选;同时,仅通过各指标测算以及上述分析方法,不能对引起竞争力优势和劣势的原因进行更深层次的挖掘,因此,应该予以完善。

**2. 农产品贸易结构的相关研究**

农产品贸易结构的变化对农产品贸易长期可持续发展至关重要。Charette M(1985)[40]指出,贸易结构的不同造成了发展中国家出口的剧烈波动。一国农产品出口集中度过高或者出口农产品种类过于单一,可能会导致出口受国际市场波动的影响而呈现不稳定性。

在对出口市场的研究中,Massell B(1970)[41]指出,当一国出口市场足够分散时,其中某个出口对象国的需求出现变动并不会对本国贸易产生较大的冲击;相反,如果一国出口市场过度集中,本国出口将会随贸易伙伴国市场需求的变动而大幅波动。何秀荣和 Wahl T(2002)[42]指出,随着中国农产品贸易在国际市场上的地位不断提升,中国农产品出口市场的集中度也在不断提高,美国、日本、韩国已成为中国主要的农产品出口市场。何秀荣(2003)[43]基于我国出口市场集中的现状认为,实现贸易多元化需要从进出口市场和产品多元化的角度出发。当然,并非所有的学者都认为出口集中度高会造成市场波动的增加。Love J(1983)[44]、Tegene A(1990)[45]指出,在一些条件下,出口集中度高可以降低多元化战略所产生的营销、寻租等成本,因此,从出口集中度高的市场中得到的收益会更稳定。

农产品出口的产品结构也受到学者的广泛关注。Chirathivat S(2002)[46]认为,中国对农产品出口结构调整的积极性低于东盟各国的调整,中国对东盟出口的牛肉及其制品、谷物等农产品的竞争力较弱。Sun L 和 Reed M(2010)[47]认为,中国—东盟自贸区的建立将推动双方农产品贸易的快速增长,需求的增加也会促进农产品结构的调整。Taylor J 和 Naude A(2010)[48]认为,关税减免措施将有效推动农业的发展,提高农民积极性,增加农产品的供需。袁祥州和程国强等(2015)[49]基于市场集中度等指标,对中国和加拿大农产品的贸易结构进行分析后指出,中国对加拿大的农产品出口主要集中在劳动密集型产品上,从加拿大进口则主要集中在谷物等土地密集型产品,相比之下,园艺产品、纺织品等在中加两国农产品贸易中所占比例较小。王学彬和郑学党(2014)[25]在对中韩农产品贸易现状分析时发现,中韩两国农产品贸易结构互补性较强,农产品集中度高。其中,鱼、甲壳、蔬菜和水果是中国出口到韩国市场的农产品,中国从韩国进口的农产品主要是生胶、纺织品等。韦苏健和贺培(2015)[50]也对中国—东盟农产品贸易进行分析,但他们将研究对象集中在虚拟水农产品,研究发现,中国在同东盟进行的虚拟水农产品贸易中存在逆差,对东盟出口虚拟水农产品贸易合理,但进口结构相对单一,主要是大米、薯类及水果。

农产品贸易结构不仅受到进出口贸易国禀赋差异的影响,也受到新贸易政策的实施及外部冲击的影响。郭晴和帅传敏等(2014)[51]采用全球贸易分析(GTAP)模型,模拟发达国家征收碳关税后对农产品贸易的影响。根据 GTAP 模型结果可知,因为农产品生产中碳排放相对较低,所以对其征收关税实际提高了发展中国家(如中国出口的油菜籽等)农产品的市场占有率。类似地,刘艺卓(2012)[52]同样采用GTAP 模型,模拟欧盟、韩国签署自由贸易协定后对中国农产品贸易的影响情况。结果显示,欧盟、韩国自贸区的建设使其农产品实现内部零关税,因而中国农产品会因贸易转移效应而出现出口明显减少等问题,中国的油料作物、果蔬、畜产品等对欧盟、韩国的出口受到较大幅度的影响。

综合已有学者的研究发现,对于大多数的农产品合作伙伴国来说,中国农产品出口主要以劳动密集型农产品为主,进口多以土地密集型农产品为主。张莹(2013)[53]通过测算中国加入 WTO 后农产品出口数据发现,中国农产品长期保持以劳动密集型农产品为主,资源密集型和资本密集型的农产品较少的情况。曾寅初和刘君逸等(2012)[54]在分析俄罗斯正式加入WTO后对中俄两国农产品贸易所产生的一系列影响后指出,关税减让也将扩大中国对俄罗斯蔬菜、水产品等劳动密集型产品和畜产品的出口规模。类似结论也出现在杨军和杨文倩等(2012)[55]、黄祖辉和王鑫鑫等(2009)[56]、冯中朝和朱诗萌(2015)[57]、刘澄和黄翔(2010)[58]的研究中。

**3. 农产品贸易影响因素的相关研究**

学者的研究角度不同,其在分析农产品贸易影响因素中所采用的方法也存在差异,主要包括三大类。

(1)运用恒定市场份额模型对双边或多边贸易额进行分解,以探究推动贸易变动的决定性因素。CMS模型是分析竞争力的重要方法,同样被广泛用以分析农产品出口的影响因素。Bowen H和Pelzman J(1984)[59]基于CMS模型分析美国在1962—1977年的出口竞争力的变化情况。Chen K和Xu L等(2000)[60]指出,中国农产品出口量在1980—1986年的持续下降在很大程度上与贸易政策改革相关。Darius A和Bruce M等(1986)[61]在对东南亚出口进行CMS模型分解后发现,外部需求的下降是导致区域出口量普遍下降的主要原因,其并不是由竞争力下降造成的。Chen K和Duan Y(2001)[62]在探究加拿大农产品的增长动力的研究中发现,结构效应是推动农产品出口增长的主要原因。王元彬和郑学党(2014)[25]基于CMS模型,对比分解中、美两国农产品出口韩国的影响因素。结果显示,中国农产品竞争力不足的缺陷制约其农产品出口规模的扩大,而美国的竞争力优势提高了其出口规模,并且美韩签订的自贸协定将进一步制约中国对韩国出口农产品。耿晔强(2015)[63]借助CMS模型从中国农产品进口角度分析进口规模不断扩大的成因。研究发现,结构效应和规模效应是拉动中国农产品进口的主要因素,而出口国之间的竞争效应作用有限。类似地,温思美和苏国宝(2012)[64]、马佳和漆雁斌(2014)[65]、王太祥和张思玉等(2014)[66]等,也均采用CMS模型对农产品或不同种类农产品的增长因素进行分析。

(2)基于引力模型的实证分析。谭晶荣和蔡燕林等(2015)[67]指出,中国对丝绸之路经济带沿线国家的农产品出口主要集中于欧洲,引力模型结果表明,距离、人口等对中国农产品的出口影响显著,因而中国应加大对中亚农产品市场的开发。刘红梅和李国军等(2010)[68]结合时空引力模型探讨中国虚拟水贸易的原因,所得结果不仅证明了模型的基本观点,并在改进模型的基础上发现人口、播种范围等因素对地区贸易流量有推动作用。贾伟和屈四喜(2012)[69]在扩展引力模型的基础上,实证分析中国各省份同东盟农产品贸易变化的影响因素。研究表明,中国各省生产总值对双边贸易额的影响十分显著。宋海英(2013)[70]同样基于引力模型实证分析影响中国同拉美国家农产品贸易的因素。研究显示,价格水平的上涨、自由贸易区的建立、人均GDP的提升等因素,能显著促进中国同拉美国家农产品的贸易合作。

依托现有基础,一些学者对引力模型进行进一步的扩展。施炳展和李坤望(2009)[71]借助随机前沿引力模型对中国出口增长进行分解,实证分析推动中国出口增长的主要动力。马凌远(2012)[72]分别测度2001年和2007年中国同贸易伙伴国的双边贸易成本,基于实证分析发现,跨境贸易成本的减少以及贸易伙伴国需求的增加,是推动中国出口增长的主要原因。鲁晓东和赵奇伟(2010)[73]实证分析自然和人为两类决定因素对中国出口潜力的影响程度。根据实证结果发现,为保证中国出口的长期稳定,应大力开发国内市场,降低外贸依存度。贺书锋和平瑛等(2013)[74]重点分析北极航道的通航对中国传统贸易的影响,结果表明,新航道的通行使得中国进出口效率均得到提升,中国同航道周边国家的贸易潜力也获得大幅提升。

(3)基于企业异质性理论,运用二元边际分析出口增长的实现过程。Amurgo-Pacheco A 和 Pierola M(2008)[75]在对样本国进行分析后发现,集约边际对出口增长的影响超过80%,扩展边际贡献比重较低,但对发展中国家出口增长的影响不断提高。Liapis P(2011)[76]采用 Hummels D 和 Klenow P(2005)[77]的分解方法分析双边贸易时发现,无论对于较大的经济体还是较小的经济体,集约边际对经济增长的影响均超过70%,另外30%主要来自新产品或新合作伙伴的推动。施炳展(2011)[78]采用三元边际分析方法对中国和美国贸易失衡的原因进行分析,研究指出,中国对美国的出口产品数量边际呈顺差,广度边际和价格边际则相反,呈现逆差。任永磊和高越(2014)[79]同样借助三元边际分解方法发现,中国出口产品数量增长是其出口增长的主要来源,价格增长对其影响较弱,出口产品质量尚不能成为中国对外出口增长的动力。

基于二元边际的相关研究,一些学者对中国农产品贸易进行二元边际的测度,探究中国农产品出口增长的实现路径。鲍晓华和严晓杰(2014)[80]通过测度中国农产品出口增长的二元边际后认为,目前中国农产品出口规模的扩大主要是通过集约边际而非扩展边际。在此基础上,他们还发现卫生与植物检疫(SPS)协议对集约边际的制约作用很大,对扩展边际的影响不显著,由此说明中国在农产品出口中应不断提升农产品质量。谭晶荣和刘莉等(2013)[81]在测算中越双边农产品贸易二元边际的基础上,实证分析二元边际的影响因素。结果发现,扩展边际是拉动中国农产品出口越南的最主要动力,同时两国的农业附加值可推动二元边际的增长,因此两国应加强双边合作,提高农业生产效率。

也有学者在研究中重点分析贸易成本的不同表现形式对农产品贸易的影响。孙林和倪卡卡(2013)[82]基于引力模型运用泊松伪极大似然估计法(PPML),对比分析东盟所采用的各项贸易便利化措施对中国和世界农产品出口所产生的不同影响。结论表明,在各项措施中仅有网络普及率及贸易壁垒对中国农产品出口有推动作用,贸易便利化所产生的影响存在显著的地区异质性。王文瑜和胡求光(2015)[83]将产业纵向一体化指标加入传统引力模型中,并分析其如何影响中国水产品出口。实证结论表明,提升水产业的纵向一体化可正向推动水产品出口规模的扩大,因此,应不断建立完善相关的产业链标准。章棋和张明杨等(2013)[84]基于扩展的贸易引力模型,着重分析技术性贸易措施的实施对中国蔬菜出口贸易的影响程度。实证结果发现,中国对外通报的SPS协议数据能显著促进中国蔬菜的出口,进口国所通报的SPS协议数据对中国蔬菜出口的影响并不显著。王瑛和许可(2014)[85]基于引力模型对沿线主要国家食品安全标准的制定同中国农产品出口规模的关系进行实证分析。结果表明,该标准是制约中国农产品出口的因素之一,在模拟进口国将相关安全标准统一后,中国农产品的出口规模相应有所扩大。

### 2.2.2 关于中国同"一带一路"沿线国家经贸关系的研究

伴随"一带一路"倡议的持续推进,中国同沿线国家经贸关系的研究逐渐成为学者研究的热点。

通过对现有相关研究进行整合我们可以发现,首先,基于研究对象的不同,现有文献主要对中国同沿线国家外商直接投资(OFDI)、双边或多边贸易、投资环境等展开研究。刘娟(2019)[86]实证分析沿线东道国政治、经济制度对中国OFDI规模的影响。结果表明,中国OFDI显著偏好资源禀赋丰沛的东道国市场,同时倾向于政治制度环境较低及经济制度环境较高的东道国市场。杜龙政和林伟芬(2018)[87]利用中国对沿线国家OFDI规模、进出口规模、研发资本存量等数据实证分析后指出,中国基本进入跨国产能合作高效率溢出阶段;OFDI、研发投入、进口三者是提升地区产能合作效率的关键。李兵和颜晓晨(2018)[88]从公共安全角度分析其对中国同"一带一路"双边贸易展开的影响。结果显示,公共安全问题虽降低了中国与沿线国家之间的贸易规模,但该负面影响较小。谢国娥和许瑶佳等(2018)[89]选取东南亚、中东欧各国作为"一带一路"代表性国家,运用突变级数方法对样本国的投资环境进行分析后发现,样本国的投资环境虽整体保持一致,但其发展趋势存在较大差异。杜永红(2016)[90]分析跨境电商对沿线国家贸易的影响后指出,通过跨境电商的构建,创新贸易商业模式,有利于促进沿线国家之间贸易的长期发展。

其次,基于样本国家(或地区)的不同,现有研究既有对全部沿线国家、"丝绸之路经济带"进行的分析,也有对沿线特定国家或重点探究"一带一路"建设对中国相关省市的影响进行的分析。郑淑伟(2017)[91]指出,阿拉伯国家作为"一带一路"的交汇点,中国同阿拉伯国家的贸易存在较强的互补性,因此,应以能源贸易为基础,以服务贸易为重点,推动中国同阿拉伯国家的贸易合作。侯敏和邓琳琳(2017)[92]利用随机前沿引力模型,对中国同中东欧国家的贸易效率进行研究后指出,目前双边贸易的贸易效率均处于较低水平,存在较大的贸易潜力。张辉和刘杰(2015)[93]指出,山东省应积极借助"一带一路"建设平台,充分发挥自身优势,实现山东对外贸易的转型升级。张良卫(2015)[94]从广东省国际贸易同国际物流的现状出发,提出应让两者协同发展,为"一带一路"倡议的实施奠定坚实的基础。王宝荣和刘瑜等(2015)[95]指出,在"一带一路"背景下,为推动中越两国货物贸易一体化的纵深发展,应对劳动力势能加以深度开发,提高单位工作产出,提升中国企业的市场竞争力水平。

最后,学者对中国同沿线国家未来发展趋势进行展望和研究。陈广晓(2018)[96]指出,目前中国农产品国际贸易缺乏相关的指导政策,缺乏完善的贸易体系,"一带一路"倡议为中国农产品国际贸易发展提供发展方向的同时,也为中国农产品国际贸易的开展提供新契机。王美昌和徐康宁(2016)[97]通过构建全局向量自回归(GVAR)模型,从动态角度分析中国与"一带一路"国家之间开展的双边贸易同中国经济增长的关系后发现,两者在长期存在均衡关系;国家间的经济增长、利率、进出口贸易等经济变量存在同周期性。廖泽芳和李婷等(2017)[98]、樊兢(2018)[99]、李林玥和孙志贤等(2018)[100]等学者,也均从不同角度对中国同沿线国家的经贸关系进行研究。

### 2.2.3　关于制度同国际贸易关系的研究

**1. 制度的演变**

制度经济学是研究制度同社会经济行为及发展关系的经济学分支,这一研究以社会中人与人的相互关系作为研究起点,从制度视角分析经济现象,探讨非经济或非市场因素对经济社会的影响。早期制度经济学派的代表学者凡勃伦认为,制度是社会大众中既定的思考习惯或生活理念,反映了社会整体对制度从认知到接受再到认同的过程。旧制度经济学侧重从总体对制度进行解释和阐释,但这种定义的方法过于粗糙,缺乏对制度实际内涵的介绍(Coase R,1937)[101]。Coase R(1937)[101]基于边际交易成本的概念,开辟了制度经济学研究的新方向,由于传统贸易理论假设交易成本为零,其仅能从生产成本角度出发探究贸易产生的根源,得到的结论认为国家间要素禀赋、生产效率等比较优势的差异是推动贸易发展的原因。但实证研究中经常可以得到各国实际贸易流量低于理论预测值的结论,这被称为"贸易量消失之谜"(Trefler D,1995)[102]。Butter F 和 Mosch R(2003)[103]在实证研究中表明,贸易伙伴国之间信用制度的缺乏可以部分解释"贸易量消失之谜"。Coase R(1937)[101]指出,市场交易活动的正常运行需要支付相应的费用,如调研、谈判、执行合同等,即交易成本。交易成本随产权制度的调整而变化,因此,应选择最优的产权制度以降低交易中的费用。North D(1981)[104]指出,交易成本是制度存在及变迁的根本原因,社会需要通过对最优制度的选择降低交易成本,因此,需承认交易成本的存在。

新制度经济学的代表人物相继对交易成本和制度进行定义,Williamson O(1975)[105]从信息的搜集、议价、决策、交易、监督等角度解释交易成本。Williamson O(1985)[106]进一步将交易分为事前交易和事后交易,基于机会成本的概念,他将事前因谈判、签约等产生的成本和事后维系契约实现产生的费用,或因交易未正常进行而产生的亏损都算作交易成本。国际贸易中交易成本相对较高，主要是因为贸易双方在经济制度、政治制度、法律制度等方面存在较大差异，需要投入更多的成本以弱化双边认知壁垒，加强贸易合作共识（熊贤良，1993）[107]。张五常（2015）[108]将交易成本作为生产成本的对立面，指出市场中的非生产成本就是交易成本，这一定义使得交易成本的定义更为普适和宽泛；李景峰和刘英（2004）[109]指出，制度对交易成本和生产成本产生影响，交易成本又构成各国间的比较优势，从而制度会对国际贸易产生重要甚至是决定性的影响。

  作为新兴古典经济学理论的倡导者，North D（1981）[104]在《经济史中的结构与变迁》一书中指出，制度为社会群体提供互动框架，每个个体在既定的框架下为实现个人效用最大化进行选择，即制度是被用以保证个人遵守法律法规、维护行为伦理道德的一系列规范，是决定经济增长的关键性因素。North D（1990）[110]在《制度、制度变迁与经济绩效》一书中从社会分工角度进行分析，他认为交易成本是在实现交易、资源整合等过程中所产生的费用，他从博弈论角度出发，认为制度是社会不同规则博弈均衡的结果，具体可以分为正式制度（政治、经济的规则及契约）、非正式制度（行事规范、习惯等）和两者的实现特征。青木昌彦（2001）[111]认为，制度是个体在博弈中形成的自我约束和维系能力。Scott W R（1995）[112]指出，制度是否能取得成功，是同制度设定的内涵是否符合社会公众的期望有关。Scott W R（2001）[113]认为，制度的形成使社会趋于均衡稳定，是受规章、规范以及认知约束的体系结构。彭维刚（2007）[114]通过对已有学者的总结，对制度结构进一步完善，他指出，完整的制度应该包括支配个人、企业行为的正式制度和非正式制度，其中正式和非正式制度的内涵同North D（1990）[110]类似；他进一步认为，正式制度需要依靠政府强制性得以实现，并将其称为规则支柱，非正式制度将竞争者及个人内部的价值观、理念、信仰作为支撑，称为规范支柱和认知支柱。

  整体来看，不同时期的学者基于各自的研究背景，对制度进行多样化的理解,对于制度的定义并未达成统一的标准(Rodríguez-Pose A,2013)[115]。Nunn N 和 Trefler D(2014)[116]、Feenstra C 和 Hong C 等(2013)[117]在研究中,往往避免明确其所采用制度的定义。但综合来看,学者普遍认为,制度是用来对社会主体加以约束的规范和准则,良好的制度安排对于降低交易成本、有效配置资源、提高经济效率、保障交易秩序、促进出口贸易发展等方面具有重要的作用。

**2. 制度对经济活动的影响**

伴随新制度经济学的发展,国内外学者对制度作用力的关注度持续增加,有关制度影响社会经济活动的研究也日益丰富。由于对制度尚未形成统一的标准,因此,不同学者在研究中对制度的测度也存在差异。一般认为,正式制度质量侧重从国家或社会整体进行测度,其包含经济社会的各项指数,而非正式制度倾向分析个体或群体的行为规范。一些学者从制度包含的某一侧面如信用制度(Yu S 和 Beugelsdijk S 等,2015)[118]、法律法规、经济开放度(Dollar D 和 Kraay A,2003)[119]、政治自由度(Giavazzi F 和 Tabellini G,2005)[120]等进行分析;Amin A(1999)[121]将非正式制度从信用、个人偏好、价值观、群体行为及社会规范(准则)角度来衡量,对正式制度采用法律、法规、组织等方面进行测度;Butter F 和 Mosch R(2003)[103]从国家信用水平角度分析制度的影响,通过实证分析发现,正式和非正式的信用制度互为替代,当提高非正式信用制度水平时,正式和非正式信用制度对贸易流量的推动作用显著提高;Yu S 和 Beugelsdijk S 等(2015)[118]实证分析了正式制度和非正式制度对出口贸易的影响。结果显示,以信用制度为代表的非正式制度和以法律规范为代表的正式制度,对出口的影响是相互替代的,当法律规范对出口的促进作用增加时,信用制度的作用将下降。

也有学者倾向于从现有数据库提供的指标测度制度质量。Anderson J 和 Marcouiller D(2002)[122]采用世界经济论坛发布的全球竞争力报告中的"政府经济政策公正透明度"和"法律保障契约有效实施力度"两个指标作为制度的替代变量。Groot H 和 Linders G 等（2004）[123]采用 Kaufmann D 和 Kraay P 等（1999，2002）[124][125]创建并更新的全球治理指标（World Governance Indicators，WGI），WGI 是基于独立的调研机构、智库、非政府组织、国际组织及私企等超过 30 个独立部门所生成的数据来源，它综合不同发展水平国家企业、个人等对调查问卷的回复意见形成的一套指标。这套指标从六个维度衡量制度水平，分别是公民话语权和政府问责、政治稳定性和非暴力、政府效能、监管质量、法律规则、腐败控制。随后不少学者纷纷效仿 Groot H 和 Linders G 等（2004）[123]的做法，利用 WGI 数据库的六项指标测度制度质量（Méon P 和 Sekkat K，2008[126]；陈田和周海飞，2016[127]；Álvarez C 和 Barbero J，2018[128]；Mavragani A 和 Nikolaou I 等，2016[129]）。

部分学者认为，WGI 数据库中个别指标对其研究对象影响显著，因而选取代表性指标作为制度的代理变量进行分析。例如，Zeynalov A（2017）[130]采用 WGI 数据库中的腐败控制和法律规则衡量制度；Bankole F 和 Osei-Bryson K 等（2015）[131]基于 WGI 数据库并借鉴已有学者的相关研究，将制度质量划分为法律法规、腐败控制程度、民主问责度、政府效能和政治稳定性。WGI 各指标主要衡量各国政府在本国的政治建设和法律建设，考虑到经济活动受所在地经济制度建设水平的影响，有学者尝试采用遗产基金组织提供的经济自由度指标，重点分析经济制度的影响。这些指标主要包括商业自由度指数、贸易自由度指数、财政自由度指数、货币自由度指数、投资自由度指数和金融自由度指数。Koukhartchouk O 和 Maurel M（2003）[132]采用遗产基金指标中经济自由度包含的指标来衡量制度，认为制度建设对于欧洲贸易一体化有显著影响；谢孟军和王立勇（2013）[133]、刘凯和邓宜宝（2014）[134]、张晓钦和韩传峰（2016）[135]等，均采用经济自由度指标分析经济制度对双边贸易、OFDI 等的影响。这些学者的研究表明，不同角度测度的制度指标对贸易的影响也存在差异。傅京燕和吴丽敏（2015）[136]研究发现，当进口国经济发展水平不同时，制度对出口贸易的影响方向也不同。潘向东和廖进中等(2005)[137]实证分析9个经济制度分指标对国家经济增长的影响。研究结果显示,不同分指标对双边贸易流量、高技术产品的出口规模及经济增长途径的影响也不同。

为对各国制度水平进行较为全面的测算,Yu S 和 Beugelsdijk S 等(2015)[118]、谢孟军(2013)[138]结合 WGI 数据库和遗产基金指标,从政治、经济和法律三个角度衡量制度水平,他们认为,经济制度一般由遗产基金组织的商业、贸易、财政等自由度各指标构成,政治制度包括政治民主度、政府稳定性、政府清廉、政府规模等,法律制度由法律完善度和产权保护度组成(谢孟军,2014[139];王帅,2015[140];Araujo L 和 Mion G 等,2016[141];朱亭瑜,2017[142])。考虑到从政治、经济和法律三个方面可以对制度质量有更为全面地刻画,因此,本书在后文中借鉴该方法进行制度测算。

关于制度对不同变量的影响,不同学者根据各自的研究侧重点进行实证分析。有关制度对双边贸易流量的影响,Yang X K(2001)[143]指出,国家间不同的制度影响交易成本的大小,从而影响双边贸易流量水平。Baier S 和 Bergstrand J(2009)[144]通过实证分析发现,交易成本制约双边贸易流量的增加。Francois J 和 Manchin M(2007)[145]通过控制关税、距离等变量发现,出口量越多的国家越倾向与制度质量良好、基础设施完善的国家展开贸易。Groot H 和 Linders G 等(2004)[123]在实证研究中发现,国家间制度的趋同化将推动双边贸易流量增长,贸易双方国内正式制度水平的提高将显著增加贸易流量。Faruq H(2017)[146]对非洲厂商出口停滞现象进行分析,其采用产品复杂度测度不同产业对腐败的敏感度。结果表明,当非洲内部腐败问题趋于严重时,其对腐败更为敏感的产业出口将倾向于停滞,这表明除去非洲厂商本身经营规模和生产率水平等因素的影响,当地腐败现象的严重程度制约了出口商对外出口规模的扩大。发达国家的制度建设水平高于发展中国家的制度水平(Acemoglu D 和 Johnson S 等,2002)[147]。Kokko A 和 Söderlund B 等(2014)[148]实证分析金融危机后经济合作与发展组织(OECD)成员国同新兴市场国家的双边贸易。研究表明,新兴市场的制度环境不同于 OECD 成员国,落后的制度水平严重制约双边贸易流量的增加。研究普遍证明,高质量的制度水平可以显著降低贸易成本,提高双边贸易规模;反之,国家制度质量较差,将降低贸易双方的信任指数,增强贸易风险,制约双边贸易的扩大(Duc C 和 Lavallee E 等,2008[149])。

Bankole F 和 Osei-Bryson K 等(2015)[150]对非洲 28 个国家贸易的影响因素进行分析后发现,制度质量和受教育程度的交互项以及电信基础设施对这些国家之间贸易的影响显著。在此基础上,Bankole F 和 Osei-Bryson K 等(2015)[131]采用偏最小二乘法回归,实证分析制度质量和基础设施完善程度对非洲 28 个国家贸易效率的影响大小,结果表明,两者水平的提高均能显著提高双边贸易总额。邱斌和唐保庆等(2014)[151]从金融、教育发展水平、产权保护度等角度,分析各制度和产业协同效应对中国各行业出口的影响。研究表明,良好的制度不仅可以推动本国出口规模的扩大,同时也能促进出口比较优势的形成。魏浩和何晓琳等(2010)[152]重点分析制度对发展中国家出口规模的影响。研究发现,不同制度在不同时期对发展中国家出口贸易的影响不同,因此,各国需因时调整、完善制度环境。文雁兵(2015)[153]采用向量误差修正模型分析发现,中国的制度水平对出口贸易在短期和长期均有显著的促进作用,完善制度环境可以显著提升中国外贸出口规模。金祥荣和茹玉骢等(2008)[154]从缓解中国各地经济发展不平衡的角度出发,分析制度质量对各地出口水平的影响,在对一系列变量控制后发现,法律制度及产权保护制度质量对出口规模的影响最为显著。崔娜和柳春等(2017)[155]通过随机前沿模型分析发现,出口对象国产权制度、政治稳定等因素可以显著提升中国对外直接投资效率。

但有学者指出,制度质量对贸易促进作用存在门槛效应,对于自然资源禀赋型国家,只有当国家制度质量水平较高时,才能推动国家的出口贸易实现良性发展(Horvath R 和 Zeynalov A,2014)[156]。易先忠和欧阳峣等(2014)[157]通过实证研究发现,只有当制度质量高于临界值时,扩大国内市场规模才有助于实现多元化的出口结构,否则将造成国内出口结构过于单一。

制度质量对出口结构及产品复杂度均有影响。Daniel B 和 Johannes M 等(2006)[158]指出,拥有更完善制度的国家倾向于出口复杂产品而进口单一化的产品,在制度质量对贸易的影响介质中,通过影响生产成本的作用力大于通过影响交易成本的影响力。Méon P 和 Sekkat K(2008)[126]通过面板数据研究发现,制度质量对工业产品的出口有显著的正向作用,对其他非工业产品的出口可能呈现负相关。Álvarez C 和 Barbero J(2018)[128]等,对186个国家双边贸易的影响因素进行分析后发现,出口对象国的制度水平以及进出口国之间的制度差异是影响双边贸易的重要因素,出口对象国制度质量的影响逐渐增大,对农业和原材料的影响要大于对工业、服务业的影响。戴翔和金碚(2014)[159]通过对62个国家的技术复杂度进行回归分析后发现,各国制度水平的提高及其同各产品国际分工程度的交互项均显著提高了出口复杂度指数。因此,要使中国在国际分工中处于有利位置,应注重发挥制度质量的推动作用。

张杰和李勇等(2010)[160]研究发现,制度水平对中国东部、中部和西部地区各行业的出口有显著的影响,所处地区制度环境越好,越能推动制度密集型行业的出口。刘艳和李文秀等(2015)[161]从政治制度、经济制度和法律制度三个角度实证分析发现,制度水平对服务行业出口复杂度拉动作用显著,但三项制度包含的具体制度指标对于不同发展水平国家的服务业出口复杂指数存在显著差异。刘艳(2014)[162]研究发现,制度水平对高技术产品出口复杂度水平的提高有显著拉动作用,但国家经济发展水平不同,制度的影响也存在显著差异,提升国家制度环境是提高出口复杂度指数的重要方法。

以往文献中较少考虑政治风险对 OFDI 的影响,Benáček V 和 Lenihan H 等(2014)[163]在研究中指出,政治风险等制度是影响 OFDI

水平的关键因素；类似地，Jude C 和 Levieuge G(2017)[164]在研究指出，当制度质量超过一定的门槛值后，OFDI 对经济增长有积极的推动作用，因此，各国应该加强制度改革以提高 OFDI 对经济的促进作用。邱立成和赵成真(2012)[165]分析不同发展水平国家对中国对外直接投资的影响后发现，各国制度水平的不同，导致各国对外直接投资的影响存在显著差异，如高收入国家的法律制度、环保制度对中国对外直接投资的制约作用显著高于沿线中等收入国家。因此，中国应因国制宜，加强防范各国的制度风险。

学者对制度影响的分析，不仅从制度质量的绝对值考虑，同时还从交易双方制度差异的角度进行分析，制度差异是影响贸易流量的重要决定因素(Levchenko A, 2007[166])。对于制度差异的度量，有学者利用全球治理指数和经济自由度指数计算交易双方的制度差距(潘镇，2006[167]；潘安和魏龙，2013[168]；Zeynalov A，2017[130])，也有学者采用虚拟变量表示制度水平。Bojnec S 和 Ferto I(2009)[169]、Linders G(2006)[170]采用 CEPII 数据库中权利担保、集体产权等变量构建复合制度指数，当进口国和出口国的复合制度指数之差大于标准差时，将制度距离记为 1，反之记为 0，继而对制度差异如何影响双边贸易进行研究。Mendonça T 和 Lirio V 等(2014)[171]同样借鉴这种方法，利用引力模型分析 59 个国家的制度差异对农产品贸易的影响。结果表明，双边农产品贸易规模同进出口国的制度距离呈反比，贸易双边制度水平差异越大，对农产品贸易出口规模约束性越强。

Marianna B 和 Samuel B(2009)[172]认为，专业化和贸易的发生并不是要素禀赋或者技术等外生因素造成的，而是各国文化、制度的差异造成的。Zeynalov A(2017)[130]对阿塞拜疆同 50 个国家的双边贸易，通过随机效应、固定效应和泊松伪极大似然估计分析发现，良好的法律规范和有效的腐败控制，可以极大推动双边贸易的开展，各国倾向于同本国制度水平相同的对象国扩大贸易，贸易双方制度质量差距的大小同两国的贸易流量成反比。陈丽丽和龚静(2014)[173]对 49 个国家之间双边服务贸易的影响因素进行分析后发现,贸易伙伴国较高的制度水平可以显著扩大双边服务贸易规模,贸易双边的制度差异大,将不利于服务贸易的开展。潘安和魏龙(2013)[168]基于不同指标测算中国同贸易伙伴国之间的制度距离对中国稀土出口的影响。结果显示,采用测算制度距离的标准不同,所得的回归结果也不同,这主要同缺乏对制度的标准化设定相关。

冀相豹(2014)[174]从政治制度差距和经济制度差距,分析发达国家和发展中国家对中国OFDI的影响。结果显示,政治制度、经济制度差距对中国OFDI的影响,会由于东道国发展水平的差异而产生不同的作用。潘镇(2006)[167]实证分析制度质量及距离对双边贸易的影响,结果表明,制度环境差、制度距离大将抑制双边贸易的活跃度。韦永贵和李红(2016)[175]实证分析后发现,制度距离对中国文化产品的出口存在门槛效应,制度距离较小将制约文化产品的出口;反之,将显著推动文化产品的出口。

### 2.2.4 关于空间计量经济学的相关研究

**1. 国外对空间计量经济学的相关研究**

空间计量经济学最早由Paelinck在1974年提出,其主要用来分析计量模型中空间因素的影响,研究区域中经济现象的空间效应①(Anselin L,1988)[176]。我们之所以考虑空间相关性,是因为区域间的经济活动并非处于完全独立的随机状态,而是相互联系、彼此影响的。但传统计量经济学通常会忽视空间活动的关联性,从空间均质性假定出发分析区域经济现象。这同Tobler W(1970)[177]提出的"地理学第一法则"相似,即所有事物同其他事物之间都存在关联,相近事物间的关联性高于较远事物的关联性。空间经济学的快速发展,一方面,因为

---

① 空间效应主要包括空间相关性和空间异质性,传统计量经济学中对截面数据的考虑是对异质性的分析,因此,空间计量经济学所涉及的空间效应主要是指空间相关性、空间依赖性或空间关联性。

学者在对经济学理论的探究中，逐渐从单独分析代表性企业或经济人行为，转移到分析个体之间因互动而产生的同群效应、邻近效应等，尤其是新经济地理学的发展，它为空间经济活动的研究提供了理论基础；另一方面，计算机信息技术尤其是地理信息系统的快速发展，大幅提高了处理空间大数据的能力，为空间计量经济学的发展提供了充足的技术支持。

通过整理有关空间计量经济学研究的相关文献可以发现，国外文献从对空间计量经济学概念的提出、空间相关性的判断、模型的设定和选择、应用、估计、检验等方面进行一系列推导说明，为学者提供了全方位、多角度的研究视野。相比之下，国内有关空间计量经济学的发展较晚，研究成果集中在实证应用方面，主要利用空间计量经济学作为分析工具，对现实经济现象进行回归分析，在对其相关模型的推导、估计方法演变及相关检验等方面作出的贡献较小。

Paelinck 于 1974 年在荷兰统计协会年会上首次提出空间计量经济学概念后指出，应从模型的空间相关性、空间关系非对称性、空间建模等方面进行分析。在 Paelinck 和 Klaassen 的著作《空间计量经济学》出版之前，学者主要集中对空间数据、空间活动存在的关联性进行研究。Moran P(1950)[178]首次提出测度空间自相关的方法，后经 Matheron G(1963)[179]完善，提出克里金法，基于邻近地区的相关性，根据已知地区的信息拟合邻近未知区域的相关信息。Cliff A 和 Ord J(1973)[180]对空间自相关进行明确定义，提出估计空间依赖性的方法，为后来提出检验空间相关性的方法奠定基础。随后 Hordijk L(1974)[181]使用莫兰指数估计不同模型的残差，以及 Bartels C 和 Ketellappper R(1979)[182]对空间数据的探索性分析，为后续相关研究奠定基础。

20 世纪 80 年代以来，空间计量经济学经历了从初期发展到快速发展再到稳定发展的阶段，不同阶段均集中对空间计量经济学中空间相关性的检验方法、模型的构建与判别、回归结果的估计及相关检验进行探讨。在研究中,学者需要先对空间数据进行较为全面的分析,Ripley B(1981)[183]提出空间统计的概念,并指出空间统计主要是对区域化的数据进行分析。Philip G 和 Watson M(1986)[184]对空间数据分析的进展进行阐述。Anselin L(1989)[185]对空间数据分析的独特性进行说明,并指出,空间统计和空间计量经济学中的研究方法存在相关性。Getis A 和 Ord J(1992)[186]提出 G 统计量分析空间数据的集聚现象。

空间相关性是进行空间计量分析的前提条件,Cliff A 和 Ord J(1981)[187]指出,莫兰指数可以用来检验空间相关性,莫兰指数的使用范围广、适用性强,但其缺点是当证明模型存在空间性时,无法对模型进行选择。Burridge P(1980)[188]指出,可以采用拉格朗日乘数对模型进行相关性检验,但检验对象仅为空间误差模型。Anselin L(1988)[189]建议采用极大似然估计方法进行似然比检验,用来对存在空间滞后效应的模型进行检验。Kelejian H 和 Robinson D(1997)[190]提出了对存在异方差的空间相关性模型的检验方法。Anselin L 和 Kelejian H(1997)[191]对存在残差的莫兰指数进行 2SLS 检验。在对全局相关性进行分析的基础上,Getis A 和 Ord J(1992)[186]提出可以采用 G 统计量对空间异质性的局部相关性进行分析。Anselin L(1995)[192]指出,LISA 指数可用来测度局部空间自相关。Anselin L 和 Bera A 等(1996)[193]提出了判断空间依赖性的检验方法。Kelejian H 和 Prucha I(2007)[194]以及 Jenish N 和 Prucha I(2009)[195]提出基于异方差自相关一致性的估计方法。

空间计量模型①最初设定形式主要为空间滞后模型和空间误差模型,基于这两个模型的实证分析较多,如 Akai N 和 Suhara M(2013)[196]通过对不同地区间政府在文化支出方面的研究发现,相邻地区的文化支出存在正向的溢出效应。在原有模型的基础上,又出现了似不相关

---

① 此处的空间计量模型是指一般性的空间计量模型,未涉及经济含义。

回归模型、空间杜宾模型、空间移动平均模型以及双参数模型等(Hordijk L 和 Nijkamp P,1977[197];Burridge P,1981[198];Haining R, 1978[199];Brandsma A 和 Ketellapper R,1979[200]);Kelejian H 和 Robinson D(1993)[201]提出空间误差分量模型;Fotheringham A 和 Charlton M 等(1998)[202]以及 Fotheringham A 和 Brunsdon C(1999)[203]在考虑空间异质性后,提出了空间变系数回归模型和地理加权回归模型(GWR 模型)。

随着传统面板模型在理论推导和应用中日趋成熟,空间计量经济学尝试对面板模型(包括空间静态面板和空间动态面板)进行讨论(Elhorst J,2001[204];Lee L 和 Yu J,2010[205]),同时分析个体间异质性和相关性存在对回归结果的影响。其他模型如空间潜变量模型,通过模型结构的设定替代空间权重矩阵来反映空间效应的存在(Wang X 和 Kockelman K,2009[206])。Chakir R 和 Parent O(2009)[207]采用空间采样方法构建非最近相邻样本代替空间矩阵的构建,基于多项式概率模型考虑协变量和空间相关性,对不同土地利用类型存在差异的原因。其他模型如空间交互作用模型主要是对地区间的往来流量,如资本流量、交通流量、人口迁移等进行分析(Chun Y,2008[208];Lesage J 和 Polasek W,2008[209];Griffith P,2009[210])。Fischer M 和 Griffith D(2008)[211]利用专利引用数据对欧洲 112 个地区的知识流量利用空间计量经济模型和空间过滤方法进行比较分析。Lesage J 和 Pace R(2008)[212]认为,任一地区流向其他地区的流量并不是完全独立的,并指出传统模型的研究忽略了实际存在的空间相关性。但目前大多数实证研究在分析中,仍假设出口地和不同目的地之间的流量是相互独立的。

对于不同模型的检验和估计,Anselin L(1984,1986)[213][214]提出,可以采用非嵌套假设检验对模型进行识别,也可以使用 LM 检验进行进一步深化,判别模型的具体形式(Baltagi B 和 Li D,2001[215]),并使用蒙特卡罗实验进行验证,明确空间模型中误差自相关的形式(Anselin L

和 Moreno R,2003[216]）。Horowitz J(2002)[217]采用 Bootstrap 方法对空间计量模型进行参数检验及 D－W 检验。Bivand R 和 Hauke J 等(2013)[218]在采用最大似然估计时指出,当数据量为小或者为规则化的格网数据时,可采用特征值进行分析,但如果数据量为不规则的大型格网数据,则需考虑采用蒙特卡罗模型、Chebyshev 模拟法或者低阶矩插值法等。

在对空间计量经济模型的估计中,Ord J(1975)[219]提出使用极大似然法进行估计后,Anselin L（1980）[220]、Hepple L（1995,1995）[221][222]相继提出工具变量法和贝叶斯估计。在此基础上,相关的模型设定形式和估计方法也更为丰富。Lesage J 和 Parent O(2007)[223]在空间计量分析中进一步对贝叶斯估计进行深化;Kelejian H 和 Prucha I(1998)[224]提出广义距估计;Kelejian H 和 Prucha I(2010)[225]、Lee L(2003)[226]对广义距估计拓展估计空间相关性和异质性同时存在的影响进行分析。

理论推导的不断完善,使空间计量回归结果得以实现的软件工具也逐渐增多。有学者开发了 Geoda 空间分析软件,还有学者为实现空间计量的分析开发 Matlab 空间工具箱,R 语言中也出现如 spdep、splm、mgcv 等分析包,这些软件的开发便利了后续学者对空间计量经济学的实证研究。Bivand R 和 Piras G(2015)[227]基于美国各县的截面数据集,利用 Matlab 中空间计量经济学工具箱、Stata 的 sppack 命令、Python 中的 PySAL 以及 R 语言中的 spdep 等应用程序进行对比分析。

**2. 国内对空间计量经济模型的相关研究**

自 20 世纪 70 年代以来,国外学者对空间计量经济学从理论基础的构建、模型的设定、估计、检验以及实证分析进行了一系列较为完整的探究,为国内学者对区域活动的实证分析奠定了理论基础。早期学者的研究主要集中对经济增长与趋同的分析,林光平和龙志和等(2005)[228]指出,我国各省市经济增长受到各地空间相关性的影响,在构建地理及经济空间权重矩阵后发现,各地区经济增长呈现缓慢收敛的态势,研究中关于经济空间权重矩阵的构建为后续学者的研究提供了新思路。随后,有学者对省域经济增长、研发、创新活动、对外直接投资的空间效应进行研究。

在对区域经济增长、研发、创新活动的研究结果表明,中国区域间经济增长趋于收敛(吴玉鸣,2006[229];林光平和龙志和等,2006[230];苏良军和王芸,2007[231])。区域间存在显著的空间依赖性,各区域的经济增长不仅同区域内部生产率水平、人力资本、技术等因素相关,同时也受相邻地区的经济发展的影响(吴玉鸣,2007[232])。张玉明和李凯(2007)[233]研究发现,省域之间创新活动并非随机分布,而是存在明显的空间集聚和溢出效应。邻近地区专利水平的提高可以显著拉动本地区的创新产出(苏方林,2006[234];李志刚和汤书昆等,2006[235])。创新能力的提高可以带动当地及周边地区经济增长(张继红和吴玉鸣等,2007[236])。需要指出的是,不同的研发机构对创新的影响力也不同,企业研发对创新能力的促进作用高于大学研发的推动力(吴玉鸣,2006[237])。相关学者的研究表明,各省域的经济发展、生产效率、创新产出等经济活动,在空间上均存在显著的依赖性和互动性,因此,在研究中应充分考虑空间效应的影响。

但这些研究多数是从截面数据进行考量,忽略了样本在时间上的差异,有学者尝试基于面板数据,将时间和截面数据相结合,提高样本自由度水平。在空间计量经济模型中采用面板数据,可以显著提高回归的拟合度和结果的正确性(符淼,2008[238];骆永民,2008[239];张宇麟和柳锐,2008[240])。因此,该做法被更多学者采用。白雪梅和赵峰(2011)[241]在对我国省域经济趋同状况进行面板数据和截面数据的对比分析后发现,使用面板数据的空间计量经济模型对省域经济发展空间效应的测度更为精确。陈耀辉和殷文超(2013)[242]、张可云和王裕瑾(2016)[243]、卢睿和孙永波(2011)[244]等,分别对江苏、山东和黑龙江各地级市或县市的经济增长进行测度后发现,相邻的市(县)级在经济上均存在空间依赖性,除了黑龙江,山东和江苏的市(县)级经济均呈现收敛趋势,区域空间相关性的存在缩小了不同地区的差距。

　　区域产业集聚现象同经济增长的关系一直也是学者关注的重点。研究普遍表明,产业集聚现象通过其空间溢出性能有效推动本地及邻近地区的经济增长。仲深和杜磊(2018)[245]、李剑和姜宝(2016)[246]、姜天龙和范静(2017)[247]等,分别从金融产业、物流产业、保险行业分析后发现,这些产业集聚水平的提高对经济增长有显著的推动力。纪玉俊和李超(2015)[248]认为,全国各地级市的金融产业集聚存在显著的空间溢出,东部的溢出效应低于中西部。晋盛武和盛淑洁(2015)[249]指出,我国各省高技术产业集聚对就业水平存在门槛值,当集聚水平低于门槛值时,会对就业产生正向推动作用。另外,文化产业集聚对区域内经济绿色发展有显著的推动效应(车树林和顾江等,2017[250])。韩峰和谢锐(2017)[251]指出,科研、技术服务业及金融业专业化的集聚效应,均能有效抑制本地及周边地区的碳排放。

　　也有学者从新型城镇化建设的角度,分析区域产业集聚现象对经济增长的影响。事实上,我国各城市之间的城镇化建设相互依赖,生产性服务业、制造业等产业空间集聚,可以有效提升我国的城镇化水平(王耀中和欧阳彪等,2014[252];谢治春,2014[253];曾国平和吴明娥,2013[254])。新型城镇化水平的提高对于缩小区域收入差距、优化地区产业结构、推动经济发展有重要作用(李长亮,2016[255];蓝庆新和陈超凡,2013[256])。但对于中国东中西部地区而言,中西部地区新型城镇化建设对拉动当地经济发展的作用力要大于对东部地区的推动力,因为东部地区的经济增长更多受产业结构调整的影响(陈含桦,2017[257])。王坤和黄震方等(2016)[258]认为,城镇化可有力推动区域旅游经济的增长。

　　在对形成产业集聚影响因素的研究中发现,不同产业其集聚现象的诱导因素也存在不同。田青和马明阳(2015)[259]、金春雨和王伟强(2015)[260]等,分别对软件产业和高技术产业的空间集聚现象进行分析。结果均表明,地区间的产业集聚表现出正向的空间相关性,人力资本及信息化水平对产业集聚有重要影响。欧阳彪和陈洁(2015)[261]指出,商贸服务业更倾向于集聚在经济发展水平高的区域。周海波和胡汉辉等(2017)[262]指出,东部各地区交通基础设施能有效推动当地的产业集聚,从而促进当地收入水平的提高。

在对我国区域创新性活动的研究中,万坤扬和陆文聪(2010)[263]、李涛和孙研(2016)[264]等发现,研发投入对促进地区的创新能力有重要影响。余泳泽(2011)[265]、郭嘉仪和张庆霖(2012)[266]指出,提高人力资本积累和质量可以推动创新能力的提高和经济的快速发展。何永达(2015)[267]在对服务业空间集聚的研究中指出,知识创新可以有效促进集聚区内企业生产、技术水平的提高,形成较强的外溢效应。

在中国区域经济发展不平衡的背景下,技术创新在空间上存在显著差异。研究普遍认为,东部地区创新水平高于中西部地区,其中,东部沿海地区的创新活动最为集中(郭泉恩和孙斌栋,2016[268];李婧和谭清美等,2010[269])。纪玉俊和李超(2015)[270]提出,自主创新能力的空间集聚可以有效推动产业的优化升级,促进地区经济积极增长。但我们需要认识到,创新能力的空间效应在一定程度上也会拉大区域间的收入差距(张文武和熊俊,2013[271])。将空间计量经济模型同随机前沿引力模型相结合后,陈得文和苗建军(2011)[272]对不同区域技术效率进行研究。结果显示,纳入空间集聚效应后,东部地区的技术效率有所提升,中西部地区的效率值相对下降。

国内对空间计量经济模型的实证分析主要集中在对我国各区域经济活动空间相关性的探讨,除上述有关经济增长、创新活动等,还包括外商直接投资存在显著的空间溢出效应(郑展鹏,2015[273]),这些因素可以有效促进我国各省产业结构的升级(赵云鹏和叶娇,2018[274])。董春和梁银鹤(2014)[275]在对中国各省份空间面板数据进行实证分析后指出,OFDI有利于工业集聚的形成。宋勇超(2016)[276]认为,产业集聚的形成可以再次通过省域间技术溢出等方式优化当地及邻近地区的经济发展方式。张伟和张晓青等(2013)[277]在研究中同样发现,

OFDI有显著的产业集聚效应及技术外溢效应,但OFDI经产业集聚途径对经济增长的促进作用并不明显。许和连和邓玉萍(2012)[278]在对我国省际OFDI和环境污染的研究中发现,外商直接投资程度同当地环境污染成反比,即当OFDI集聚度越高,该区域环境污染则越小(邵燕斐和王小斌,2014[279];姚奕和倪勤,2011[280])。与此结论相反,严雅雪和齐绍洲(2017)[281]利用静态和动态模型分析后发现,省域间OFDI是造成中国雾霾加重的原因,并指出动态空间计量经济模型的拟合度要更高。

在利用空间计量分析区域政府财政、税收政策同经济增长的研究中,龙小宁和朱艳丽等(2014)[282]基于空间面板计量模型,从县级企业微观数据出发进行分析,发现县级企业的企业所得税税率和营业税税率①在空间上存在正向竞争行为,企业投资来源、县所处地理位置等对这种竞争程度均有影响。邓慧慧和虞义华(2017)[283]认为,增值税、所得税在空间上的策略互动同营业税不同,前者表现为互补,而后者表现为替代。在对税收整体的空间效应进行研究中,张宇麟和柳锐(2008)[240]、康锋莉(2008)[284]、张宇麟和吕旺弟(2009)[285]等发现,省际间的税收竞争存在趋同性,长期可能导致恶性竞争。柴江艺(2016)[286]、袁浩然和欧阳峣(2012)[287]、李正升和李瑞林等(2017)[288]、张虎和赵炜涛(2017)[289]、张延和赵艳朋(2017)[290]等学者也得出了相关结论。

### 2.2.5 文献评述

通过对上述文献的整理可以发现,现有文献对农产品贸易影响因素、中国同沿线国家经贸关系、制度对经济活动的作用力,以及空间计量经济学研究的不断深化,理论推导和实证分析均已取得很大进展,但我们仔细分析可发现,其仍存在较大空间,值得进行深入探讨,本书将其总结为以下四个方面:

---

① 2017年,我国已全面废止营业税。

(1) 本书在对农产品贸易以及中国同沿线国家经贸往来的研究中发现,现有文献倾向于讨论中国同美国、日本、韩国等国家的农产品贸易。虽然近年来有关中国同新兴国家农产品进出口贸易的研究逐渐增多,但针对中国同沿线国家农产品贸易的相关研究仍较少。同时,在分析农产品贸易流量的影响因素时,现有文献缺乏对引力模型理论基础的解释说明,较多采用传统引力模型形式,这在一定程度上可能会降低模型的可信度。

(2) 现有文献中,考察制度对农产品贸易影响的较少,仅有 Bojnec S 和 Ferto I(2009)[169]、Mendonça T 和 Lirio V 等(2014)[171]、Huchet-Bourdon M 和 Cheptea A(2011)[291]等学者进行研究。但出口对象国贸易开放度、政治稳定性等因素,对农产品进出口贸易成本有显著影响,因此,应当予以分析。另外,大多数文献对制度质量的测度较为片面,仅利用 WGI 数据库或者经济自由度指标,从政治角度或者经济角度分析制度水平或制度距离对贸易、产品结构的影响,缺乏对制度进行较为全面的衡量。

(3) 现有文献忽略了样本之间的差异性。当样本量较大时,处于不同发展阶段国家的制度建设水平也存在较大差异,若仅从整体对所有样本国家进行分析,将会低估或高估各国之间的制度差异对双边贸易的作用力。

(4) 目前国内对空间计量的应用主要集中在分析国内不同行政区域下经济活动的空间溢出效应现象,基于国与国空间效应的分析较为缺乏。目前仅有龚静和尹忠明(2015)[292]、张兴和霍学喜(2012)[293]、谢杰和刘任余(2011)[294]、郝景芳(2012)[295]、许家云和周绍杰等(2017)[1]、曹伟和言方荣等(2016)[296]、王美昌和徐康宁等(2016)[97]对国家间 OFDI、贸易、投资等方面,采用空间计量经济模型进行分析,缺少针对农产品出口贸易空间效应的研究。同时,现有文献对空间权重矩阵的构建较为单一,多从地理邻接或地理距离等角度衡量不同国家或地区之间的空间联系。但在实际经济活动中,区域之间的联系不仅受地理条件的影响,地区经济发展水平、文化差异等均是影响双边联系紧密度的重要因素,因此,应予以考虑。

基于此,本书以沿线主要国家作为中国农产品出口对象国,基于理论基础推导纳入制度的引力模型,并从政治、经济和法律三个角度,对出口对象国的制度质量进行衡量。由此分析中国对沿线主要国家以及沿线不同发展水平国家农产品出口的影响因素,同时考虑中国对各国农产品出口可能存在的空间相关性,构建地理空间权重矩阵和经济空间权重矩阵,通过对空间相关性的检验,进一步分析加入空间效应后中国农产品出口对沿线主要国家的影响因素。

# 3 中国农产品出口"一带一路"沿线主要国家的现状分析

2002—2016年以来,中国农产品出口沿线主要国家的规模逐渐增加。本章从中国农产品出口规模、出口产品结构、贸易逆差、出口市场结构以及竞争力水平角度对农产品出口现状进行分析,以期对中国农产品出口沿线主要国家的基本现状以及存在的问题进行整体分析。

## 3.1 对出口规模的分析

根据图3-1可知,2002—2016年中国对"一带一路"沿线主要国家的农产品出口额整体呈现不断上升的趋势。2002年,中国对这些国家的农产品出口额仅为49.42亿美元,2016年增至299.31亿美元,年均增长率为13.73%,出口额增长近5倍;同一时期,中国对世界的农产品出口额增长仅为3倍左右,说明中国对沿线主要国家农产品出口额的增长率远高于中国对世界农产品出口额。从图3-1显示的占比信息来看,2002—2016年,中国对沿线主要国家的农产品出口额占同时期中国农产品出口总额中的比重也稳步上升,2002年占比仅为26.27%,2008年以来中国对这些国家农产品出口的占比一直保持在35%以上,尽管在2012年有小幅下降,但自2013年又恢复至原有水平,2016年该占比达到37.62%,这说明沿线主要国家逐渐成为中国农产品的重要输出市场。

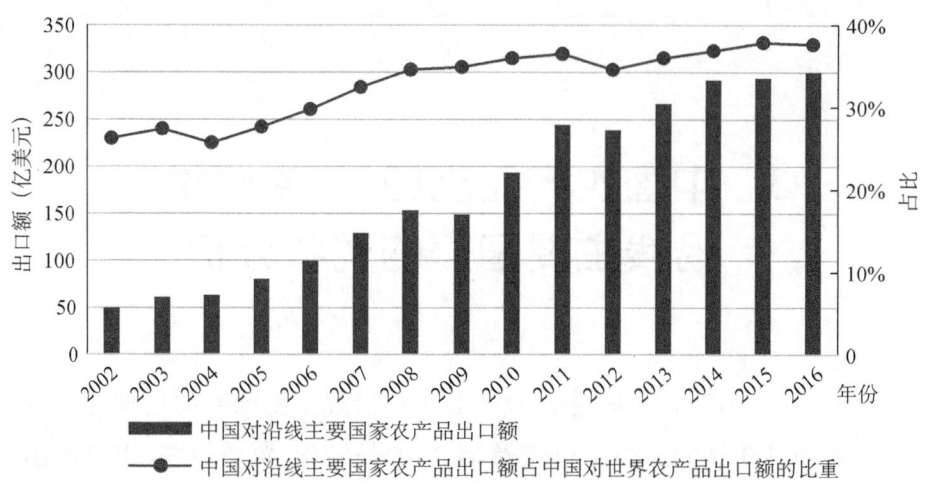

图 3-1　中国对"一带一路"沿线主要国家的农产品出口额和占比

数据来源:根据联合国商品贸易数据库计算整理所得。

## 3.2　对出口产品结构的分析

### 3.2.1　对"一带一路"沿线不同收入水平国家农产品出口结构的分析

为对农产品出口结构有更清晰的认识,本书借鉴刘庆林和段晓宇等(2015)[297]的分类方法,按照农产品的物质属性,将农产品分为谷物产品、园艺产品、畜产品、水产品和其他农产品。其中,谷物产品主要包括谷物及谷物加工品、制造品,含油种子;园艺产品包括活植物,蔬菜,水果及坚果、咖啡、茶、香料、虫胶、树胶,编织用植物,可可及其制品,蔬菜、水果、坚果加工品,烟草及其制品;畜产品主要包括活动物,肉类加工品,奶制品、蛋类、蜂蜜,其他动物产品,动植物油脂;水产品主要包括鱼等加工品;其他农产品为剩余农产品。

通过对中国对沿线中等收入国家和沿线高收入国家各类农产品

出口额的整理,我们可得图 3-2 和图 3-3。根据图 3-2 所示,园艺产品是中国对沿线中等收入国家和沿线高收入国家农产品出口规模最大的产品,水产品次之。在图 3-3 中,对于谷物产品和畜产品的出口规模,中国对沿线高收入国家畜产品的出口额高于对其谷物产品的出口额;而在图 3-2 中,中国对沿线中等收入国家谷物产品的出口额高于对畜产品的出口规模。

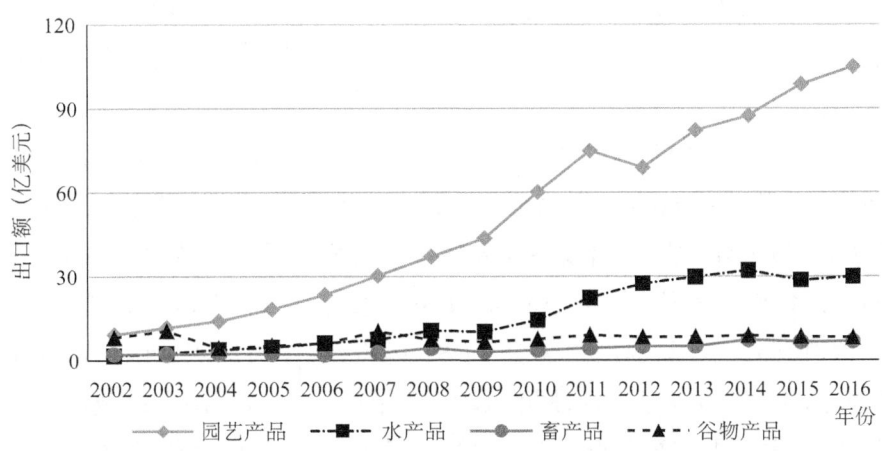

**图 3-2 中国对"一带一路"沿线中等收入国家各类农产品出口额**

数据来源:根据联合国商品贸易数据库计算整理所得。

根据图 3-2 可知,从对各类农产品的出口变动趋势来看,2002—2016 年中国对沿线中等收入国家园艺产品、水产品、畜产品和谷物产品出口额的变化趋势同中国对沿线主要国家出口这四类农产品出口额的变动趋势较为一致。具体来看,中国对沿线中等收入国家园艺产品出口额的增长幅度最大,出口额从 2002 年的 9.19 亿美元增至 2016 年的 104.86 亿美元,增长 10 倍有余。从变动趋势来看,中国对沿线中等收入国家园艺产品的出口额在 2002—2011 年快速稳定上升,随后在 2011—2012 年出口额下跌后又迅速上升,增长势头明显。2002 年,中国对沿线中等收入国家水产品的出口额低于对畜产品和谷物产品的出口额(根据数据得出),仅为 1.63 亿美元。随后,中国对其水产品出口额逐年增加,年均增长率为18.80%。对于出口至沿线中等收入国家的谷物产品,出口规模在2002—2003年和2006—2007年出现峰值后增长趋于平稳,但在2015年的出口额出现小幅下降,低于2002年、2003年和2007年中国对谷物产品的出口额。2002—2016年,畜产品是中国对沿线中等收入国家出口额最低的农产品,2002—2007年出口额长期低于3亿美元,而同时期中国对园艺产品、水产品和谷物产品的出口额分别达到30.26亿美元、7.24亿美元和10.21亿美元。2007年后,畜产品出口额有小幅上升;2016年,中国对沿线中等收入国家的畜产品出口额为6.71亿美元。

相比而言,中国对沿线高收入国家各类农产品的出口额波动幅度较大,且呈现不同的变化趋势,如图3-3所示。其中,园艺产品也是2002—2016年中国对沿线高收入国家出口规模最大的农产品,但中国对其出口额显著低于对沿线中等收入国家园艺产品出口额。2016年,中国对其园艺产品的出口额为34.31亿美元,仅为该年中国对沿线中等收入国家园艺产品出口额的1/3,相当于2008年中国出口至沿线中等收入国家园艺产品的规模。中国对沿线高收入国家园艺产品的出口额在2008—2009年以及2011—2012年出现两次显著降低,自2012年以来,中国对沿线高收入国家园艺产品出口额基本保持在33.50亿美元左右,年均增长率仅为2.12%,而同时期中国对沿线中等收入国家园艺产品出口额年增长率为11.12%。

中国对沿线高收入国家水产品出口额的变动趋势同园艺产品较为一致,尤其是自2009年以来,两类农产品出口额在各年的变动轨迹基本平行,2011—2012年水产品出口额出现明显下降。从整体变动趋势来看,中国对沿线高收入国家园艺产品和水产品的出口规模的差距可能逐渐缩小,而中国对沿线中等收入国家园艺产品和水产品出口规模的差距将可能不断扩大。同中国出口至沿线中等收入国家的情况类似,中国对沿线高收入国家畜产品和谷物产品的出口规模均明显低于对园艺产品和水产品的出口额,但在波动频率以及增长幅度方面,中国对沿线高收入国家畜产品和谷物产品出口额的波动频率显著高于对沿线中等收入国家此类农产品出口额的变动情况。2002—2016年,中国对沿线高收入国家畜产品和谷物产品的出口额分别增长了178.62%和205.84%,而中国对沿线中等收入国家畜产品和谷物产品的出口额分别增长了221.49%和−0.50%,可知中国对两类国家畜产品以及对沿线高收入国家的谷物产品的出口额均大幅增长,但对沿线中等收入国家的谷物产品出口额出现下降趋势。

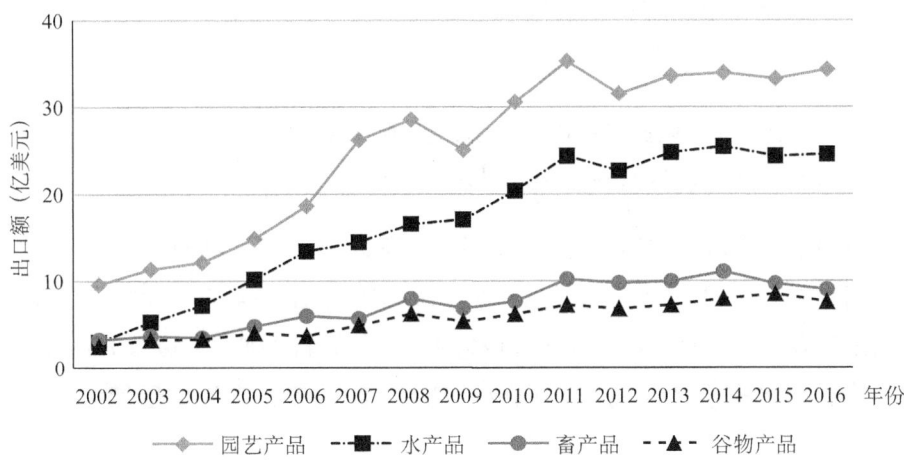

图 3-3　中国对"一带一路"沿线高收入国家各类农产品出口额

数据来源:根据联合国商品贸易数据库计算整理所得。

## 3.2.2　中国对"一带一路"沿线主要国家农产品出口结构的分析

通过整理中国对沿线主要国家不同种类农产品的出口额我们可得图3-4。

根据图3-4可知,中国对沿线主要国家的农产品出口主要以园艺产品为主,各年对园艺产品出口额均为最高,在2002—2016年对园艺产品的出口额增幅最大,虽在2011—2012年出现小幅下降,但随后又显著增加。从整体来看,中国对沿线主要国家园艺产品的出口额从

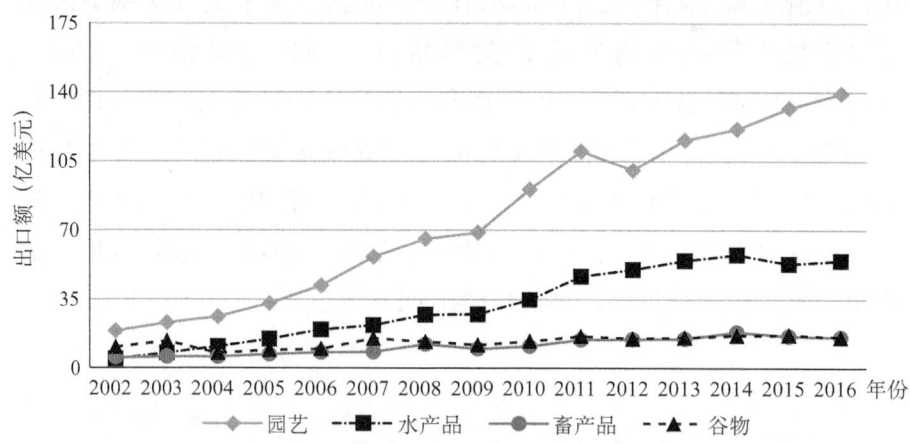

图 3-4 中国对"一带一路"沿线主要国家各类农产品的出口额

数据来源：根据联合国商品贸易数据库计算整理所得。

2002 年的 18.77 亿美元增至 2016 年的 139.17 亿美元，增长了 6.42 倍。中国在 2002—2003 年，对沿线主要国家水产品出口额低于对其谷物产品出口额，其仅为谷物产品出口额的 1/2。但自 2004 年以来，中国对沿线主要国家水产品的出口规模迅速增加，水产品成为中国第二大出口的农产品种类，出口规模从 2004 年的 10.95 亿美元增长至 2016 年增长至 54.51 亿美元，增长幅度达 397.81%。

与此相比，中国对沿线主要国家谷物类产品的出口额在 2004 年锐减，随后虽有所增加，但增长十分缓慢。2007—2016 年，中国对沿线主要国家谷物产品的出口额整体保持在 15 亿美元左右。中国对沿线主要国家畜产品和谷物产品的出口规模则较为接近，且出口额增长均相对缓慢，2002—2009 年中国对沿线主要国家畜产品出口额均低于 10 亿美元（2008 年除外，出口额为 12.20 亿美元）。2010 年以来，中国对沿线主要国家畜产品的出口规模也基本保持在 15 亿美元，仅在 2014 年出口额达到最大值（18.23 亿美元），超过各时期中国对这些国家谷物产品的出口额，随后，畜产品出口规模下降，同谷物产品出口额持平。

## 3.3 对贸易逆差的分析

由图 3-1 可知,中国对沿线主要国家农产品的出口额整体呈现不断增长的趋势,2016 年出口额接近 300 亿美元。但同时需要注意的是,中国对沿线主要国家农产品的进口额整体也呈逐渐上升的趋势。如图 3-5 所示,2002—2016 年中国对沿线主要国家农产品进口额的年平均增长率约为 15.94%,进口额增长 6.93 倍,均超过同时期中国农产品出口至沿线主要国家的年平均增长率(13.73%)和增长速度(5 倍)。

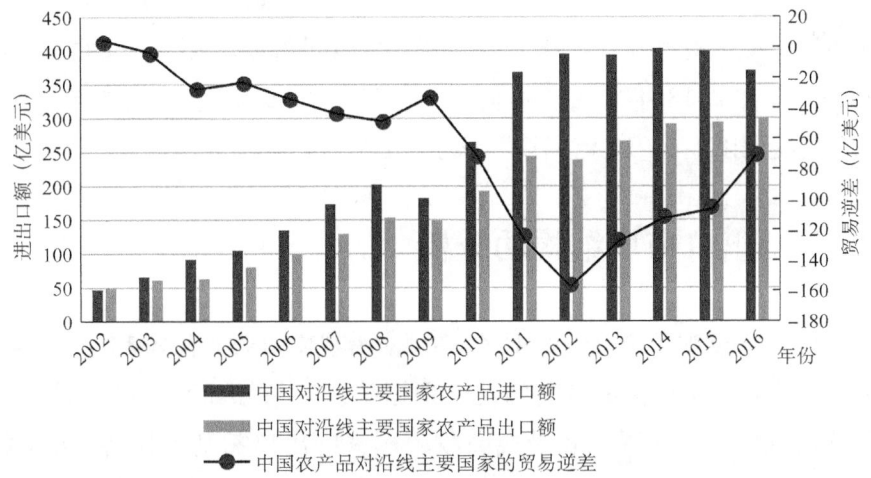

**图 3-5　中国对"一带一路"沿线主要国家农产品的进出口额及贸易逆差**
数据来源:根据联合国商品贸易数据库计算整理所得。

从进口额的变动来看,2002 年,中国对沿线主要国家的农产品进口额仅为 46.70 亿美元,同当年中国对沿线主要国家农产品的出口额基本相当。但自 2003 年以来,中国对沿线主要国家农产品进口额逐年增加,并在 2003 年首次超过出口额,从而出现贸易逆差。随着中国对沿线主要国家农产品进口额的逐渐上升,农产品贸易逆差也不断增加,从 2003 年的 4.53 亿美元增至 2008 年的 49.26 亿美元。

2009 年受全球金融危机冲击的影响,中国对沿线主要国家的进口额有小幅下降,当年的贸易逆差降低为 33.64 亿美元。但随后中国对沿线主要国家农产品进口额迅速回升,2010 年,中国从沿线主要国家的农产品进口额超过 250 亿美元,而当年中国对沿线主要国家农产品的出口额接近 200 亿美元,贸易逆差进一步增加。2012 年,中国对沿线主要国家农产品的进口额达到 394.84 亿美元,同时期中国对沿线主要国家的农产品出口额相比上年有所下降,仅为 238.37 亿美元,从而使得 2012 年中国同沿线主要国家的农产品贸易逆差达到最大。2012—2016 年,中国从沿线贸易伙伴国农产品的进口额基本接近 400 亿美元,2013—2016 年中国农产品对其出口额有所上升,出口额基本维持在 250 亿~300 亿美元。因此,中国同沿线主要国家的农产品贸易逆差在 2013 年之后有所降低,但除了 2016 年,各年逆差额均在 100 亿美元以上,2016 年降至 70 亿美元左右。

## 3.4 对出口市场结构的分析

图 3-6 反映了 2002—2016 年中国对沿线中等收入国家和沿线高收入国家农产品出口额的变化情况。根据图 3-6 可知,2002—2008 年,中国同沿线中等收入国家和沿线高收入国家的出口额基本保持一致,个别年份如 2004 年、2005 年、2006 年中国对沿线高收入国家的农产品出口额略高于沿线中等收入国家的农产品出口额。但 2009—2016 年,中国对沿线中等收入国家的农产品出口额显著高于对沿线高收入国家农产品的出口额。具体来看,中国农产品出口沿线中等收入国家的出口额从 2009 年的 82.02 亿美元增至 2016 年的 197.96 亿美元,增长了 141.35%;而同时期中国对沿线高收入国家的农产品出口额从 2009 年的 66.31 亿美元增至 2016 年的 101.35 亿美元,出口额增幅仅为 52.85%。由此中国对沿线高收入国家和沿线中等收入国家农产品出

口规模的差距逐渐拉大,从 2009 年 15.71 亿美元的贸易差距扩大至 96.60 亿美元。

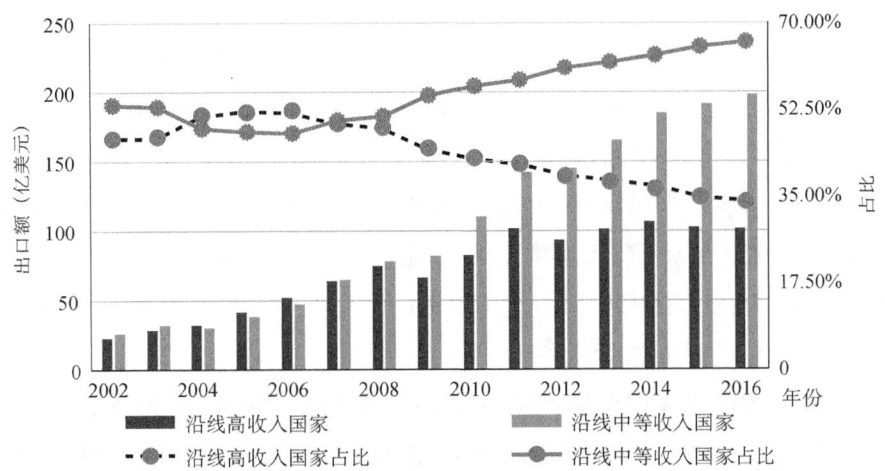

图 3-6　中国对沿线中等收入国家和沿线高收入国家农产品出口额及占比
数据来源:根据联合国商品贸易数据库计算整理所得。

从中国对沿线中等收入国家和沿线高收入国家农产品出口额占中国对沿线主要国家农产品出口额的占比可知,中国农产品在沿线高收入国家市场中的占比从 2002 年的 50% 左右逐渐下降至 35% 左右。相比而言,中国对沿线中等收入国家农产品出口额的占比仅在 2004—2006 年出现小幅下降,但占比仍保持在 48% 左右,高于同期中国对沿线高收入国家农产品出口的比重,随后该占比逐年稳步上升。2012 年以来,中国对沿线中等收入国家的农产品出口额占比达到 60% 以上,说明目前沿线主要国家中的中等收入国家是中国农产品出口的主要目标市场,中国对沿线高收入国家的农产品出口潜力大。

## 3.5　对竞争力水平的分析

为分析中国对沿线主要国家农产品出口的竞争力水平及变动趋

势,本章采用显示性比较优势(RCA)指数和国际市场占有率指数对中国农产品的竞争力水平进行测算。

显示性比较优势指数可以说明相对于世界平均水平,中国农产品出口竞争优势的高低,根据该指标的大小可以反映出中国农产品的相对国际竞争优势。一般认为,如果 RCA 指数小于 0.80,则表明中国农产品在沿线主要国家中的竞争力较弱;如果 RCA 指数在0.80~1.25,则认为中国农产品在沿线主要国家中具有中度的竞争力;如果 RCA 指数在 1.25~2.50,则认为中国农产品在沿线主要国家中具有较强的国际竞争力;如果 RCA 指数大于 2.50,则说明中国农产品在沿线主要国家中具有极强的国际竞争力。①

为了清楚描述中国农产品在沿线主要国家的比较优势情况,本书将出口对象国按沿线中等收入国家和沿线高收入国家分别进行说明,结果如表 3-1 和表 3-2 所示。

表 3-1 为 2002—2016 年中国对沿线中等收入国家农产品出口的显示性比较优势指数。根据表 3-1 可知,中国对泰国农产品出口的竞争力水平在 2002—2016 年呈上升趋势,由此说明中国农产品在泰国市场的竞争力呈平稳上升的态势。从具体数值来看,中国在泰国农产品的显示性比较优势指数在大多数年份中保持在 0.80~1.25,反映出中国农产品在泰国有中度的市场竞争力。相比之下,中国对土库曼斯坦农产品出口的竞争力指数虽然也呈现波动上升的趋势,但该指数在大多数年份基本在 0.20 左右浮动,仅在 2004 年和 2016 年达到 0.99 和 0.77,因此,从整体看,中国农产品在土库曼斯坦较缺乏竞争力。

---

① 显示性比较优势指数可用公式表示为:$RCA_{ij} = \left(\dfrac{v_{ij}^a}{v_{ij}^g}\right) \Big/ \left(\dfrac{v_{wj}^a}{v_{wj}^g}\right)$,$v_{ij}^a$ 为中国对各国农产品出口额,$v_{ij}^g$ 为中国对各国所有产品出口额,$v_{wj}^a$ 为世界对各国农产品出口额,$v_{wj}^g$ 为世界对各国所有产品出口额。

3 中国农产品出口"一带一路"沿线主要国家的现状分析

表 3-1 中国对沿线中等收入国家农产品出口的显示性比较优势指数

| 年份 | 保加利亚 | 马来西亚 | 罗马尼亚 | 俄罗斯 | 泰国 | 土耳其 | 哈萨克斯坦 | 土库曼斯坦 | 白俄罗斯 | 阿尔及利亚 | 亚美尼亚 | 格鲁吉亚 | 印度尼西亚 | 印度 | 巴基斯坦 | 菲律宾 | 乌克兰 | 乌兹别克斯坦 | 塔吉克斯坦 | 吉尔吉斯斯坦 | 越南 |
|---|---|---|---|---|---|---|---|---|---|---|---|---|---|---|---|---|---|---|---|---|---|
| 2002 | 1.96 | 1.99 | 0.68 | 0.66 | 0.89 | 0.39 | 0.74 | 0.24 | 1.79 | 0.53 | 0.71 | 0.08 | 1.12 | 1.04 | 0.25 | 1.04 | 0.62 | 1.21 | 0.72 | 0.30 | 1.11 |
| 2003 | 1.53 | 1.84 | 0.80 | 0.53 | 0.89 | 0.45 | 0.35 | 0.17 | 1.29 | 0.43 | 0.94 | 0.49 | 1.20 | 0.81 | 0.14 | 1.17 | 0.48 | 1.13 | 1.00 | 0.29 | 1.32 |
| 2004 | 0.69 | 1.13 | 0.52 | 0.42 | 0.76 | 0.36 | 0.28 | 0.99 | 0.80 | 0.39 | 0.60 | 0.56 | 0.83 | 0.62 | 0.17 | 0.81 | 0.52 | 1.35 | 0.24 | 0.18 | 0.78 |
| 2005 | 0.71 | 1.17 | 0.51 | 0.36 | 0.75 | 0.37 | 0.27 | 0.52 | 2.68 | 0.35 | 1.62 | 0.71 | 0.65 | 0.54 | 0.35 | 0.80 | 0.53 | 0.95 | 0.09 | 0.26 | 0.73 |
| 2006 | 0.17 | 1.15 | 0.18 | 0.41 | 0.75 | 0.25 | 0.24 | 0.26 | 0.93 | 0.27 | 0.32 | 0.60 | 0.80 | 0.40 | 0.21 | 0.99 | 0.49 | 0.68 | 0.07 | 0.35 | 0.60 |
| 2007 | 0.46 | 1.01 | 0.53 | 0.36 | 0.80 | 0.26 | 0.22 | 0.24 | 1.65 | 0.24 | 0.45 | 0.38 | 0.78 | 0.40 | 0.16 | 0.82 | 0.40 | 0.54 | 0.09 | 0.30 | 0.48 |
| 2008 | 0.52 | 0.85 | 0.52 | 0.37 | 0.77 | 0.33 | 0.24 | 0.21 | 1.37 | 0.19 | 0.40 | 0.38 | 0.60 | 0.33 | 0.15 | 0.54 | 0.44 | 0.47 | 0.05 | 0.21 | 0.51 |
| 2009 | 0.49 | 0.84 | 0.30 | 0.42 | 0.95 | 0.28 | 0.27 | 0.43 | 1.60 | 0.22 | 0.17 | 0.32 | 0.75 | 0.32 | 0.23 | 0.72 | 0.39 | 0.33 | 0.08 | 0.27 | 0.51 |
| 2010 | 0.48 | 0.95 | 0.30 | 0.35 | 0.97 | 0.27 | 0.40 | 0.28 | 0.61 | 0.23 | 0.33 | 0.37 | 0.80 | 0.28 | 0.19 | 0.61 | 0.35 | 0.36 | 0.07 | 0.34 | 0.48 |
| 2011 | 0.51 | 0.87 | 0.37 | 0.39 | 0.99 | 0.25 | 0.48 | 0.45 | 0.78 | 0.20 | 0.32 | 0.24 | 0.69 | 0.26 | 0.18 | 0.59 | 0.38 | 0.36 | 0.06 | 0.28 | 0.50 |
| 2012 | 0.40 | 0.71 | 0.37 | 0.37 | 0.93 | 0.26 | 0.28 | 0.29 | 0.35 | 0.18 | 0.31 | 0.22 | 0.59 | 0.29 | 0.17 | 0.65 | 0.33 | 0.41 | 0.05 | 0.30 | 0.41 |
| 2013 | 0.33 | 0.74 | 0.43 | 0.33 | 1.07 | 0.23 | 0.30 | 0.24 | 0.35 | 0.18 | 0.27 | 0.19 | 0.52 | 0.32 | 0.15 | 0.67 | 0.30 | 0.32 | 0.06 | 0.29 | 0.34 |
| 2014 | 0.34 | 0.78 | 0.38 | 0.34 | 1.04 | 0.21 | 0.26 | 0.24 | 0.27 | 0.12 | 0.22 | 0.22 | 0.54 | 0.28 | 0.15 | 0.54 | 0.32 | 0.29 | 0.07 | 0.38 | 0.32 |
| 2015 | 0.30 | 0.72 | 0.36 | 0.40 | 1.10 | 0.22 | 0.34 | 0.25 | 0.35 | 0.14 | 0.13 | 0.19 | 0.53 | 0.22 | 0.15 | 0.57 | 0.27 | 0.32 | 0.08 | 0.38 | 0.37 |
| 2016 | 0.27 | 0.79 | 0.35 | 0.41 | 1.05 | 0.21 | 0.30 | 0.77 | 0.26 | 0.12 | 0.11 | 0.23 | 0.55 | 0.22 | 0.15 | 0.58 | 0.29 | 0.26 | 0.07 | 0.28 | 0.43 |

数据来源：根据联合国商品贸易数据库计算整理所得。

表 3-2 中国对沿线高收入国家农产品出口的显示性比较优势指数

| 年份 | 奥地利 | 比利时 | 捷克 | 德国 | 西班牙 | 法国 | 英国 | 希腊 | 匈牙利 | 意大利 | 立陶宛 | 拉脱维亚 | 荷兰 | 新加坡 | 波兰 | 斯洛文尼亚 | 沙特阿拉伯 | 以色列 |
|---|---|---|---|---|---|---|---|---|---|---|---|---|---|---|---|---|---|---|
| 2002 | 0.16 | 0.24 | 0.63 | 0.48 | 0.40 | 0.33 | 0.36 | 0.19 | 0.09 | 0.72 | 0.44 | 0.82 | 0.28 | 0.80 | 1.25 | 0.65 | 0.40 | 0.32 |
| 2003 | 0.08 | 0.32 | 0.66 | 0.38 | 0.36 | 0.23 | 0.33 | 0.19 | 0.10 | 0.55 | 0.49 | 0.64 | 0.23 | 0.68 | 1.67 | 0.77 | 0.29 | 0.36 |
| 2004 | 0.12 | 0.30 | 0.48 | 0.34 | 0.43 | 0.20 | 0.26 | 0.20 | 0.09 | 0.42 | 0.50 | 0.41 | 0.21 | 0.61 | 1.32 | 0.37 | 0.18 | 0.35 |
| 2005 | 0.15 | 0.39 | 0.26 | 0.35 | 0.47 | 0.22 | 0.25 | 0.13 | 0.06 | 0.41 | 0.50 | 0.26 | 0.22 | 0.54 | 0.86 | 0.47 | 0.19 | 0.43 |
| 2006 | 0.19 | 0.39 | 0.17 | 0.36 | 0.46 | 0.26 | 0.26 | 0.15 | 0.08 | 0.37 | 0.33 | 0.21 | 0.27 | 0.45 | 0.70 | 0.55 | 0.23 | 0.48 |
| 2007 | 0.14 | 0.33 | 0.12 | 0.36 | 0.38 | 0.22 | 0.22 | 0.14 | 0.07 | 0.32 | 0.35 | 0.25 | 0.25 | 0.36 | 0.56 | 0.33 | 0.19 | 0.45 |
| 2008 | 0.16 | 0.33 | 0.12 | 0.34 | 0.29 | 0.24 | 0.24 | 0.12 | 0.05 | 0.29 | 0.31 | 0.27 | 0.22 | 0.40 | 0.47 | 0.31 | 0.17 | 0.46 |
| 2009 | 0.18 | 0.35 | 0.11 | 0.32 | 0.34 | 0.20 | 0.22 | 0.11 | 0.03 | 0.25 | 0.29 | 0.27 | 0.22 | 0.37 | 0.38 | 0.22 | 0.17 | 0.39 |
| 2010 | 0.19 | 0.35 | 0.12 | 0.31 | 0.37 | 0.18 | 0.24 | 0.10 | 0.03 | 0.23 | 0.22 | 0.27 | 0.22 | 0.43 | 0.37 | 0.18 | 0.19 | 0.41 |
| 2011 | 0.20 | 0.29 | 0.15 | 0.32 | 0.40 | 0.23 | 0.26 | 0.11 | 0.04 | 0.27 | 0.31 | 0.21 | 0.20 | 0.44 | 0.36 | 0.17 | 0.16 | 0.42 |
| 2012 | 0.21 | 0.33 | 0.13 | 0.32 | 0.33 | 0.22 | 0.24 | 0.11 | 0.04 | 0.27 | 0.21 | 0.23 | 0.20 | 0.38 | 0.27 | 0.16 | 0.15 | 0.38 |
| 2013 | 0.22 | 0.34 | 0.12 | 0.33 | 0.37 | 0.22 | 0.22 | 0.15 | 0.05 | 0.31 | 0.21 | 0.19 | 0.19 | 0.43 | 0.26 | 0.11 | 0.15 | 0.37 |
| 2014 | 0.18 | 0.31 | 0.11 | 0.32 | 0.34 | 0.20 | 0.21 | 0.13 | 0.06 | 0.27 | 0.20 | 0.26 | 0.19 | 0.48 | 0.24 | 0.21 | 0.16 | 0.38 |
| 2015 | 0.17 | 0.30 | 0.09 | 0.32 | 0.33 | 0.20 | 0.19 | 0.14 | 0.07 | 0.27 | 0.24 | 0.16 | 0.19 | 0.43 | 0.24 | 0.21 | 0.14 | 0.30 |
| 2016 | 0.15 | 0.32 | 0.10 | 0.31 | 0.36 | 0.22 | 0.21 | 0.14 | 0.07 | 0.27 | 0.24 | 0.14 | 0.21 | 0.44 | 0.20 | 0.16 | 0.13 | 0.35 |

数据来源：根据联合国商品贸易数据库计算整理所得。

除泰国和土库曼斯坦,中国对其他各国农产品出口的显示性比较优势指数均表现出不断下降的趋势。其中,在2002—2003年,中国对保加利亚、马来西亚、白俄罗斯三国农产品的竞争力指数均大于1.25,说明在当时中国农产品在这些国家中具有比较强的竞争力。但2004年以来,竞争力优势逐渐减弱。2016年,中国农产品在保加利亚和白俄罗斯的显示性比较优势指数不足0.30。类似地,中国对印度尼西亚、印度、菲律宾、乌兹别克斯坦和越南的显示性比较优势指数在2002—2003年均保持在0.80~1.25,反映出当时中国农产品在这些市场可以达到中等的竞争力水平。但在2016年,中国农产品在印度尼西亚、菲律宾和越南三国的显示性比较优势指数均降至0.50左右,对印度和乌兹别克斯坦的相应指数降至0.20左右,说明中国农产品自2004年以来在这些国家的竞争力水平均呈现出不同程度降低的趋势。

其他国家如罗马尼亚、俄罗斯、土耳其、巴基斯坦、乌克兰,在2002—2016年,中国农产品在这些国家中的市场竞争力水平均低于0.80,且呈下降趋势。2016年,中国对这些国家农产品出口的竞争力指数均徘徊在0.20左右。因此,从整体来看,中国对东盟国家农产品出口的显示性比较优势指数在2002—2003年维持在较高水平,但随后逐年降低,近年来除了泰国,中国农产品在其他沿线中等收入国家的竞争力水平均较弱。

表3-2为中国对沿线高收入国家农产品出口的显示性比较优势指数。根据表3-2可以发现,中国对沿线高收入国家农产品出口的竞争力水平的变动趋势同对沿线中等收入国家农产品出口竞争力的变化相一致,均呈现出逐年降低的趋势。

从具体数据来看,中国对沿线高收入国家农产品出口的显示性比较优势指数要弱于在沿线中等收入国家市场中的指数。2002—2005年,中国对波兰农产品出口的竞争力指数较高,该时期显示性比较优势指数保持在0.86以上,表明这些年份中国农产品在波兰具有较强的竞争力。但自2006年以来,中国农产品在波兰的显示性比较优势指数逐渐下降,2016 年该指数仅为 0.20,说明中国农产品在波兰市场中逐渐丧失竞争力。相比而言,中国对新加坡农产品出口的显示性比较优势指数在 2002 年为 0.80,2002 年后虽呈下降趋势,但下降趋势相对较缓,在 2016 年该指数为 0.44,是同期中国农产品出口在高收入国家显示性比较优势指数最高的国家。

除波兰和新加坡,2002—2016 年中国对其他沿线高收入国家农产品出口的显示性比较优势指数基本均低于 0.80。其中,中国农产品出口在捷克、德国、西班牙、意大利和斯洛文尼亚中的显示性比较优势指数在 2002—2004 年基本保持在 0.34~0.77。但因整体呈现不断下降的趋势,近年来,中国对这些国家农产品出口的显示性比较优势指数均降至 0.09~0.36,说明中国在这些国家农产品市场中的竞争力水平进一步恶化。

此外,中国农产品出口至匈牙利的显示性比较优势指数最低,2002—2016 年中,各年指数均小于或等于 0.10,说明相比其他国家,中国农产品在匈牙利市场的竞争力最弱。从整体来看,中国农产品在高收入国家的竞争力水平均较弱,并且该指数将有可能进一步下降。

为了解中国农产品在沿线主要国家的市场占有率,本书利用国际市场占有率指数加以衡量,该指数反映一国出口规模占世界出口规模的比重。同前文一致,本书将沿线样本国分为沿线中等收入国家和沿线高收入国家,计算并分析中国对沿线中等收入国家和沿线高收入国家农产品出口的市场占有率。

表 3-3 反映了中国对沿线中等收入国家农产品出口的市场占有率情况。从中国农产品在各国市场占有率的整体增幅来看,2002 年,中国农产品在格鲁吉亚的市场占有率仅为 0.07%,2016 年该比率增至 2.29%。类似地,如中国农产品在白俄罗斯的市场占有率在 2002—

---

① 国际市场占有率指数用公式可表示为:$MS_{ij} = v_{ij}^a / v_{wj}^a$,其中,$v_{ij}^a$ 表示中国对"一带一路"沿线样本国农产品出口额,$v_{wj}^a$ 表示世界对"一带一路"沿线样本国农产品出口额。

2016年增长了252.44%,中国农产品在亚美尼亚的市场占有率在2002—2016年年增幅达173.22%。虽然从具体数值来看,中国农产品在这些国家中的占比仍较低,但中国对其农产品市场占有率增长迅速,因此从长期来看,中国对这些国家农产品出口具有较大潜力。中国农产品在泰国的市场占有率的增幅也较大,从2002年的4.81%增至2016年的23.01%,增长3.78倍有余。中国对其他国家如俄罗斯、土耳其、土库曼斯坦、菲律宾、塔吉克斯坦和吉尔吉斯斯坦等农产品出口的市场占有率在2002—2016年增幅均超过1倍;而中国对保加利亚、印度、乌兹别克斯坦和越南农产品出口的市场占有率在2002—2016年分别下降了66.05%、28.59%、17.21%和2.64%,由此导致2016年中国农产品在保加利亚的市场占有率不足1%。我们应深入探究中国对这些国家农产品出口增长的影响因素,不断扩大中国农产品在这些国家的市场占有率水平。

根据表3-3中数据可知,中国农产品在沿线中等收入国家农产品出口的市场占有率存在较大差异。中国对马来西亚、泰国、菲律宾和越南农产品出口的市场占有率自2012年以来保持在10.0%以上。其中,2015—2016年中国农产品在泰国的市场占有率达到23.0%以上,这同前文得到中国在泰国显示性比较优势指数较高相对应;在马来西亚和菲律宾的市场占有率均在15.31%~17.25%。同时中国对吉尔吉斯斯坦农产品出口额在该国农产品贸易中所占的比重也较高,2014年以来,其市场占有率的比重基本保持在20%左右;相比之下,中国农产品在保加利亚、白俄罗斯和亚美尼亚的市场占有率仅为1%左右,中国农产品在土耳其、土库曼斯坦、阿尔及利亚、格鲁吉亚、印度、巴基斯坦、乌克兰、乌兹别克斯坦及塔吉克斯坦这些国家的市场占有率基本保持在1%~7%。从中国农产品在沿线中等收入国家市场的占有率的数值可知,中国农产品在东盟国家占较大市场份额,在这些国家的市场占有率显著高于其他非东盟国家的占有率水平。

表 3-3 中国对沿线中等收入国家农产品出口的市场占有率

| 年份 | 保加利亚 | 马来西亚 | 罗马尼亚 | 俄罗斯 | 泰国 | 土耳其 | 哈萨克斯坦 | 土库曼斯坦 | 白俄罗斯 | 阿尔及利亚 | 亚美尼亚 | 格鲁吉亚 | 印度尼西亚 | 印度 | 巴基斯坦 | 菲律宾 | 乌克兰 | 乌兹别克斯坦 | 塔吉克斯坦 | 吉尔吉斯斯坦 | 越南 |
|---|---|---|---|---|---|---|---|---|---|---|---|---|---|---|---|---|---|---|---|---|---|
| 2002 | 2.82% | 12.87% | 1.51% | 4.03% | 4.81% | 1.00% | 7.01% | 1.86% | 0.35% | 1.49% | 0.19% | 0.07% | 12.13% | 6.16% | 3.47% | 5.60% | 2.01% | 6.49% | 1.25% | 6.63% | 13.30% |
| 2003 | 2.81% | 13.22% | 1.84% | 4.26% | 5.55% | 1.61% | 6.23% | 0.90% | 0.38% | 1.95% | 0.44% | 0.65% | 10.03% | 4.73% | 2.33% | 8.57% | 2.05% | 7.27% | 3.31% | 7.84% | 18.30% |
| 2004 | 1.84% | 9.36% | 1.82% | 3.73% | 5.51% | 1.22% | 4.48% | 3.78% | 0.34% | 2.03% | 0.62% | 0.60% | 8.04% | 4.84% | 2.62% | 7.15% | 2.53% | 8.09% | 1.52% | 6.14% | 11.14% |
| 2005 | 1.99% | 11.73% | 1.83% | 3.77% | 6.35% | 1.63% | 5.83% | 2.28% | 1.41% | 2.34% | 2.65% | 1.14% | 7.30% | 4.82% | 6.00% | 7.60% | 3.55% | 6.63% | 1.25% | 11.67% | 12.11% |
| 2006 | 1.40% | 12.55% | 2.14% | 3.97% | 7.16% | 1.61% | 4.60% | 2.28% | 0.98% | 2.31% | 0.59% | 1.30% | 9.51% | 4.43% | 3.80% | 10.41% | 3.64% | 6.69% | 1.42% | 20.25% | 10.68% |
| 2007 | 1.49% | 12.74% | 1.92% | 4.52% | 8.38% | 2.00% | 4.91% | 2.95% | 1.42% | 2.28% | 1.09% | 1.45% | 10.06% | 5.28% | 3.64% | 9.99% | 3.64% | 6.46% | 2.17% | 18.82% | 9.60% |
| 2008 | 1.80% | 11.46% | 2.03% | 4.27% | 8.89% | 2.10% | 6.03% | 4.06% | 1.36% | 1.82% | 1.06% | 1.68% | 8.12% | 4.55% | 3.05% | 7.10% | 3.79% | 6.55% | 2.39% | 16.46% | 10.32% |
| 2009 | 1.39% | 12.88% | 1.40% | 4.54% | 12.00% | 1.96% | 7.13% | 7.25% | 1.73% | 2.39% | 0.72% | 1.40% | 10.98% | 4.62% | 5.09% | 10.82% | 3.00% | 6.37% | 3.63% | 19.14% | 11.77% |
| 2010 | 1.33% | 13.24% | 1.54% | 4.63% | 12.73% | 2.04% | 11.19% | 3.08% | 1.60% | 2.35% | 1.75% | 1.89% | 12.64% | 4.10% | 4.35% | 9.21% | 3.53% | 5.10% | 3.02% | 21.75% | 12.05% |
| 2011 | 1.71% | 12.42% | 1.81% | 5.09% | 14.10% | 1.97% | 11.43% | 5.14% | 1.39% | 1.77% | 1.77% | 1.82% | 11.33% | 3.92% | 4.65% | 9.96% | 3.67% | 5.02% | 2.67% | 16.97% | 12.60% |
| 2012 | 1.38% | 12.54% | 1.53% | 5.14% | 14.62% | 2.10% | 6.91% | 5.78% | 0.90% | 1.87% | 1.45% | 2.13% | 10.50% | 3.89% | 4.79% | 11.81% | 3.34% | 6.60% | 2.40% | 16.45% | 11.14% |
| 2013 | 1.25% | 15.38% | 1.74% | 5.15% | 17.34% | 1.90% | 7.67% | 3.27% | 0.95% | 2.01% | 1.23% | 1.77% | 10.11% | 4.64% | 4.51% | 13.74% | 3.24% | 6.51% | 2.85% | 15.31% | 10.56% |
| 2014 | 1.27% | 16.66% | 1.62% | 6.28% | 18.81% | 2.02% | 7.67% | 2.64% | 0.97% | 1.62% | 1.01% | 2.04% | 11.60% | 4.57% | 4.97% | 12.07% | 3.11% | 5.77% | 3.52% | 20.56% | 11.39% |
| 2015 | 1.14% | 17.08% | 1.66% | 7.82% | 23.97% | 2.31% | 9.43% | 3.43% | 1.23% | 2.18% | 0.77% | 2.29% | 12.62% | 4.27% | 5.96% | 15.31% | 2.72% | 6.87% | 4.02% | 23.12% | 12.74% |
| 2016 | 0.96% | 17.25% | 1.69% | 8.69% | 23.01% | 2.07% | 9.06% | 5.16% | 1.23% | 2.02% | 0.53% | 2.29% | 12.92% | 4.4% | 5.81% | 16.5% | 3.15% | 5.37% | 3.51% | 19.79% | 12.95% |

数据来源：根据联合国商品贸易数据库计算整理所得。

根据表3-4可知,从增幅来看,中国农产品除在捷克、拉脱维亚、波兰的市场占有率呈下降趋势,中国农产品在其他沿线高收入国家的市场占有率呈波动增长的趋势。其中,中国农产品在比利时、西班牙、英国、荷兰以及以色列的市场占有率在2002—2016年整体增长了1倍以上,而在匈牙利、沙特阿拉伯的市场占有率各年变动幅度较小。

从市场占有率的数值来看,中国农产品在沿线中等收入国家的市场占有率远高于在沿线高收入国家的市场占有率水平。因为中国农产品在沿线中等收入国家的市场占有率除保加利亚、罗马尼亚、白俄罗斯、亚美尼亚,在其他国家的市场占有率均在2%以上,且有6个国家的市场占有率在2009年以来均超过10%。而中国农产品在沿线高收入国家中的新加坡和以色列的市场占有率相对较高。其中,中国农产品在新加坡的市场占有率在2002—2011年均在5%以上,2015年该占有率达到8.1%,说明同其他沿线高收入国家相比,中国农产品在新加坡市场的竞争力相对较高。中国农产品在以色列的市场占有率略低于在新加坡的市场占有率。2011年以来,中国农产品在以色列的市场占有率基本保持在4%以上,高于除新加坡的高收入国家。

除了新加坡和以色列,中国农产品在沿线高收入国家的市场占有率基本在0.06%~4.37%。具体来看,2002—2008年中国农产品在波兰的市场占有率均在2%以上,但其市场占有率呈逐年降低的趋势,近年来中国农产品在波兰的市场占有率基本保持在1.44%以上。

中国农产品在德国、西班牙、荷兰和沙特阿拉伯各国的市场占有率在2016年基本保持在2%左右,这些国家在沿线高收入国家中属于市场占有率较高的国家。相比之下,奥地利、匈牙利两国的中国农产品市场占有率不足0.5%。2016年以来,中国对捷克、法国、匈牙利和拉脱维的亚农产品出口额占这些国家农产品进口额均不足1%。因此可知,从整体上看,中国农产品在沿线高收入国家的市场占有率远低于沿线中等收入国家。

表 3-4　中国对沿线高收入国家农产品出口的市场占有率

| 年份 | 奥地利 | 比利时 | 捷克 | 德国 | 西班牙 | 法国 | 英国 | 希腊 | 匈牙利 | 意大利 | 立陶宛 | 拉脱维亚 | 荷兰 | 新加坡 | 波兰 | 斯洛文尼亚 | 沙特阿拉伯 | 以色列 |
|---|---|---|---|---|---|---|---|---|---|---|---|---|---|---|---|---|---|---|
| 2002 | 0.11% | 0.39% | 1.35% | 1.16% | 0.65% | 0.42% | 0.85% | 0.44% | 0.37% | 1.47% | 0.53% | 0.98% | 1.14% | 5.31% | 2.92% | 0.59% | 1.93% | 1.01% |
| 2003 | 0.06% | 0.61% | 1.75% | 1.17% | 0.70% | 0.43% | 0.91% | 0.51% | 0.52% | 1.29% | 0.80% | 1.00% | 1.17% | 5.34% | 4.37% | 0.90% | 1.56% | 1.35% |
| 2004 | 0.09% | 0.71% | 1.08% | 1.20% | 0.97% | 0.44% | 0.87% | 0.56% | 0.43% | 1.17% | 1.11% | 0.88% | 1.22% | 5.62% | 3.10% | 0.46% | 1.14% | 1.42% |
| 2005 | 0.11% | 1.10% | 0.63% | 1.55% | 1.44% | 0.53% | 1.01% | 0.52% | 0.26% | 1.32% | 1.25% | 0.77% | 1.52% | 5.61% | 2.35% | 0.68% | 1.41% | 2.00% |
| 2006 | 0.15% | 1.25% | 0.47% | 1.74% | 1.69% | 0.66% | 1.16% | 0.55% | 0.34% | 1.40% | 1.01% | 0.69% | 1.91% | 5.56% | 2.19% | 1.11% | 1.81% | 2.71% |
| 2007 | 0.15% | 1.15% | 0.45% | 1.85% | 1.73% | 0.72% | 1.15% | 0.65% | 0.37% | 1.42% | 1.25% | 0.91% | 2.05% | 5.08% | 2.20% | 0.81% | 1.89% | 3.08% |
| 2008 | 0.17% | 1.23% | 0.52% | 1.84% | 1.58% | 0.81% | 1.30% | 0.61% | 0.32% | 1.38% | 1.28% | 0.91% | 1.70% | 5.19% | 2.05% | 0.91% | 1.79% | 3.11% |
| 2009 | 0.19% | 1.25% | 0.56% | 1.88% | 1.75% | 0.76% | 1.36% | 0.58% | 0.27% | 1.27% | 1.22% | 0.86% | 1.79% | 5.54% | 1.84% | 0.74% | 1.77% | 3.15% |
| 2010 | 0.23% | 1.44% | 0.77% | 2.16% | 2.24% | 0.83% | 1.64% | 0.74% | 0.27% | 1.57% | 1.20% | 1.2%0 | 2.02% | 5.47% | 1.95% | 0.94% | 1.99% | 3.60% |
| 2011 | 0.25% | 1.39% | 0.83% | 2.17% | 2.34% | 0.98% | 1.72% | 0.76% | 0.25% | 1.73% | 1.47% | 0.99% | 1.91% | 5.21% | 1.79% | 0.91% | 1.97% | 4.12% |
| 2012 | 0.27% | 1.42% | 0.62% | 2.08% | 1.98% | 0.90% | 1.68% | 0.80% | 0.28% | 1.52% | 1.27% | 1.05% | 1.85% | 4.99% | 1.63% | 0.89% | 1.88% | 3.92% |
| 2013 | 0.27% | 1.37% | 0.62% | 1.99% | 2.25% | 0.87% | 1.73% | 0.96% | 0.32% | 1.70% | 1.17% | 0.93% | 1.80% | 6.24% | 1.53% | 0.66% | 1.65% | 4.11% |
| 2014 | 0.26% | 1.33% | 0.63% | 2.09% | 2.25% | 0.89% | 1.76% | 1.07% | 0.38% | 1.66% | 1.18% | 1.07% | 1.99% | 7.29% | 1.50% | 1.33% | 1.86% | 4.06% |
| 2015 | 0.29% | 1.45% | 0.59% | 2.23% | 2.51% | 0.99% | 1.86% | 1.19% | 0.43% | 1.89% | 1.26% | 0.74% | 2.23% | 8.10% | 1.67% | 1.48% | 1.94% | 4.09% |
| 2016 | 0.23% | 1.40% | 0.61% | 2.08% | 2.65% | 0.97% | 1.87% | 1.31% | 0.41% | 1.84% | 1.27% | 0.74% | 2.38% | 7.57% | 1.44% | 1.14% | 2.02% | 4.27% |

数据来源：根据联合国商品贸易数据库计算整理所得。

# 4 制度质量对中国农产品出口"一带一路"沿线主要国家的影响因素分析

为明确不同制度因素对中国农产品出口至沿线主要国家的影响，本章基于引力模型的基本形式，构建与本书相关的回归模型。同时，不同于已有研究对制度水平的测度，本章基于各制度因素的二级指标，通过对各二级指标进行标准化处理，进而得到经济制度、政治制度和法律制度三类制度水平以及总制度质量，由此构建的回归模型可以从不同层次分析制度质量对中国农产品出口沿线主要国家的影响力。

## 4.1 模型的基本形式及推导

引力模型是在国际贸易中研究双边贸易流量影响因素的重要工具，最早由 Tinbergen J(1962)[298]基于经验认识，将其应用到国际贸易领域的研究，引力模型最初的表达形式如式(4-1)所示：

$$T_{ij} = A \frac{Y_i Y_j}{D_{ij}} \tag{4-1}$$

式(4-1)中，$T_{ij}$ 为 $i$ 国和 $j$ 国的贸易流量；$Y_i$ 为 $i$ 国的经济规模；$Y_j$ 为 $j$ 国的经济规模；$D_{ij}$ 为 $i$ 国和 $j$ 国的地理距离；$A$ 为常数。

式(4-1)表示双边贸易流量同贸易双方的经济规模成正比，同两国的地理距离成反比，这也是引力模型最早、最基本的形式。随后，学者们基于各自的研究重点，尝试引入其他变量如人口、人均 GDP、关税等,以对双边贸易流量更好地进行估计。贸易引力模型因结构形式较为简单,变量可获得性高,操作性强,对贸易流量的解释力也较强,从而在经验研究中取得巨大成功,逐渐成为研究国际贸易中的基准模型。

但是在很长一段时间内,由于引力模型缺乏理论基础,其在推广过程中并未得到主流经济理论的认可和重视。1979年以来,众多学者为得到引力模型的理论基石而展开研究,Anderson J(1979)[299]最早基于产品差异化的基本假设对引力模型的基本形式进行推导。随后,学者们基于不同的研究方向进行探究,一些学者基于 Krugman P(1979)[300]提出的新贸易理论,打破了以往采用完全竞争市场的基本假设条件;Helpman E(1987)[301]基于规模经济的假设前提推导得到分析产业内贸易的引力模型;Bergstrand J(1985,1989)[302][303]从垄断竞争模型出发探究得到影响双边流量因素的结构化引力模型;Chaney T(2008)[304]从企业生产率异质性的假设出发,推导得到双边贸易二元边际的影响因素;也有学者基于 H-O 理论,从国家之间资源禀赋存在差异的角度出发,如 Feenstra R 和 Markusen J 等(2001)[305]推导得到引力模型,Deardorff A(1995)[306]从贸易成本的存在与否对引力模型进行推导;还有学者基于各国间生产效率存在差异的假设进行推导,如 Eaton J 和 Kortum S(2002)[307]基于不同国家异质性的生产率,通过对各国在国际贸易中所占比率进行分析推导得到引力模型;此外,还有学者基于市场需求结构对模型进行推导,如代表性学者 Anderson J 和 Wincoop E(2003)[3]从消费者市场结构出发,基于恒定替代弹性需求方程对结构化引力模型进行推导。

对比不同学者对引力模型理论基础的探究,Anderson J 和 Wincoop E(2003)[3]从消费者需求角度出发,充分考虑贸易成本对贸易流量的影响,推导得到具有代表性的引力模型。因此本书借鉴该模型,从最大化消费者效用出发,同时纳入制度因素,对包含制度的引力模型进行推导。

Anderson J 和 Wincoop E(2003)[3]基于完全竞争市场和一般均衡

的假设条件,假定进口国消费者的需求结构符合常数替代弹性(Constant Elasticity of Substitution,CES)需求函数。具体来看,假设世界上各个国家均只生产一种异质性产品,出口国记为 $i$ 国,进口国记为 $j$ 国,则 $j$ 国的预算约束可以表示为:

$$\sum_i p_{ij} c_{ij} = y_j \tag{4-2}$$

在此约束下 $j$ 国消费者效用函数为:

$$U_j = \left(\sum_i \beta_i^{(1-\sigma)/\sigma} c_{ij}^{(\sigma-1)/\sigma}\right)^{\sigma/(1-\sigma)} \tag{4-3}$$

式(4-3)中,$c_{ij}$ 为 $j$ 国从 $i$ 国进口产品的数量;$p_{ij}$ 为 $j$ 国从 $i$ 国进口产品的价格;$y_j$ 为 $j$ 国国内生产总值;$\sigma$ 为 CES 函数中的替代弹性;$\beta_i$ 为 $i$ 国出口产品的分布参数。

根据预算约束对效用函数的最大化进行一阶求导,可得:

$$x_{ij} = (\beta_i p_i t_{ij}/P_j)^{(1-\sigma)} y_j \tag{4-4}$$

式(4-4)中,$x_{ij}$ 为 $i$ 国和 $j$ 国的贸易流量;$p_i$ 为 $i$ 国产品的出口价格;$t_{ij}$ 为两国商品进行贸易的交易成本因子。

假定贸易成本因子采用冰山成本来表示,则进口价格 $p_{ij}$ 可表示为冰山成本同 $i$ 国出口产品价格的乘积,即 $p_{ij} = p_i t_{ij}$;$P_j$ 表示 CES 函数的价格指数,也是 $j$ 国消费者价格指数,可表示为:

$$P_j = \left[\sum_i (\beta_i p_i t_{ij})^{(1-\sigma)}\right]^{1/(1-\sigma)} \tag{4-5}$$

在一般均衡模型中,根据市场出清可知:

$$y_i = \sum_j x_{ij} = \sum_j (\beta_i p_i t_{ij}/P_j)^{(1-\sigma)} y_j = (\beta_i p_i)^{(1-\sigma)} \sum_j (t_{ij}/P_j)^{(1-\sigma)} y_j, \forall i \tag{4-6}$$

为得到引力模型,需要对式(4-4)中的 $\beta_i p_i$ 进行求解,因此利用式(4-6)可得:

$$(\beta_i p_i)^{(1-\sigma)} = \frac{y_i}{\sum_j (t_{ij}/P_j)^{(1-\sigma)} y_j} \tag{4-7}$$

此时,将式(4-7)带入式(4-4),并记 $y^w$ 为全球名义产出总值,将其表示为 $y^w = \sum_j y_j$,$\theta_j$ 为 $j$ 国产出占所有国家产出的比重,其中 $\theta_j = y_j/y^w$,由此可得式(4-8):

$$x_{ij} = \frac{y_i y_j}{y^w} \left( \frac{t_{ij}}{\prod_i P_j} \right)^{(1-\sigma)} \tag{4-8}$$

其中,$\prod_i$ 表示为 $i$ 国的消费者价格指数,表示为:

$$\prod_i = \left[ \sum_j (t_{ij}/P_j)^{1-\sigma} \theta_j \right]^{1/(1-\sigma)} \tag{4-9}$$

再将式(4-7)带入式(4-5),可将 $P_j$ 表示为:

$$P_j = \left[ \sum_i (t_{ij}/\prod_i)^{1-\sigma} \theta_i \right]^{1/(1-\sigma)} \tag{4-10}$$

此时,利用式(4-9)和式(4-10)联立方程组,可得:

$$\prod_i = \left\{ \sum_j \left[ \frac{t_{ij}}{\left( \sum_i (t_{ij}/\prod_i)^{(1-\sigma)} \theta_i \right)^{\frac{1}{1-\sigma}}} \right]^{(1-\sigma)} \theta_j \right\}^{\frac{1}{1-\sigma}} \tag{4-11}$$

因为 $\theta_i = y_i/y^w$ 和 $\theta_j = y_j/y^w$,可将式(4-11)化简为:

$$\prod_i = \left[ \sum_j \frac{t_{ij}^{(1-\sigma)} y_j}{\sum_i (t_{ij}/\prod_i)^{(1-\sigma)} y_i} \right]^{\frac{1}{1-\sigma}} \tag{4-12}$$

又因 Anderson J 和 Wincoop E(2003)[3]假定双边贸易壁垒是对称的,即 $t_{ij} = t_{ji}$,所以利用式(4-7)可得:

$$(\beta_j p_j)^{(1-\sigma)} = \frac{y_j}{\sum_i (t_{ij}/P_i)^{(1-\sigma)} y_i} \tag{4-13}$$

根据前文中模型对 $P_j$ 的设定,可将 $P_i$ 设定为:

$$P_i = \left[\sum_j (\beta_j p_j t_{ij})^{(1-\sigma)}\right]^{1/(1-\sigma)} \qquad (4\text{-}14)$$

此时,为验证 $P_i$ 和 $\prod_i$ 的关系,假设 $\prod_i = P_i$,将式(4-12)中的 $P_i$ 由 $\prod_i$ 代替,并代入式(4-11),通过化简可得:

$$\prod_i = \left[\sum_j (\beta_j p_j t_{ij})^{(1-\sigma)}\right]^{1/(1-\sigma)} \qquad (4\text{-}15)$$

即证明:

$$\prod_i = P_i \qquad (4\text{-}16)$$

式(4-16)中,$P_i$ 为出口国的消费者价格指数;$P_j$ 为进口国的消费者价格指数,即模型中的多变阻力项。

将式(4-16)代入式(4-10),可以将价格指数表示为贸易壁垒和收入份额的函数,即:

$$P_j^{(1-\sigma)} = \sum_i \theta_i t_{ij}^{(1-\sigma)} P_i^{(\sigma-1)} \qquad (4\text{-}17)$$

由此,可将式(4-8)的引力方程转化为:

$$x_{ij} = \frac{y_i y_j}{y^w} \left(\frac{t_{ij}}{P_i P_j}\right)^{(1-\sigma)} \qquad (4\text{-}18)$$

对式(4-18)中的 $t_{ij}$ 求导可得:

$$\frac{\partial x_{ij}}{\partial t_{ij}} = (1-\sigma) \frac{y_i y_j}{y^w} \left(\frac{t_{ij}}{P_i P_j}\right)^{-\sigma} (\sigma > 1) \qquad (4\text{-}19)$$

因为 $\sigma > 1$,所以 $\frac{\partial x_{ij}}{\partial t_{ij}} < 0$,由此可知,当在模型中考虑冰山成本 $t_{ij}$ 时,$i$ 国对 $j$ 国的出口额同两国的贸易成本呈负相关。

对于模型中 $t_{ij}$ 的设定,Anderson J 和 Wincoop E(2003)[3] 借鉴已有学者的研究,将 $t_{ij}$ 表示为地理距离和国家相邻的指数函数形式,考虑到制度对双边贸易的影响,为具体分析不同制度对中国农产品出口的影响情况,借鉴 Anderson J 和 Wincoop E(2003)[3]、Ghironi F 和

Melitz M(2005)[308]以及施炳展和冼国明等（2012）[309]的做法，在控制其他影响因素如地理距离、相邻关系、语言等变量后，将交易成本设定为制度水平的指数函数，如式(4-20)所示：

$$t_{ij}^{(\sigma-1)} = D_{ij}^{\xi} \exp^{-\sum_m \beta_j \varphi_{ijm} - \varepsilon_{ij}} \quad (4\text{-}20)$$

将式(4-20)代入式(4-18)，可以将引力模型转化为：

$$x_{ij} = \frac{y_i y_j}{y^w} (P_i P_j)^{(\sigma-1)} \frac{1}{D_{ij}^{\xi} \exp^{-\sum_m \beta_j \varphi_{ijm} - \varepsilon_{ij}}} \quad (4\text{-}21)$$

式(4-21)中，$D_{ij}$ 为两国之间的距离；$\sum_m \beta_j \varphi_{ijm}$ 为包括制度在内的影响交易成本的变量，本书将其具体化为影响交易成本的制度（INS）如经济制度、政治制度等；DIS 为地理距离；CON 为是否相邻；LANG 为语言差异；LAND 为是否为内陆国；$\varepsilon_{ij}$ 为随机误差项，且 $\varepsilon_{ij} \sim N(0, \sigma_\varepsilon^2)$。

## 4.2 回归模型与数据

### 4.2.1 引力模型的设定

根据前文对引力模型的推导得到式(4-21)，在其两边同时进行对数线性化，可得式(4-22)：

$$\ln x_{ij} = \ln y_i + \ln y_j - \ln y^w + (\sigma-1)\ln P_i + \\ (\sigma-1)\ln P_j - \xi \ln D_{ij} + \sum_m \beta_m \phi_{ijm} + \varepsilon_{ij} \quad (4\text{-}22)$$

式(4-22)中各变量所示含义同前文保持一致。其中，双边贸易流量、各国国内生产总值、地理距离及 $\phi_{ijm}$ 所包含的制度、相邻等变量均可观测，关键在于如何对 $P_i$ 和 $P_j$ 进行测度，$P_i$ 和 $P_j$ 分别为 $i$ 国和 $j$ 国的多边阻力，需利用贸易各国的价格指数加权得到。从理论角度分析，我们是可以得到对贸易成本的准确估计，但因其表达式存在不可观测量，在实际测度中很难对多边阻力进行量化。基于此,一些学者如 Baier S 和 Bergstrand J(2009)[144]提出,采用可获得的各国价格指数代替多边阻力的方法进行回归,这种方法相对简单,但可获得的价格指数受关税、汇率、补贴等政策的影响较为明显,并不能全面反映产品在生产、运输及销售过程中产生的成本;因此也有学者提出可以通过方程变换,消去多边阻力,但这种方法对数据要求严格,可操作性较低;另有学者使用固定效应控制各国的多边阻力,如 Eaton J 和 Kortum S(2002)[307]等,同前两种处理方法相比,采用固定效应具有较强的可操作性,回归结果也能较好的拟合双边贸易流量,虽然该方法在一定程度上降低了模型的自由度,但从整体上来看,仍为较优的选择。因此在后文分析中,本书也倾向于选用固定效应表征多边阻力的方法进行实证分析。

因此,本书在模型设置中分别引入出口国和进口国的固定效应 $\varphi_i$ 和 $\varphi_j$,并把 $t_{ij}$ 所涉及的具体变量代入模型,将式(4-22)转化为式(4-23):

$$\ln x_{ij} = \beta_0 + \varphi_i + \varphi_j - \xi \ln D_{ij} + \beta_1 INS + \beta_2 CON + \beta_3 LANG + \beta_4 LAND + \varepsilon_{ij} \quad (4-23)$$

式(4-23)中,$\beta_0$ 等于 $-\ln y^w$;$\varphi_i$ 等于 $\ln y_i - (1-\sigma)\ln P_i$;$\varphi_j$ 等于 $\ln y_j - (1-\sigma)\ln P_j$。考虑到面板数据同时涉及时间维度,因此在式(4-23)中加入时间效应 $\tau_t$,将上述引力模型修正为式(4-24):

$$\ln EX_{ijt} = \beta_0 + \varphi_i + \varphi_j + \tau_t + \beta_1 \ln Y_{it} + \beta_2 \ln Y_{jt} + \beta_3 \ln DIS_{ij} + \beta_4 \ln INS_{jt} + \beta_5 CON_{ij} + \beta_6 LANG_{ij} + \beta_7 LAND_{ij} + \varepsilon_{ij} \quad (4-24)$$

式(4-24)中,$i$ 为中国;$j$ 为沿线主要国家;$t$ 为样本时间;$EX_{ijt}$ 为 $t$ 时期 $i$ 国对 $j$ 国的农产品出口额;$Y_i$ 和 $Y_j$ 为分别为 $i$ 国和 $j$ 国的 GDP 水平;$DIS_{ij}$ 为 $i$ 国同 $j$ 国之间的地理距离;$INS_{jt}$ 为 $j$ 国的制度水平;$CON_{ij}$ 为 $i$ 国和 $j$ 国是否相邻;$LANG_{ij}$ 为 $i$ 国和 $j$ 国语言是否一致;$LAND_{ij}$ 为 $j$ 国是否为内陆国。

其中,制度水平是本书重点考察的核心变量,目前不同学者对制度水平的测度存在较大差异,本书为全面分析沿线主要国家制度因素对中国农产品出口的影响,将总制度质量(INS)从经济制度、政治制度和法律制度三个角度进行测度,其中经济制度包括6个二级指标,分别是商业自由度、贸易自由度、财政自由度、货币自由度、投资自由度和金融自由度,分别用 $E1$、$E2$、$E3$、$E4$、$E5$ 和 $E6$ 表示;政治制度包括7个二级指标,分别是政治民主度、政治稳定性、政府效能、监管质量、腐败控制、政府清廉和政府规模,分别用 $P1$、$P2$、$P3$、$P4$、$P5$、$P6$ 和 $P7$ 表示;法律制度包括2个二级指标,分别是法律完善度和产权保护度,分别用 $L1$ 和 $L2$ 表示。

除了根据模型推导得到的变量,基于农产品贸易的特有属性,为控制其他因素对中国农产品出口的影响,本书考虑在模型中添加相关控制变量:农业增加值占比、农业耕地面积、关税水平、该国是否属于 APEC 经济体、该国是否为 ASEAN 成员国。由此本书将式(4-24)扩展为:

$$\ln EX_{ijt} = \beta_0 + \varphi_i + \varphi_j + \tau_t + \beta_1 \ln Y_{it} + \beta_2 \ln Y_{jt} + \beta_3 \ln DIS_{ij} + \beta_4 \ln INS_{jt} + \beta_5 CON_{ij} + \beta_6 LANG_{ij} + \beta_7 LAND_j + \beta_8 AGRP_{jt} + \beta_9 \ln TAX_{jt} + \beta_{10} AERA_{jt} + \beta_{11} APEC_{ijt} + \beta_{12} ASEAN_{ijt} + \varepsilon^{ijt} \quad (4-25)$$

式(4-25)中,$AGRP_{jt}$ 为 $j$ 国农业增加值占该国 GDP 比重;$TAX_{jt}$ 为关税水平;$APEA_{jt}$ 为 $t$ 时期 $j$ 国的农业用地面积;$APEC_{jt}$ 为 $t$ 时期 $j$ 国是否属于 APEC 经济体;$ASEAN_{jt}$ 为 $t$ 时期 $j$ 国是否为东盟成员国;$\varepsilon_{ijt}$ 为误差项。

考虑到经济制度、政治制度和法律制度各二级指标之间可能存在严重的多重共线性①,本书在引力模型中逐次加入各类制度及其二级指标,对"一带一路"沿线国家经济制度、政治制度和法律制度及其二级

---

① 本书通过对变量之间的相关系数进行测算,发现不同制度的二级指标之间确实存在严重的多重共线性。

指标对中国农产品出口的影响因素分别进行实证分析,如式(4-26)、式(4-27)和式(4-28)所示:

$$\begin{aligned}
\ln EX_{ijt} =\ & \beta_0 + \varphi_i + \varphi_j + \tau_t + \beta_1 \ln Y_{it} + \beta_2 \ln Y_{jt} + \\
& \beta_3 \ln DIS_{ij} + \beta_4 INS_{jt}(E1,E2,E3,E4,E5,E6,EA) + \\
& \beta_5 CON_{ij} + \beta_6 LANG_{ij} + \beta_7 LAND_j + \beta_8 \ln AGRP_{jt} + \\
& \beta_9 \ln TAX_{jt} + \beta_{10} \ln AERA_{jt} + \beta_{11} APEC_{ijt} + \\
& \beta_{12} ASEAN_{ijt} + \varepsilon_{ijt}
\end{aligned} \quad (4\text{-}26)$$

$$\begin{aligned}
\ln EX_{ij} =\ & \beta_0 + \varphi_i + \varphi_j + \tau_t + \beta_1 \ln Y_i + \beta_1 \ln Y_j + \beta_3 \ln DIS_{ij} + \\
& \beta_4 \ln INS_{jt}(P1,P2,P3,P4,P5,P6,P7,PA) + \\
& \beta_5 CON_{ij} + \beta_6 LANG_{ij} + \beta_7 LAND_j + \beta_8 AGRP_{jt} + \\
& \beta_9 \ln TAX_{jt} + \beta_{10} AERA_{jt} + \beta_{11} APEC_{ijt} + \\
& \beta_{12} ASEAN_{ijt} + \varepsilon_{ijt}
\end{aligned} \quad (4\text{-}27)$$

$$\begin{aligned}
\ln EX_{ijt} =\ & \beta_0 + \varphi_i + \varphi_j + \tau_t + \beta_1 \ln Y_{it} + \beta_2 \ln Y_{jt} + \beta_3 \ln DIS_{ij} + \\
& \beta_4 INS_{jt}(L1,L2,LA) + \beta_5 CON_{ij} + \beta_6 LANG_{ij} + \\
& \beta_7 LAND_j + \beta_8 \ln AGRP_{jt} + \beta_9 \ln TAX_{jt} + \\
& \beta_{10} \ln AERA_{jt} + \beta_{11} APEC_{ijt} + \beta_{12} ASEAN_{ijt} + \varepsilon_{ijt}
\end{aligned} \quad (4\text{-}28)$$

在式(4-26)、式(4-27)和式(4-28)中,核心变量 $E1 \sim E6$、$P1 \sim P7$、$L1 \sim L2$ 分别表示经济制度、政治制度、法律制度各二级指标的测度值。为分析经济制度、政治制度及法律制度这三类制度对中国农产品出口沿线国家的影响,本书通过对二级指标进行标准化处理得到沿线国家经济制度水平、政治制度水平和法律制度水平,分别表示为 $EA$、$PA$、$LA$。

同时为考察出口对象国整体的制度水平对我国对其农产品出口规模的影响,本书基于 $EA$、$PA$ 和 $LA$ 的指标进一步测算得到各出口对象国的制度质量,用 $INS$ 表示。本书基于上述模型,分别对经济制度、政治制度和法律制度的二级指标、三类制度以及总制度质量对中国农产品出口沿线主要国家的影响情况进行全面、多层次的实证分析。

### 4.2.2 变量选取及其来源

本书以 2002—2016 年中国农产品对"一带一路"沿线 39 个国家的出口额作为被解释变量,实证分析各变量对该被解释变量的影响。相关变量选取如下:

(1)农产品出口额($EX_{ijt}$)。本书选取 2002—2016 年中国对沿线主要国家的农产品出口额,数据源于联合国商品贸易统计数据库,单位是亿美元。为消除价格指数和通胀因素的影响,本书对收集整理的出口额数据采用各国 GDP 平减指数进行折算,并以 $\ln EX_{ijt}$ 形式进入模型。

(2)经济规模($Y_{it}$ 和 $Y_{jt}$)。该变量为中国和"一带一路"沿线主要国家的经济规模,通过各国 GDP 表示,数据来源于世界银行 WDI 数据库,选取 2010 年美元实际值,单位是百万美元。中国 GDP 的高低决定了中国农产品出口的供给能力,一般认为,中国 GDP 的提高能显著扩大本国国内农产品的供给能力,因此该变量的预期符号为正;出口对象国的经济规模主要影响其国内市场对农产品的需求能力,进口国经济规模的提高可有效提升消费者的需求能力,因此该变量预期符号也为正,并以 $\ln Y_{it}$ 和 $\ln Y_{jt}$ 进入模型。

(3)地理距离($DIS_{ij}$)。地理距离采用中国首都北京和出口对象国首都之间的距离,数据来源于 CEPII 数据库,单位是千米。本书样本国涵盖了陆上丝绸之路和海上丝绸之路相关国家,由于国别众多且大多数出口对象国国土面积较小,重要贸易城市多为其首都或者同首都地理距离接近,本书采用与各国首都之间的地理距离,一般认为,地理距离远,会增加商品运输成本和风险,降低贸易流量,因此该变量预期符号为负,以 $\ln DIS_{ij}$ 进入模型。

(4)农业增加值占比($AGRP_{jt}$)。该变量采用中国农产品出口对象国的农业增加值占本国 GDP 的比重,数据源于世界银行 WDI 数据库。农业增加值占比可以用来衡量出口对象国的农业发展水平。一般认为,基于发达国家的经验数据,随着各国经济结构的优化以及经济总量的提高,农业增加值的占比将呈现逐渐下降的趋势。因此,一国农业增加值比重越高,说明该国农业发展相对缓慢,对农产品可能存在更大的需求,因此该变量的预期符号为正。因 $AGRP_{jt}<1$,所以该变量采用 $\ln(1+AGRP_{jt})$ 进入模型,表示为 $\ln AGRP_{jt}$。

(5)关税水平($TAX_{jt}$)。该变量选取沿线主要国家的关税税率,数据来源于世界银行 WDI 数据库,该变量分析各国关税的变动对中国农产品出口同沿线主要国家出口规模的影响程度。一般认为,进口国关税水平的提高将增加中国农产品的贸易成本,预期符号为负。该变量 $\ln(1+TAX_{jt})$ 进入模型,表示为 $\ln TAX_{jt}$。

(6)农业用地面积($AREA_{jt}$)。该变量选取农产品进口国的农业用地面积,分析各国国内农业用地面积是否对中国农产品出口产生显著影响,数据来源于世界银行 WDI 数据库,单位是平方千米。一般认为,国家农业用地面积越大,国内农产品自给能力越强,对农产品的需求越小,因此预期符号为负。该变量 $\ln AREA_{jt}$ 进入模型。

(7)模型中的虚拟变量包括 $CON_{ij}$、$LANG_{ij}$、$LAND_j$、$APEC_{ijt}$ 和 $ASEAN_{ijt}$。

其中,$CON_{ij}$ 表示中国和农产品进口国之间是否相邻,相邻时为1,不相邻时为0,一般认为国家相邻、地理位置接近,消费者消费倾向和消费偏好较为相似,便于边境贸易的开展,因此预期符号为正。

$LANG_{ij}$ 表示各国是否和中国的语言相一致,语言相通可在一定程度上提升双边互信度,降低双边贸易的交易成本,因此预期符号为正;$LAND_j$ 表示各农产品进口国是否为内陆国,内陆国因其地理位置较为阻塞,交通不便,不利于农产品大规模运输,因此会提高双边贸易成本,预期符号为负。

$APEC_{ijt}$ 和 $ASEAN_{ijt}$ 分别表示各国是否和中国同属亚太经合组织或东盟成员国,这两个组织是中国参与的重要区域组织,同属组织成员可以利用区域内的双边优惠政策，降低贸易壁垒，提高双边贸易便利化水平，从而扩大双边贸易流量，预期符号为正。$CON_{ij}$、$LANG_{ij}$和$LAND_j$的数据均来源于CEPII数据库，$APEC_{ijt}$和$ASEAN_{ijt}$数据根据上述组织和东盟官网的信息整理所得。

（8）核心变量为出口对象国制度质量（$INS_{jt}$）。本书在分析中借鉴潘镇（2006）[167]的做法，将制度变量分为经济制度、政治制度和法律制度三个角度进行分析，而经济制度、政治制度和法律制度这三个角度分别又可以进一步分为6个二级指标、7个二级指标以及2个二级指标①。经济制度的6个二级指标和政治制度中的政治清廉度和政府规模以及法律制度中的产权保护度的数据均源于美国遗产基金会提供的经济自由度指数，数值范围是[0,100]，分值越高，说明对应制度的指标越高。政治制度二级指标中除了政治清廉度和政府规模，其余的二级指标和法律制度中的法律完善度源于世界银行的全球治理指标，数值范围是[-2.5,2.5]。由于两个数据库中原始数据的量纲存在差异，本书对原始数据进行标准化处理，如式（4-29）所示：

$$H_a^* = \frac{H_a - \overline{H_a}}{H_a^{sd}} \quad (4\text{-}29)$$

---

① 经济制度包含6个二级指标的含义如下：商业自由度（E1）主要是指为创办、运营及关闭新企业所需的时间、费用及手续；贸易自由度（E2）主要是指贸易加权的平均关税率水平和非关税壁垒数量；财政自由度（E3）主要是指政府对个人、企业设定税率水平及政府税收占GDP的比值；货币自由度（E4）包括加权平均通货膨胀率及对稳定物价的调控；投资自由度（E5）主要是指政府对外资、外商及外汇的管制情况；金融自由度（E6）主要是指对开办、运营金融服务行业的管制程度。政治制度包含7个二级指标的含义分别如下：政治民主度（P1）主要是指衡量公民在言论、结社、参与政府决策的程度；政治稳定性（P2）主要是指衡量政府执政时对社会暴动、分裂活动等的控制能力；政府效能（P3）主要是指政府为社会提供公共服务的水平；监管质量（P4）主要是指衡量政府制定及执行政策法规等的能力；腐败控制（P5）主要是指衡量政府对工作队伍中出现为谋取私利行使公共权力的相关人员的惩罚力度；政府清廉（P6）主要是指衡量政府公务人员贪污腐败的程度；政府规模（P7）主要是指衡量政府支出在国民收入中所占的份额。法律制度包含的2个二级指标的含义如下：法制完善度（L1）主要是指衡量社会主体包括个人、单位、机构等对社会法律和规则的遵守情况；产权保护度（L2）主要是指国家相关法律法规对个人财产所有权的保护力度以及执行力度。

式(4-29)中，$H_a^*$ 为第 $a$ 类制度二级指标标准化后的数据；$H_a$ 为第 $a$ 类制度二级指标原始数据；$\overline{H_a}$ 为第 $a$ 类制度二级指标的平均值；$H_a^{sd}$ 为第 $a$ 类制度二级指标的标准差。

在对各制度二级指标进行标准化处理后，为得到经济制度、政治制度和法律制度三类制度水平以及总制度质量，基于上述的标准化处理方法，利用式(4-30)分别得到经济制度水平、政治制度水平和法律制度水平：

$$K_a^* = \frac{1}{m} \sum_{b=1}^{m} H_a^* \qquad (4\text{-}30)$$

式(4-30)中，$H_a^*$ 为第 $a$ 类二级指标标准化后的数据；$m$ 为三类制度水平分别包含二级指标的个数；$K_a^*$ 为第 $a$ 类制度水平。

为进一步得到总制度质量，本书对上述计算所得各国经济制度、政治制度和法律制度的结果逐年求取平均数，可得到2002—2016年沿线主要国家的总制度质量。一般认为，国家的制度质量越高，表明出口对象国的贸易环境更加公平自由、政府管制透明有效、法律法规健全完善，进而有利于为双边农产品贸易创造良好的外部环境，降低双边农产品贸易成本，因此总制度质量的预期符号为正。

## 4.3 变量的描述性统计

本书利用2002—2016年中国对"一带一路"沿线39个国家农产品出口的相关数据进行分析，为对数据有整体认识，先对样本国各变量进行描述性统计，如表4-1所示。根据表4-1中各变量的统计信息可知，样本国各变量之间的数据存在显著差异，在实证分析中有必要对各变量求取对数，消除异方差的影响。

表 4-1 变量的描述性统计

| 变量 | 观测量 | 均值 | 标准差 | 最小值 | 最大值 |
| --- | --- | --- | --- | --- | --- |
| $EX_{ijt}$ | 585 | 468.31 | 659.85 | 0.33 | 3 984.87 |
| $Y_{it}$ | 585 | 5 733 836.00 | 2 188 598.00 | 2 644 946.00 | 9 504 208.00 |
| $Y_{jt}$ | 585 | 572 841.40 | 831 772.00 | 3 139.16 | 3 781 699.00 |
| $DIS_{ij}$ | 585 | 3 781 699.00 | 1 816.08 | 2 330.80 | 9 232.30 |
| $AGRP_{jt}$ | 585 | 8.55 | 7.85 | 0.04 | 37.68 |
| $TAX_{jt}$ | 585 | 3.25 | 3.14 | 0.00 | 23.04 |
| $AREA_{jt}$ | 585 | 334 733.70 | 569 923.50 | 6.60 | 2 177 218.00 |
| $CON_{ij}$ | 585 | 0.18 | 0.38 | 0.00 | 1.00 |
| $LANG_{ij}$ | 585 | 0.05 | 0.22 | 0.00 | 1.00 |
| $LAND_{j}$ | 585 | 0.23 | 0.42 | 0.00 | 1.00 |
| $APEC_{ijt}$ | 585 | 0.18 | 0.38 | 0.00 | 1.00 |
| $ASEAN_{ijt}$ | 585 | 0.21 | 0.40 | 0.00 | 1.00 |
| $E1$ | 585 | 69.10 | 14.34 | 30.00 | 100.00 |
| $E2$ | 585 | 77.72 | 11.13 | 22.00 | 90.00 |
| $E3$ | 585 | 74.09 | 14.95 | 34.00 | 100.00 |
| $E4$ | 585 | 75.07 | 9.84 | 14.00 | 93.00 |
| $E5$ | 585 | 55.44 | 23.04 | 10.00 | 90.00 |
| $E6$ | 585 | 52.84 | 20.26 | 10.00 | 90.00 |
| $EA$ | 585 | 0.00 | 0.63 | −1.80 | 1.50 |
| $P1$ | 585 | 0.05 | 1.07 | −2.26 | 1.70 |
| $P2$ | 585 | −0.08 | −0.08 | −2.81 | 1.53 |
| $P3$ | 585 | 0.35 | 0.92 | −1.64 | 2.44 |
| $P4$ | 585 | 0.33 | 0.96 | −2.13 | 2.26 |
| $P5$ | 585 | 0.11 | 1.01 | −1.54 | 2.33 |

(续表)

| 变量 | 观测量 | 均值 | 标准差 | 最小值 | 最大值 |
| --- | --- | --- | --- | --- | --- |
| P6 | 585 | 44.11 | 21.32 | 10.00 | 94.00 |
| P7 | 585 | 58.21 | 24.60 | 0.00 | 95.50 |
| PA | 585 | 0.00 | 0.69 | −1.40 | 1.60 |
| L1 | 585 | 0.20 | 0.98 | −1.64 | 1.98 |
| L2 | 585 | 49.31 | 23.48 | 5.00 | 5.00 |
| LA | 585 | 0.00 | 0.99 | −1.80 | 1.80 |
| INS | 585 | 0.00 | 0.73 | −1.40 | 1.50 |

注：利用 stata 对数据进行处理所得。

## 4.4 单位根检验和协整检验

在对面板数据进行实证分析前，我们需要先保证面板数据序列平稳，因此需对各变量进行单位根检验。为保证结果的准确性和可靠性，本书分别采用 HT 检验和 IPS 检验对各变量进行检验。

检验结果如表 4-2 所示，根据表 4-2 可知，HT 检验和 IPS 检验的结果表明，解释变量中 $\ln Y_{jt}$、$\ln TAX_{jt}$、$\ln AGRP_{jt}$、E1、E4、P1 等变量的 $P$ 值均超过 0.1，不能通过"面板单位根的原假设"，说明这些数据为非平稳数据，不能用于协整分析。因此考虑对原序列采用一阶差分，再分别进行单位根检验，如表 4-2 所示，一阶差分后各变量均通过 1% 的显著性检验，故可认为面板数据为一阶单整变量。

为检验是否可采用原数据序列进行实证分析，进一步对一阶单整变量进行协整检验，以判断各单位根变量和被解释变量之间是否存在长期均衡关系，如果存在，则表明即使原序列存在单位根，但变量之间的线性组合可消除单位根变量产生的随机变动趋势。

目前比较常用的协整检验是 Johenson 检验、Pedroni 检验、Kao 检验和 Westerlund 检验,基于样本量的数据构成,本书选取 Kao 检验对变量进行协整分析。检验结果显示,各变量对应的 $P$ 值均低于 0.01,所以可在 1% 的显著性水平上拒绝"不存在协整关系"的原假设。因此,我们可以认为中国对"一带一路"沿线主要国家的农产品出口规模同各国关税税率、农业增加值占比以及经济制度、政治制度和法律制度等变量存在着长期均衡关系,可以对模型进行实证回归。

表 4-2 面板单位根检验

| 变量 | HT 检验 | IPS 检验 | 一阶滞后变量 | HT 检验 | IPS 检验 |
| --- | --- | --- | --- | --- | --- |
| $\ln EX_{ijt}$ | 0.2832*** | −4.6581*** | $D\ln EX_{ijt}$ | −0.1430*** | −9.0772*** |
| $\ln Y_{it}$ | 0.0000*** | 11.3967 | $D\ln Y_{it}$ | 0.0000*** | −4.9015*** |
| $\ln Y_{jt}$ | 0.7157 | 0.6496 | $D\ln Y_{jt}$ | 0.4834*** | −6.0838*** |
| $\ln TAX_{jt}$ | 0.5116 | −2.3858*** | $D\ln TAX_{jt}$ | −0.1420*** | −8.5219*** |
| $\ln AREA_{jt}$ | 0.5985 | −2.5741*** | $D\ln AREA_{jt}$ | 0.1423*** | −7.8243*** |
| $\ln AGRP_{jt}$ | 0.5715 | −0.7791 | $D\ln AGRP_{jt}$ | −0.0490*** | −8.1203*** |
| E1 | 0.6371 | −0.0395 | DE1 | −0.0013*** | −7.9763*** |
| E2 | 0.3214*** | −4.4857*** | DE2 | −0.1335*** | −8.3425*** |
| E3 | 0.5073 | −3.3593*** | DE3 | −0.0151*** | −8.1930*** |
| E4 | 0.5030 | −2.3429*** | DE4 | −0.0542*** | −6.5073*** |
| E5 | 0.3569*** | −4.9993*** | DE5 | −0.1444*** | −8.2706*** |
| E6 | 0.3810*** | −4.3902*** | DE6 | −0.0872*** | −8.1894*** |
| EA | 0.5772 | −1.7907** | DEA | 0.0313*** | −8.0222*** |
| P1 | 0.6103 | −1.7764** | DP1 | 0.2355*** | −6.9524*** |
| P2 | 0.5713 | −2.9077*** | DP2 | 0.1154*** | −7.3454*** |
| P3 | 0.4293** | −2.9973*** | DP3 | −0.1156*** | −8.1298*** |
| P4 | 0.4260** | −3.7458*** | DP4 | −0.1076*** | −8.5453*** |
| P5 | 0.5178 | −3.4188*** | DP5 | 0.1033*** | −7.0736*** |
| P6 | 0.6302 | −1.1205 | DP6 | 0.1122*** | −6.8867*** |

(续表)

| 变量 | HT检验 | IPS检验 | 一阶滞后变量 | HT检验 | IPS检验 |
| --- | --- | --- | --- | --- | --- |
| P7 | 0.4028*** | −4.8100*** | DP7 | −0.1025*** | −8.4074*** |
| PA | 0.5802 | −3.6845*** | DPA | 0.0459 | −8.2661*** |
| L1 | 0.4959 | −3.4517*** | DL1 | 0.0375 | −8.0394*** |
| L2 | 0.4451** | −2.8321*** | DL2 | −0.0682 | −8.2730*** |
| LA | 0.4984 | −1.8391** | DLA | 0.0647 | −8.0768*** |
| INS | 0.6614 | −1.7737** | DINS | 0.2117 | −7.5229*** |

注：利用stata进行单位根检验所得，"***""**""*"分别表示在1%、5%、10%的水平通过显著性检验。

## 4.5 回归结果分析

本书样本量为2002—2016年中国对39个"一带一路"沿线主要国家农产品出口的相关数据，属于短面板。为避免严重多重共线性的影响，本书在模型中逐个加入各类制度的二级指标进行单独分析。对面板数据的回归，我们需要从混合回归、固定效应回归和随机效应回归中进行选择，以及考虑当存在固定效应时，对时间固定效应、国家固定效应和双固定效应进行选择。

基于对原始数据的处理，本书先采用F检验对混合回归和固定效应回归进行选择，结果显示逐次加入各制度二级指标后，所得F检验的P值均小于0.01，因而认为固定效应回归优于混合回归，因此，应在模型中考虑采用固定效应回归；为对随机效应和混合回归进行选择，采用LM检验进行筛选，结果表明可以拒绝"不存在个体随机效应"的原假设，即在随机效应和混合回归中应选择随机效应。继而为判断个体效应是以何种形式存在，需对固定效应和随机效应进行Hausman检验，结果表明，在加入各制度二级变量后，应该选择固定效应模型。而且Baltagi B(2005)[310]指出，在实证分析中，除了基于相关检验对固定效应和随机效应进行判断,还可考虑基于样本的选取方式进行探讨,当样本数据从总体中随机选取时,则此时随机效应更为合适,而本书样本选自固定区域的个体,因而选择固定效应模型更为恰当。对于国家固定效应和时间固定效应的选择,检验结果均表明样本数据存在时间固定效应,且模型中的变量如 DIS、LAND、LANG 等变量,不随时间而变,采用时间固定效应可以在回归分析中同时得到这些变量的影响因素,且通过对比国家固定效应、时间固定效应以及国家时间双固定效应的回归结果,均表明时间固定效应的回归结果在拟合度、变量显著性等方面均优于其他两种模型。因此,本书在随后的回归中均采用时间固定效应对中国农产品出口"一带一路"沿线主要国家的影响因素进行分析。因篇幅原因,国家固定效应及国家时间双固定效应的回归结果不予罗列。

本书分别分析了经济制度的 6 个二级指标、政治制度的 7 个二级指标以及法律制度的 2 个二级指标对中国农产品出口的影响。基于前文所述计算方法,利用经济制度、政治制度、法律制度各二级指标计算经济制度水平、政治制度水平和法律制度水平,同时再利用这三类制度指标,计算得到总制度质量,据此分析经济制度、政治制度、法律制度以及总制度质量对中国农产品出口沿线主要国家的影响情况,以期全方位、逐层次分析不同制度对中国农产品出口沿线主要国家的影响。

基于上述分析,本书考虑在模型中纳入经济制度、政治制度和法律制度的二级指标及三类指标和总制度质量,实证分析影响中国农产品出口沿线主要国家的影响因素,重点分析各制度的系数及显著性。纳入经济制度、政治制度和法律制度二级指标的回归结果如表 4-3、表 4-4 和表 4-5 所示,加入三类制度和总制度质量的回归结果如表 4-6 所示。

根据表 4-3、表 4-4 和表 4-5 的回归结果可知,分别加入各制度二级指标后,所在模型的回归拟合度均在 0.86 以上,说明模型回归结果较好地拟合了中国对沿线主要国家农产品的出口;各控制变量的系数符号与预期基本一致,大部分变量至少通过了5%的显著性水平检验。

从制约中国农产品出口的控制变量来看,地理距离、出口对象国为内陆国以及关税税率均对中国农产品出口有显著的阻碍作用。其中,当两国地理距离每增加1%,中国对其农产品出口额将减少1%左右;当农产品出口对象国为内陆国时,同样会使中国农产品出口规模对其出口规模下降将近1%,这说明中国在对沿线主要国家的农产品出口贸易中,尽管国际物流运输体系日益完善,货物运输效率明显提高,但地理因素仍然是制约中国农产品出口的重要因素,地理因素的影响仍不容忽视。因而,中国应该继续加强出口对象国的基础设施建设,完善海、陆、空、铁"四位一体"的建设,提高农产品的运输效率,降低地理距离的负面影响。各模型中,进口国的关税税率显著为负,均通过1%的检验水平,说明各国关税税率水平对中国农产品的出口制约作用显著。在其他因素不变的情况下,各进口国关税税率每提高1%,中国农产品对其出口规模至少降低7.4%,说明关税税率对中国农产品出口各国的阻碍作用最大,因为关税税率的提高将抬高农产品价格,降低中国农产品的国际竞争力,从而减少各国对中国农产品的需求,由此说明应推动"一带一路"建设进程,加强中国同各沿线国家自由贸易区的建设,降低各国进口的关税税率,进而降低中国农产品出口的贸易壁垒。

从促进农产品出口的控制变量来看,沿线主要国家GDP的提高,会显著推动中国农产品对其出口规模,说明农产品进口国经济规模的扩大以及发展水平的提高将有效拉动国内对中国农产品的需求规模;进口国农业增加值占比及农业用地面积均对我国农产品出口有显著的推动作用,各国农业增加值占比反映其农业发展水平,由于各国农业经济结构的优化及经济总量水平的提高将降低农业增加值占比,农业增加值越高,越说明该国农业的发展还存在较大的完善空间,该国对进口农产品还有较多的需求。

进口农业用地面积的提高对我国农产品出口存在显著的推动作

用,这同预期不符,因为我们一般认为,农业用地面积增大,可以提高国内农产品供给量,降低对农产品的进口规模,但考虑到回归模型中的样本国经济发展水平存在较大差异,一些沿线中等收入国家虽然农业用地面积大,但因机械化落后及水土污染等问题可能造成单位产出较低,从而需通过进口农产品以满足内需。而前文的现状分析表明,中国出口至沿线中等收入国家农产品规模远高于出口至沿线高收入国家的农产品规模,因此该变量的系数符号可能受此影响。

对于虚拟变量,当农产品进口对象国和中国相邻,且双方使用共同语言,同属于 APEC 或 ASEAN 时,将显著推动中国农产品对这些国家出口规模的扩大,因为地理相邻及语言相通可以显著地降低贸易双方的交易成本。同属 APEC 或 ASEAN,有利于中国同出口对象国利用区域内部合作协议,可以有效加强中国同贸易伙伴国之间的经济合作和贸易往来,对提高中国同进口对象国之间农产品贸易便利化、降低区域农产品关税水平有重要推动作用,从而显著推动中国对沿线国家的农产品出口。

表 4-3 是加入经济制度各二级指标的回归结果,我们可以发现,除了贸易自由度和财政自由度,商业自由度、货币自由度、投资自由度和金融自由度均在 1% 的显著性水平上对中国农产品出口有促进作用。这说明降低农产品出口企业成立的时间和费用、稳定物价水平及通胀率、推动外商投资优惠政策出台、加强金融服务业的开放程度均能显著推动中国农产品对各国的出口规模。其中,投资自由度、金融自由度和商业自由度的系数相对较大,说明中国农产品更倾向于出口拥有良好的外商投资环境、便利化的金融服务以及高效的商业环境的国家。贸易自由度虽然未通过显著性水平检验,但其系数为正,说明提高贸易便利化水平,降低非关税壁垒对中国农产品的出口也有促进作用;另外,财政自由度的系数显著为负,仅为 $-0.0952$,这说明出口对象国国内的征税状况对中国农产品出口有制约作用,但系数值偏小,所以制约作用较为有限。

# 4 制度质量对中国农产品出口"一带一路"沿线主要国家的影响因素分析

表 4-3 加入经济制度二级指标的回归结果

| 变量 | (1) | (2) | (3) | (4) | (5) | (6) |
|---|---|---|---|---|---|---|
| $\ln Y_{jt}$ | 0.705*** | 0.724*** | 0.674*** | 0.693*** | 0.646*** | 0.681*** |
|  | (60.56) | (57.88) | (22.36) | (47.90) | (60.08) | (45.21) |
| $\ln DIS_{ij}$ | −1.070*** | −1.042*** | −1.071*** | −1.054*** | −1.182*** | −1.080*** |
|  | (−10.03) | (−11.16) | (−9.03) | (−9.18) | (−16.51) | (−10.55) |
| $LAND_j$ | −0.874*** | −0.909*** | −0.921*** | −0.938*** | −0.925*** | −0.949*** |
|  | (−23.33) | (−23.58) | (−28.12) | (−29.35) | (−21.47) | (−33.23) |
| $LANG_j$ | 0.763*** | 0.906*** | 1.061*** | 0.874*** | 1.157*** | 1.085*** |
|  | (9.00) | (11.91) | (25.01) | (9.82) | (9.50) | (10.84) |
| $CON_{ij}$ | 0.709*** | 0.756*** | 0.712*** | 0.715*** | 0.703*** | 0.698*** |
|  | (11.84) | (12.63) | (10.78) | (10.95) | (11.83) | (10.68) |
| $\ln TAX_{jt}$ | −9.303*** | −8.065*** | −8.617*** | −8.767*** | −8.241*** | −7.459*** |
|  | (−13.45) | (−6.74) | (−12.33) | (−13.81) | (−10.52) | (−11.05) |
| $\ln AGRP_{jt}$ | 2.542*** | 1.906** | 1.414* | 2.328*** | 1.943*** | 2.076** |
|  | (4.21) | (2.57) | (1.79) | (3.15) | (3.28) | (2.86) |
| $APEC_{ijt}$ | 0.530*** | 0.472*** | 0.542*** | 0.586*** | 0.609*** | 0.479*** |
|  | (8.90) | (10.74) | (14.69) | (11.48) | (13.78) | (12.38) |
| $ASEAN_{ijt}$ | 0.756*** | 0.719*** | 0.659*** | 0.585*** | 0.724*** | 0.726*** |
|  | (12.92) | (17.63) | (17.51) | (12.62) | (18.80) | (22.18) |

(续表)

| 变量 | (1) | (2) | (3) | (4) | (5) | (6) |
|---|---|---|---|---|---|---|
| $lnAREA_{ji}$ | 0.134*** | 0.0994*** | 0.116*** | 0.121*** | 0.192*** | 0.136*** |
|  | (15.46) | (14.48) | (11.71) | (12.42) | (10.26) | (11.67) |
| E1 | 0.198*** |  |  |  |  |  |
|  | (8.30) |  |  |  |  |  |
| E2 |  | 0.0648 |  |  |  |  |
|  |  | (0.94) |  |  |  |  |
| E3 |  |  | −0.0952** |  |  |  |
|  |  |  | (−2.31) |  |  |  |
| E4 |  |  |  | 0.168*** |  |  |
|  |  |  |  | (12.11) |  |  |
| E5 |  |  |  |  | 0.303*** |  |
|  |  |  |  |  | (11.37) |  |
| E6 |  |  |  |  |  | 0.196*** |
|  |  |  |  |  |  | (12.71) |
| _cons | 8.122*** | 7.811*** | 9.213*** | 8.474*** | 9.974*** | 8.803*** |
|  | (7.50) | (7.21) | (5.43) | (6.57) | (13.11) | (6.99) |
| $R^2$ | 0.872 | 0.866 | 0.867 | 0.871 | 0.876 | 0.872 |

注:"***""**""*"分别表示在1%、5%、10%的水平通过显著性检验,括号里的数据为$t$值,模型回归中$lnY_{it}$为避免完全共线性而省略。

表 4-4 为加入政治制度二级指标后实证分析的回归结果，根据表 4-4 中结果可知，除政府规模的系数为负并未通过显著性检验，其余政治制度二级指标均通过 1% 的显著性水平检验，其中，政治民主度、政治稳定性、政府效能、监管质量、腐败控制和政府清廉的系数分别为 0.089、0.077、0.185、0.211、0.275 和 0.306。相比而言，监管质量、腐败控制和政府清廉的系数高于其他二级指标，说明出口对象国的政府监管质量越高、政府清廉指数越高以及对腐败的控制能力越强，将越能推动中国农产品对这些国家的出口。因为，当农产品出口对象国政局稳定，政府管制高效、透明，政府工作人员廉洁奉公，对腐败现象打击力度大，不断完善相关法律法规，保证公民拥有充分的言论自由度等，即为双边贸易创造稳定、优越的政治外部环境，这些可以大幅度降低双边贸易的风险，继而有效提高中国农产品对这些国家的出口规模。

表 4-5 为加入法律制度二级指标后实证分析的回归结果，根据表 4-5 中结果可知，产权保护度的系数为 0.271，通过 5% 的显著性水平检验，法律完善度虽然未通过检验，但其系数为正，说明农产品进口国加强对产权的保护意识，维护农产品企业自有品牌，完善相关法律法规，可以依法保护正常的农产品交易活动，同时有效解决双边在农产品贸易中的争端。

通过对经济制度、政治制度和法律制度各二级指标的系数和显著性进行对比分析我们可以发现，经济制度中的投资自由度和政治制度中的政府清廉对中国农产品出口沿线主要国家的影响较为明显。当保持其他变量不变时，上述两个变量提升 1%，均将有效拉动中国农产品出口规模提升 0.3%。相比之下，法律制度二级指标的影响稍弱于前两者，说明沿线主要国家经济和政治制度建设水平对中国农产品出口有较大影响。

表 4-4 加入政治制度二级指标的回归结果

| 变量 | (1) | (2) | (3) | (4) | (5) | (6) | (7) |
|---|---|---|---|---|---|---|---|
| $\ln Y_{jt}$ | 0.695*** | 0.722*** | 0.658*** | 0.666*** | 0.622*** | 0.609*** | 0.714*** |
|  | (42.05) | (53.72) | (30.00) | (48.40) | (25.76) | (20.76) | (44.81) |
| $\ln DIS_{ij}$ | −1.069*** | −0.994*** | −0.992*** | −1.043*** | −0.985*** | −1.018*** | −1.070*** |
|  | (−10.02) | (−10.44) | (−10.72) | (−10.94) | (−10.90) | (−10.76) | (−8.10) |
| $LAND_j$ | −0.885*** | −0.942*** | −0.927*** | −0.894*** | −0.910*** | −0.953*** | −0.913*** |
|  | (−25.71) | (−36.50) | (−27.63) | (−25.12) | (−24.40) | (−25.00) | (−26.28) |
| $LANG_{ij}$ | 0.999*** | 0.853*** | 0.877*** | 0.935*** | 0.914*** | 0.828*** | 0.935*** |
|  | (14.79) | (10.78) | (10.66) | (11.51) | (12.41) | (11.04) | (14.76) |
| $CON_{ij}$ | 0.721*** | 0.763*** | 0.738*** | 0.686*** | 0.754*** | 0.729*** | 0.731*** |
|  | (11.27) | (12.36) | (12.25) | (11.07) | (12.62) | (11.20) | (11.36) |
| $\ln TAX_{jt}$ | −8.343*** | −8.882*** | −8.487*** | −7.456*** | −8.392*** | −8.783*** | −9.081*** |
|  | (−12.53) | (−13.23) | (−13.11) | (−11.19) | (−12.51) | (−15.20) | (−14.32) |
| $\ln AGRP_{jt}$ | 1.753** | 2.390*** | 2.383*** | 2.498*** | 2.487*** | 2.604*** | 1.873*** |
|  | (2.54) | (4.40) | (3.83) | (3.75) | (4.22) | (4.39) | (2.92) |
| $APEC_{ijt}$ | 0.498*** | 0.453*** | 0.541*** | 0.513*** | 0.645*** | 0.687*** | 0.499*** |
|  | (11.47) | (8.35) | (12.80) | (11.69) | (23.16) | (19.31) | (12.89) |
| $ASEAN_{ijt}$ | 0.718*** | 0.781*** | 0.706*** | 0.744*** | 0.728*** | 0.695*** | 0.709*** |
|  | (17.86) | (13.66) | (17.21) | (18.43) | (18.57) | (15.80) | (16.21) |
| $\ln AREA_{jt}$ | 0.113*** | 0.102*** | 0.144*** | 0.144*** | 0.176*** | 0.182*** | 0.098*** |
|  | (13.01) | (9.73) | (16.87) | (13.47) | (14.11) | (17.09) | (12.07) |

续表

| 变量 | (1) | (2) | (3) | (4) | (5) | (6) | (7) |
|---|---|---|---|---|---|---|---|
| P1 | 0.089*** <br> (3.85) | | | | | | |
| P2 | | 0.077*** <br> (3.27) | | | | | |
| P3 | | | 0.185*** <br> (4.47) | | | | |
| P4 | | | | 0.211*** <br> (9.20) | | | |
| P5 | | | | | 0.275*** <br> (6.02) | | |
| P6 | | | | | | 0.306*** <br> (6.10) | |
| P7 | | | | | | | −0.0455 <br> (−1.07) |
| _cons | 8.642*** <br> (6.74) | 7.399*** <br> (6.60) | 8.548*** <br> (7.38) | 8.722*** <br> (8.01) | 9.011*** <br> (7.48) | 9.578*** <br> (7.54) | 8.360*** <br> (5.60) |
| $R^2$ | 0.866 | 0.866 | 0.868 | 0.869 | 0.869 | 0.871 | 0.866 |

注："***""**""*"分别表示在1%、5%、10%的水平通过显著性检验,括号里的数据为$t$值,模型回归中$\ln Y_{it}$为避免完全共线性而省略。

表 4-5　加入法律制度二级指标的回归结果

| 变量 | (1) | (2) |
| --- | --- | --- |
| $\ln Y_{jt}$ | 0.697*** | 0.597*** |
|  | (31.76) | (24.65) |
| $\ln DIS_{ij}$ | −1.009*** | −0.965*** |
|  | (−10.91) | (−9.28) |
| $LAND_j$ | −0.912*** | −1.032*** |
|  | (−27.70) | (−21.97) |
| $LANG_{ij}$ | 0.899*** | 0.881*** |
|  | (11.87) | (9.98) |
| $CON_{ij}$ | 0.742*** | 0.762*** |
|  | (12.27) | (10.57) |
| $\ln TAX_{jt}$ | −8.924*** | −8.531*** |
|  | (−13.64) | (−14.39) |
| $\ln AGRP_{jt}$ | 2.000*** | 2.282*** |
|  | (3.40) | (3.50) |
| $APEC_{ijt}$ | 0.519*** | 0.686*** |
|  | (11.91) | (15.01) |
| $ASEAN_{ijt}$ | 0.713*** | 0.715*** |
|  | (16.94) | (18.95) |
| $\ln AREA_{jt}$ | 0.112*** | 0.170*** |
|  | (9.42) | (39.55) |
| L1 | 0.070 |  |
|  | (1.72) |  |
| L2 |  | 0.271*** |
|  |  | (8.19) |
| _cons | 8.097*** | 9.597*** |
|  | (6.57) | (7.41) |
| $R^2$ | 0.866 | 0.870 |

注："\*\*\*""\*\*""\*"分别表示在1%、5%、10%的水平通过显著性检验，括号里的数据为 $t$ 值，模型回归中 $\ln Y_{it}$ 为避免完全共线性而省略。

## 4 制度质量对中国农产品出口"一带一路"沿线主要国家的影响因素分析

为了解经济制度、政治制度、法律制度和总制度质量对中国农产品出口沿线主要国家的影响情况,将以上四个因素分别纳入模型中并进行实证分析,回归结果如表 4-6 所示。根据表 4-6 可知,各控制变量同前文中的回归结果保持一致,地理距离、出口对象国为内陆国以及关税水平均显著制约中国农产品对沿线主要国家的出口,而其他变量如出口对象国 GDP 水平、农业增加值占比,以及与中国相邻、语言相通、同属区域经济合作组织,均可显著提高中国农产品的出口规模。

对于核心变量,经济制度、法律制度和政治制度均在 1% 的显著性水平上通过检验,其中,经济制度的系数最高(0.422),政治制度次之(0.365),法律制度的影响最小(0.194)。此结果同前文各制度二级指标的结果基本一致,说明沿线主要国家经济开放程度越高,国内政治制度建设水平的改善将越有效拉动中国农产品对其出口规模。法律制度的系数虽然最小,但不可否认的是当出口对象国拥有相对完善的法律保障时,能在一定程度上有效解决双边贸易的国际争端,保障贸易双边的权益,为双边贸易的顺利开展提供保障。通过整合经济制度、政治制度和法律制度得到总制度质量,并将其纳入回归模型进行分析,我们可以发现,制度质量的系数为 0.419。显著性水平检验进一步说明了出口对象国制度质量越高,越可以为中国农产品在出口贸易中提供好的经济、政治和法律环境,越能显著推动中国农产品对其出口规模的扩大,因而说明在分析中国农产品出口贸易问题时不应忽略制度质量的影响。

表 4-6 加入制度质量的回归结果

| 变量 | (1) | (2) | (3) | (4) |
| --- | --- | --- | --- | --- |
| $\ln Y_{jt}$ | 0.709*** | 0.645*** | 0.642*** | 0.631*** |
|  | (53.90) | (34.79) | (30.36) | (40.96) |
| $\ln DIS_{ij}$ | −1.094*** | −0.964*** | −0.982*** | −0.994*** |
|  | (−11.35) | (−10.50) | (−9.98) | (−9.94) |
| $LAND_j$ | −0.922*** | −0.923*** | −0.961*** | −0.958*** |
|  | (−26.43) | (−29.18) | (−25.96) | (−26.57) |

(续表)

| 变量 | (1) | (2) | (3) | (4) |
|---|---|---|---|---|
| $LANG_{ij}$ | 0.861*** | 0.878*** | 0.901*** | 0.885*** |
|  | (8.98) | (11.36) | (11.11) | (10.28) |
| $CON_{ij}$ | 0.734*** | 0.741*** | 0.751*** | 0.747*** |
|  | (11.64) | (12.05) | (11.57) | (11.42) |
| $\ln TAX_{jt}$ | −7.446*** | −7.761*** | −8.616*** | −7.671*** |
|  | (−10.43) | (−11.38) | (−13.89) | (−11.56) |
| $\ln AGRP_{jt}$ | 2.864*** | 2.693*** | 2.300*** | 2.883*** |
|  | (4.11) | (4.33) | (3.64) | (4.40) |
| $APEC_{ijt}$ | 0.517*** | 0.542*** | 0.608*** | 0.608*** |
|  | (13.81) | (12.98) | (14.08) | (15.48) |
| $ASEAN_{ijt}$ | 0.733*** | 0.772*** | 0.718*** | 0.749*** |
|  | (19.89) | (19.45) | (18.30) | (20.81) |
| $\ln AREA_{jt}$ | 0.147*** | 0.164*** | 0.146*** | 0.176*** |
|  | (17.43) | (15.81) | (21.14) | (29.89) |
| EA | 0.422*** |  |  |  |
|  | (11.94) |  |  |  |
| PA |  | 0.365*** |  |  |
|  |  | (9.05) |  |  |
| LA |  |  | 0.194*** |  |
|  |  |  | (6.20) |  |
| INS |  |  |  | 0.419*** |
|  |  |  |  | (15.77) |
| _cons | 8.010*** | 8.351*** | 8.836*** | 8.816*** |
|  | (7.23) | (7.28) | (7.07) | (7.67) |
| $R^2$ | 0.875 | 0.869 | 0.867 | 0.871 |

注:"***""**""*"分别表示在1%、5%、10%的水平通过显著性检验,括号里的数据为 t 值,模型回归中 $\ln Y_{it}$ 为避免完全共线性而省略。

## 4.6 稳健性检验

考虑到各制度变量在度量上可能存在误差,从而产生内生性问题。因此,借鉴 Matthias B 和 Peter N 等(2011)[311]的做法,采用各制度变量的滞后一期作为其工具变量,利用两阶段最小二乘法进行回归,以检验前文所述的回归结果是否稳健。为保证工具变量的有效性,我们需对工具变量的外生性、有效性以及是否存在弱工具变量分别进行检验。检验结果表明,所采用的工具变量均通过外生性、有效性、不存在弱工具变量的检验,为避免异方差的影响,本书同时利用工具变量进行 GMM 检验,所得回归结果同 2SLS 回归结果基本一致,因此后文以 2SLS 的回归结果为例进行说明。

表 4-7 是加入经济制度各二级指标后,对各模型进行工具变量法的回归结果。根据表 4-7 可知,将工具变量回归结果和基准回归进行对比可知,加入经济制度各二级指标后,各模型对应的可决系数值(0.876~0.881)均高于相应模型基准回归的结果(0.866~0.876),控制变量和核心变量的系数符号均保持一致,显著性水平有所提高,绝大多数变量至少通过 5% 的显著性水平检验。由此可知,前文在分析中,模型的回归结果基本稳健。

对比控制变量系数大小可知,对加入各经济制度二级指标的模型进行工具变量回归后,中国 GDP 对中国农产品出口沿线国家的作用影响显著,对出口对象国 GDP 的推动作用有所下降;地理距离和出口对象国为内陆国属性的阻碍作用有所上升,出口对象国同中国相邻以及农业增加值占比的推动作用小幅上升。但从整体来看,各模型系数相较基准模型的变化不大。

对比核心变量经济制度各二级指标的系数可以发现,贸易自由度通过 5% 的显著性水平检验,且系数值从原来的 0.0648 增至 0.196,说明弱化贸易双方关税及非关税壁垒将能显著推动中国农产品对其出口规模,整体上经济制度各二级指标的系数均有所增大,如商业自由度、投资自由度和金融自由度的系数分别为 0.202、0.351 和 0.218,说明出口对象国经济制度水平的提升对中国农产品出口沿线主要国家有至关重要的作用。

表 4-7　加入经济制度二级指标的稳健性检验

| 变量 | iv_(1) | iv_(2) | iv_(3) | iv_(4) | iv_(5) | iv_(6) |
| --- | --- | --- | --- | --- | --- | --- |
| $\ln Y_{it}$ | 0.705*** | 0.739*** | 0.717*** | 0.723*** | 0.745*** | 0.739*** |
|  | (8.62) | (8.83) | (8.68) | (8.98) | (9.14) | (9.12) |
| $\ln Y_{jt}$ | 0.695*** | 0.715*** | 0.641*** | 0.678*** | 0.625*** | 0.667*** |
|  | (25.96) | (25.71) | (18.91) | (23.44) | (20.56) | (22.62) |
| $\ln DIS_{ij}$ | −1.097*** | −1.098*** | −1.114*** | −1.106*** | −1.226*** | −1.118*** |
|  | (−9.24) | (−8.73) | (−8.69) | (−8.51) | (−9.43) | (−8.43) |
| $LAND_j$ | −0.868*** | −0.930*** | −0.935*** | −0.947*** | −0.921*** | −0.958*** |
|  | (−9.89) | (−10.88) | (−10.74) | (−11.02) | (−10.36) | (−11.16) |
| $LANG_{ij}$ | 0.695*** | 0.845*** | 1.063*** | 0.769*** | 1.079*** | 1.010*** |
|  | (7.04) | (9.01) | (13.20) | (8.02) | (10.89) | (11.30) |
| $CON_{ij}$ | 0.663*** | 0.738*** | 0.649*** | 0.647*** | 0.631*** | 0.628*** |
|  | (5.82) | (5.49) | (5.15) | (5.12) | (5.28) | (4.98) |
| $\ln TAX_{jt}$ | −9.841*** | −5.587** | −8.766*** | −8.526*** | −7.505*** | −6.953*** |
|  | (−5.78) | (−2.26) | (−4.56) | (−5.03) | (−4.40) | (−3.96) |
| $\ln AGRP_{jt}$ | 2.617*** | 2.325*** | 1.485* | 2.492*** | 2.008*** | 2.199*** |
|  | (3.31) | (2.92) | (1.84) | (3.22) | (2.60) | (2.72) |
| $APEC_{ijt}$ | 0.487*** | 0.438*** | 0.532*** | 0.578*** | 0.616*** | 0.452*** |
|  | (4.62) | (4.33) | (4.53) | (5.20) | (5.93) | (4.20) |
| $ASEAN_{ijt}$ | 0.773*** | 0.738*** | 0.635*** | 0.555*** | 0.730*** | 0.707*** |
|  | (8.80) | (7.68) | (6.33) | (6.34) | (8.32) | (7.67) |
| $\ln AREA_{jt}$ | 0.127*** | 0.101*** | 0.117*** | 0.114*** | 0.193*** | 0.126*** |
|  | (7.09) | (5.58) | (8.54) | (6.65) | (9.05) | (7.63) |
| E1 | 0.202*** |  |  |  |  |  |
|  | (5.02) |  |  |  |  |  |

(续表)

| 变量 | iv_(1) | iv_(2) | iv_(3) | iv_(4) | iv_(5) | iv_(6) |
| --- | --- | --- | --- | --- | --- | --- |
| E2 |  | 0.196** <br> (2.38) |  |  |  |  |
| E3 |  |  | −0.140*** <br> (−3.19) |  |  |  |
| E4 |  |  |  | 0.198*** <br> (5.10) |  |  |
| E5 |  |  |  |  | 0.351*** <br> (6.94) |  |
| E6 |  |  |  |  |  | 0.218*** <br> (6.46) |
| _cons | −11.93*** <br> (−4.79) | −13.27*** <br> (−5.19) | −10.54*** <br> (−4.25) | −11.78*** <br> (−4.88) | −10.94*** <br> (−4.42) | −12.04*** <br> (−4.91) |
| $R^2$ | 0.881 | 0.876 | 0.876 | 0.880 | 0.883 | 0.881 |

注:"***""**""*"分别表示在1％、5％、10％的水平通过显著性检验,括号里的数据为$t$值。

表4-8是加入政治制度各二级指标后,对各模型进行工具变量法的回归结果。将工具变量回归结果和基准回归对比可知,表4-8中各模型的可决系数值(0.875~0.882)均高于基准回归的结果(0.866~0.871),控制变量和核心变量各系数符号均保持一致,显著性也有所提高,绝大多数变量至少通过5％的显著性水平检验,由此可知,模型的回归结果基本稳健。

对比工具变量法回归结果和基准回归的控制变量可以发现,同经济制度二级指标的对比结果相似,在加入政治制度二级指标后,稳健性检验中控制变量同基准回归结果相差较小,中国GDP水平能显著推动中国农产品对沿线国家的出口规模,出口对象国经济规模的促进作用有所下降;对于控制变量而言,地理距离和关税水平的阻碍作用有所上升,同中国相邻、语言是否相通以及农业增加值占比的促进作用有所下降,其他变量如出口对象国为内陆国、隶属 APEC 或 ASEAN 等变量系数均有小幅变化。

对比核心变量政治制度各二级指标,政治民主度、政治稳定性和监管制度的促进作用均有所下降。其中,政治稳定性的显著性水平有所下降;政府效能、腐败控制和政府清廉的系数均有所提高,显著性保持不变,说明政府管制的高效以及政府对腐败现象的控制对中国农产品出口的推动作用十分显著;政府规模的系数依然为负,且未通过显著性水平检验,再次说明政府支出对中国同这些国家的农产品贸易的影响较弱。

整体来看,回归结果中政治制度各二级指标的系数和显著性水平说明中国农产品在对沿线主要国家农产品出口中,不仅会受到经济制度各二级指标的影响,同时政治制度对于创造良好的贸易环境、提高中国农产品出口规模也有重要作用。

表 4-9 是纳入法律制度各二级指标后,对各模型进行工具变量法的回归结果。将稳健性检验回归结果和基准回归对比可知,各模型的可决系数值(0.875 和 0.880)均高于基准回归的结果(0.866 和 0.870),控制变量和核心变量各系数符号在两个回归结果中基本保持一致,除了法律完善度,各变量均通过 1% 的显著性水平检验,由此可知,前文模型的回归结果基本稳健。

对比各控制变量的系数值可以发现,各变量的系数大小总体上保持一致。其中,出口对象国国内经济规模对中国农产品出口的推动作用有所下降,中国 GDP 对农产品出口规模的促进作用大于出口对象国 GDP 的推动作用;出口对象国和中国相邻、语言相通以及同属 APEC 或 ASEAN 这三个变量的系数在回归结果中有所降低;地理距离、关税水平、出口对象国为内陆国的制约作用有所提高,农业增加值占比的促进作用有所增强。

## 表4-8 加入政治制度二级指标的稳健性检验

| 变量 | iv_(1) | iv_(2) | iv_(3) | iv_(4) | iv_(5) | iv_(6) | iv_(7) |
|---|---|---|---|---|---|---|---|
| $\ln Y_{it}$ | 0.710*** | 0.699*** | 0.743*** | 0.744*** | 0.755*** | 0.770*** | 0.697*** |
|  | (8.51) | (8.52) | (9.14) | (8.93) | (9.21) | (9.46) | (8.52) |
| $\ln Y_{jt}$ | 0.685*** | 0.712*** | 0.632*** | 0.657*** | 0.600*** | 0.562*** | 0.704*** |
|  | (23.99) | (24.94) | (21.51) | (21.67) | (17.55) | (15.07) | (23.16) |
| $\ln DIS_{ij}$ | −1.096*** | −1.032*** | −0.997*** | −1.067*** | −1.009*** | −1.042*** | −1.098*** |
|  | (−8.20) | (−8.05) | (−7.66) | (−8.30) | (−7.93) | (−8.42) | (−7.92) |
| $LAND_j$ | −0.888*** | −0.933*** | −0.934*** | −0.894*** | −0.904*** | −0.966*** | −0.915*** |
|  | (−9.97) | (−10.34) | (−10.80) | (−9.99) | (−9.71) | (−10.47) | (−10.89) |
| $LANG_{ij}$ | 0.911*** | 0.785*** | 0.791*** | 0.852*** | 0.839*** | 0.748*** | 0.859*** |
|  | (8.84) | (7.72) | (8.20) | (9.55) | (9.45) | (7.65) | (8.92) |
| $CON_{ij}$ | 0.663*** | 0.697*** | 0.683*** | 0.629*** | 0.700*** | 0.662*** | 0.675*** |
|  | (5.47) | (5.58) | (5.55) | (5.25) | (5.66) | (5.51) | (5.50) |
| $\ln TAX_{jt}$ | −8.549*** | −9.344*** | −8.523*** | −7.470*** | −8.465*** | −8.641*** | −9.475*** |
|  | (−4.75) | (−4.93) | (−4.84) | (−4.31) | (−4.70) | (−4.91) | (−5.20) |
| $\ln AGRP_{jt}$ | 1.866** | 2.306*** | 2.789*** | 2.620*** | 2.764*** | 3.001*** | 2.070*** |
|  | (2.41) | (2.71) | (3.40) | (3.23) | (3.57) | (4.02) | (2.73) |
| $APEC_{ijt}$ | 0.472*** | 0.434*** | 0.532*** | 0.485*** | 0.637*** | 0.699*** | 0.472*** |
|  | (4.40) | (3.97) | (4.76) | (4.56) | (5.35) | (5.99) | (4.27) |
| $ASEAN_{ijt}$ | 0.706*** | 0.743*** | 0.691*** | 0.732*** | 0.720*** | 0.706*** | 0.703*** |
|  | (7.65) | (8.54) | (7.55) | (7.93) | (8.33) | (7.94) | (7.39) |

(续表)

| 变量 | iv_(1) | iv_(2) | iv_(3) | iv_(4) | iv_(5) | iv_(6) | iv_(7) |
|---|---|---|---|---|---|---|---|
| $lnAREA_{ji}$ | 0.102*** | 0.089*** | 0.147*** | 0.133*** | 0.177*** | 0.203*** | 0.088*** |
|  | (5.90) | (5.82) | (8.83) | (7.24) | (8.60) | (9.27) | (5.36) |
| P1 | 0.0873** |  |  |  |  |  |  |
|  | (2.07) |  |  |  |  |  |  |
| P2 |  | 0.0481 |  |  |  |  |  |
|  |  | (1.23) |  |  |  |  |  |
| P3 |  |  | 0.234*** |  |  |  |  |
|  |  |  | (3.97) |  |  |  |  |
| P4 |  |  |  | 0.207*** |  |  |  |
|  |  |  |  | (4.04) |  |  |  |
| P5 |  |  |  |  | 0.312*** |  |  |
|  |  |  |  |  | (4.04) |  |  |
| P6 |  |  |  |  |  | 0.403*** |  |
|  |  |  |  |  |  | (5.29) |  |
| P7 |  |  |  |  |  |  | −0.051 |
|  |  |  |  |  |  |  | (−1.10) |
| _cons | −11.52*** | −12.30*** | −12.57*** | −12.48*** | −12.34*** | −11.82*** | −11.42*** |
|  | (−4.78) | (−5.04) | (−5.20) | (−5.03) | (−5.12) | (−4.87) | (−4.52) |
| $R^2$ | 0.875 | 0.875 | 0.878 | 0.878 | 0.879 | 0.882 | 0.875 |

注:"***""**""*"分别表示在1%、5%、10%的水平通过显著性检验,括号里的数据为$t$值。

相比之下,法律制度各二级指标中法律完善度在稳健性检验中的系数为正,系数值也有所增加,说明沿线主要国家法律法规的完善对于推动中国农产品出口有促进作用,但同基准回归结果一致,该变量仍未通过显著性水平检验;产权保护度系数显著为正,系数值从基准回归的 0.271 增至 0.343,说明出口对象国增强对农产品产权保护力度,维护农产品品牌对中国农产品出口规模的推动十分重要,这在一定程度上有利于促进中国加工农产品、附加值含量高的农产品以及特色农产品的出口。

表 4-9 加入法律制度二级指标的稳健性检验

| 变量 | iv_(1) | iv_(2) |
| --- | --- | --- |
| $\ln Y_{it}$ | 0.708*** | 0.767*** |
| | (8.57) | (9.57) |
| $\ln Y_{jt}$ | 0.686*** | 0.554*** |
| | (24.75) | (14.80) |
| $\ln DIS_{ij}$ | −1.030*** | −1.003*** |
| | (−7.86) | (−7.57) |
| $LAND_j$ | −0.914*** | −1.062*** |
| | (−10.87) | (−11.84) |
| $LANG_{ij}$ | 0.818*** | 0.780*** |
| | (9.04) | (8.31) |
| $CON_{ij}$ | 0.687*** | 0.684*** |
| | (5.44) | (5.52) |
| $\ln TAX_{jt}$ | −9.249*** | −8.533*** |
| | (−5.09) | (−4.95) |
| $\ln AGRP_{jt}$ | 2.196*** | 2.576*** |
| | (2.62) | (3.35) |
| $APEC_{ijt}$ | 0.491*** | 0.722*** |
| | (4.26) | (6.11) |

(续表)

| 变量 | iv_(1) | iv_(2) |
| --- | --- | --- |
| $ASEAN_{ijt}$ | 0.707*** | 0.697*** |
|  | (7.59) | (7.59) |
| $lnAREA_{jt}$ | 0.103*** | 0.180*** |
|  | (6.20) | (9.10) |
| L1 | 0.0746 |  |
|  | (1.24) |  |
| L2 |  | 0.343*** |
|  |  | (5.22) |
| _cons | −12.04*** | −11.54*** |
|  | (−4.92) | (−4.86) |
| $R^2$ | 0.875 | 0.880 |

注："***""**""*"分别表示在1%、5%、10%的水平通过显著性检验,括号里数据为 $t$ 值。

表4-10是加入经济制度、政治制度、法律制度和总制度质量滞后项后各模型的回归结果。对比基准回归结果和稳健性回归结果可知,各模型拟合度水平均显著提高(从原来的 0.801~0.871 提高至 0.877~0.884),控制变量和核心变量的符号同基准回归结果保持一致,各变量均至少通过5%的显著性水平检验。

对比控制变量系数值可以发现,各变量系数值变化不大。其中,出口对象国经济规模的正向推动力有所下降,中国经济规模的促进作用大于出口对象国经济规模的作用力;出口对象国和中国相邻、语言相通以及同属 APEC 或 ASEAN 这些变量的推动作用稍有下降;地理距离、出口对象国为内陆国的制约作用有所提高,农业增加值占比的促进作用有所增强。

对比核心变量回归结果同前文基准回归结果可以发现,工具变量法回归结果中的各核心变量的系数均有所提升,并都通过1%的显著性水平检验。其中,经济制度系数从 0.422 增至 0.475,政治制度系数从 0.365 增至 0.394,法律制度系数从 0.194 增至 0.228,制度质量系数从 0.419 增至 0.457。这表明经济制度、政治制度、法律制度对中国农产品出口沿线主要国家的规模影响十分显著。其中,经济制度的影响最大,说明同经济自由度水平高的国家开展农产品贸易,可借助其经济制度的开放性,为双边贸易提供自由便利的环境,降低中国同各国农产品贸易的交易成本,而政治制度和法律制度的不断完善也能有效提升中国农产品规模的扩大。由此可知,在对沿线主要国家的农产品出口中,中国更倾向于出口至经济制度、政治制度和法律制度建设水平更高的国家。

表 4-10 加入制度质量的稳健性检验

| 变量 | iv_(1) | iv_(2) | iv_(3) | iv_(4) |
| --- | --- | --- | --- | --- |
| $\ln Y_{it}$ | 0.744*** | 0.756*** | 0.742*** | 0.768*** |
|  | (9.21) | (9.17) | (9.10) | (9.43) |
| $\ln Y_{jt}$ | 0.697*** | 0.629*** | 0.619*** | 0.613*** |
|  | (25.73) | (21.69) | (19.33) | (19.71) |
| $\ln DIS_{ij}$ | −1.139*** | −0.992*** | −1.008*** | −1.030*** |
|  | (−9.07) | (−7.48) | (−7.65) | (−7.83) |
| $LAND_j$ | −0.923*** | −0.927*** | −0.969*** | −0.962*** |
|  | (−10.96) | (−10.42) | (−11.36) | (−10.90) |
| $LANG_{ij}$ | 0.754*** | 0.797*** | 0.815*** | 0.792*** |
|  | (8.23) | (8.50) | (8.93) | (8.51) |
| $CON_{ij}$ | 0.670*** | 0.680*** | 0.687*** | 0.680*** |
|  | (5.36) | (5.37) | (5.48) | (5.42) |
| $\ln TAX_{jt}$ | −6.679*** | −7.598*** | −8.730*** | −7.318*** |
|  | (−4.16) | (−4.19) | (−4.93) | (−4.30) |
| $\ln AGRP_{jt}$ | 2.959*** | 2.881*** | 2.571*** | 3.064*** |
|  | (3.61) | (3.50) | (3.18) | (3.78) |

(续表)

| 变量 | iv_(1) | iv_(2) | iv_(3) | iv_(4) |
| --- | --- | --- | --- | --- |
| $APEC_{ijt}$ | 0.503*** | 0.519*** | 0.603*** | 0.596*** |
|  | (4.97) | (4.74) | (5.15) | (5.40) |
| $ASEAN_{ijt}$ | 0.732*** | 0.761*** | 0.709*** | 0.740*** |
|  | (8.50) | (8.69) | (7.71) | (8.43) |
| $\ln AREA_{jt}$ | 0.142*** | 0.159*** | 0.145*** | 0.172*** |
|  | (7.57) | (9.30) | (8.14) | (9.34) |
| EA | 0.475*** |  |  |  |
|  | (6.45) |  |  |  |
| PA |  | 0.394*** |  |  |
|  |  | (4.53) |  |  |
| LA |  |  | 0.228*** |  |
|  |  |  | (3.51) |  |
| INS |  |  |  | 0.457*** |
|  |  |  |  | (5.83) |
| _cons | −13.04*** | −13.08*** | −12.06*** | −12.86*** |
|  | (−5.21) | (−5.33) | (−5.00) | (−5.27) |
| $R^2$ | 507 | 507 | 507 | 507 |

注:"***""**""*"分别表示在1%、5%、10%的水平通过显著性检验,括号里的数据为 $t$ 值。

# 5 中国农产品出口对"一带一路"沿线不同收入水平国家的影响因素分析

基于前文纳入制度因素的引力模型推导结果,在对中国农产品出口沿线主要国家影响因素分析的基础之上,考虑到沿线主要国家经济发展程度存在差异,且在现状分析中发现中国对沿线不同收入水平国家的农产品出口额也存在差异。因此基于前文所述模型,分别对中国农产品出口沿线中等收入国家和沿线高收入国家的影响因素进行实证分析。

## 5.1 中国农产品出口对"一带一路"沿线中等收入国家影响因素的分析

### 5.1.1 变量的描述性统计

为对回归数据有全面了解,在实证分析之前我们先对各变量进行描述性统计,如表5-1所示。对于沿线中等收入国家,从经济制度二级指标来看,最小值为10,最大值为98,平均值在40以上。除了财政自由度,其他自由度指标在各沿线中等收入国家中波动较大。政治制度二级指标因数据来源不同,数据量纲存在差异,对比标准差可知,沿线中等收入国家的政府清廉和政府规模存在较大差异。法律制度二级指标同政治制度类似,法律完善度指数和产权保护度数据量纲不同,其中产权保护度在沿线中等收入国家中存在较大差异。

表 5-1　沿线中等收入国家——变量的描述性统计

| 变量 | 观测量 | 均值 | 标准差 | 最小值 | 最大值 |
| --- | --- | --- | --- | --- | --- |
| $EX_{ijt}$ | 315 | 518.24 | 773.53 | 0.33 | 3 985.00 |
| $Y_{it}$ | 315 | 5 733 836.00 | 2 188 598.00 | 2 644 946.00 | 9 504 208.00 |
| $Y_{jt}$ | 315 | 306 351.38 | 468 166.47 | 3 139.16 | 2 464 933.00 |
| $DIS_{ij}$ | 315 | 5 081.99 | 1 701.85 | 2 331.00 | 9 118.00 |
| $AGRP_{jt}$ | 315 | 13.90 | 7.14 | 3.60 | 38.00 |
| $TAX_{jt}$ | 315 | 4.72 | 3.62 | 0.30 | 23.00 |
| $AREA_{jt}$ | 315 | 468 677.19 | 663 723.50 | 13 910.00 | 2 166 510.00 |
| $CON_{ij}$ | 315 | 0.33 | 0.47 | 0.00 | 1.00 |
| $LANG_{ij}$ | 315 | 0.05 | 0.21 | 0.00 | 1.00 |
| $LAND_j$ | 315 | 0.29 | 0.45 | 0.00 | 1.00 |
| $APEC_{ijt}$ | 315 | 0.29 | 0.45 | 0.00 | 1.00 |
| $ASEAN_{ijt}$ | 315 | 0.29 | 0.45 | 0.00 | 1.00 |
| E1 | 315 | 61.73 | 13.38 | 30.00 | 94.00 |
| E2 | 315 | 72.65 | 12.30 | 22.00 | 89.00 |
| E3 | 315 | 81.70 | 7.95 | 51.00 | 98.00 |
| E4 | 315 | 70.06 | 10.15 | 14.00 | 91.00 |
| E5 | 315 | 40.57 | 18.25 | 10.00 | 80.00 |
| E6 | 315 | 41.08 | 17.47 | 10.00 | 90.00 |
| EA | 315 | 0.00 | 0.63 | −1.50 | 1.60 |
| P1 | 315 | −0.65 | 0.77 | −2.30 | 0.69 |
| P2 | 315 | −0.62 | 0.77 | −2.80 | 0.78 |
| P3 | 315 | −0.32 | 0.56 | −1.60 | 1.30 |
| P4 | 315 | −0.37 | 0.72 | −2.10 | 1.00 |
| P5 | 315 | −0.64 | 0.46 | −1.50 | 0.79 |

(续表)

| 变量 | 观测量 | 均值 | 标准差 | 最小值 | 最大值 |
| --- | --- | --- | --- | --- | --- |
| P6 | 315 | 28.81 | 9.10 | 10.00 | 52.00 |
| P7 | 315 | 73.66 | 15.83 | 26.00 | 96.00 |
| PA | 315 | 0.00 | 0.65 | −1.30 | 1.50 |
| L1 | 315 | −0.57 | 0.53 | −1.60 | 0.59 |
| L2 | 315 | 31.97 | 11.98 | 5.00 | 70.00 |
| LA | 315 | 0.00 | 0.91 | −1.90 | 2.20 |
| INS | 315 | 0.00 | 0.65 | −1.20 | 1.40 |

注：利用 stata 对数据进行处理所得。

## 5.1.2 单位根检验和协整检验

实证分析的前提是需要保证面板数据的序列平稳，因此在对沿线中等收入国家进行回归前，我们先对 2002—2016 年中国对沿线中等收入国家农产品出口额的面板数据进行单位根检验。沿用前文所述方法，我们对各变量进行 HT 检验和 IPS 检验，单位根检验结果如表 5-2 所示。

根据表 5-2 可知，HT 检验显示原数据中仅贸易自由度、投资自由度、金融自由度、政府效能、监管质量等变量通过单位根检验，通过对这些数据进行一阶差分后，所有变量均通过 1% 的显著性水平检验，可以认为所有数据均为一阶单整，拒绝存在单位根的原假设。IPS 检验结果显示商业自由度、政府清廉、农业增加值占比等变量未通过单位根检验，我们将所有变量一阶差分后再进行单位根检验，所有变量均通过显著性检验，即拒绝存在单位根的假设，因此可以认为所有数据均为一阶单整。

基于单位根检验所得结果，我们进一步采用 Kao 检验对引力模型进行协整检验，所得结果均拒绝不存在协整关系的原假设，即可认为模型各变量在长期存在均衡关系。

表 5-2 沿线中等收入国家——面板单位根检验

| 变量 | HT 检验 | IPS 检验 | 一阶滞后变量 | HT 检验 | IPS 检验 |
| --- | --- | --- | --- | --- | --- |
| $\ln EX_{ijt}$ | 0.2832*** | −4.6581*** | $D\ln EX_{ijt}$ | −0.1430*** | −9.0772*** |
| $\ln Y_{it}$ | 0.0000*** | 11.3967 | $D\ln Y_{it}$ | 0.0000*** | −4.9015*** |
| $\ln Y_{jt}$ | 0.7157 | 0.6496 | $D\ln Y_{jt}$ | 0.4834*** | −6.0838*** |
| $\ln TAX_{jt}$ | 0.5116 | −2.3858*** | $D\ln TAX_{jt}$ | −0.1420*** | −8.5219*** |
| $\ln AREA_{jt}$ | 0.5985 | −2.5741*** | $D\ln AREA_{jt}$ | 0.1423*** | −7.8243*** |
| $\ln AGRP_{jt}$ | 0.5715 | −0.7791 | $D\ln AGRP_{jt}$ | −0.0490*** | −8.1203*** |
| E1 | 0.6371 | −0.0395 | DE1 | −0.0013*** | −7.9763*** |
| E2 | 0.3214*** | −4.4857*** | DE2 | −0.1335*** | −8.3425*** |
| E3 | 0.5073 | −3.3593*** | DE3 | −0.0151*** | −8.1930*** |
| E4 | 0.5030 | −2.3429*** | DE4 | −0.0542*** | −6.5073*** |
| E5 | 0.3569*** | −4.9993*** | DE5 | −0.1444*** | −8.2706*** |
| E6 | 0.3810*** | −4.3902*** | DE6 | −0.0872*** | −8.1894*** |
| EA | 0.5772 | −1.7907** | DEA | 0.0313*** | −8.0222*** |
| P1 | 0.6103 | −1.7764** | DP1 | 0.2355*** | −6.9524*** |
| P2 | 0.5713 | −2.9077*** | DP2 | 0.1154*** | −7.3454*** |
| P3 | 0.4293** | −2.9973*** | DP3 | −0.1156*** | −8.1298*** |
| P4 | 0.4260** | −3.7458*** | DP4 | −0.1076*** | −8.5453*** |
| P5 | 0.5178 | −3.4188*** | DP5 | 0.1033*** | −7.0736*** |
| P6 | 0.6302 | −1.1205 | DP6 | 0.1122*** | −6.8867*** |
| P7 | 0.4028*** | −4.8100*** | DP7 | −0.1025*** | −8.4074*** |
| PA | 0.5802 | −3.6845*** | DPA | 0.0459*** | −8.2661*** |
| L1 | 0.4959 | −3.4517*** | DL1 | 0.0375*** | −8.0394*** |
| L2 | 0.4451** | −2.8321*** | DL2 | −0.0682*** | −8.2730*** |
| LA | 0.4984 | −1.8391** | DLA | 0.0647*** | −8.0768*** |
| INS | 0.6614 | −1.7737** | DINS | 0.2117*** | −7.5229*** |

注：利用 stata 进行单位根检验检验所得，"＊＊＊""＊＊""＊"分别表示在 1％、5％、10％ 的水平通过显著性检验。

### 5.1.3 回归结果分析

本书基于2002—2016年中国农产品出口沿线中等收入国家的相关数据进行实证分析。通过F检验对混合回归和固定效应模型进行选择,检验结果表明,P值显著,拒绝可以采用混合回归的原假设,考虑采用固定效应模型,同时通过LM检验对混合回归和随机效应模型进行检验,结果同样拒绝原假设,表明模型应考虑个体效应。对于固定效应和随机效应模型的选择,采用Hausman检验进行分析,结果表明,选择固定效应模型更为合适。当从总体中随机选择样本时,考虑采用随机效应模型;当从特定个体中选取样本时,固定效应则模型更为合适。沿线中等收入国家样本量选自沿线主要国家,因而固定效应模型也更为合适。固定效应模型可以设置国家、时间和双向三种固定效应模型,通过对比发现,采用国家固定效应模型和双向固定效应模型使得与国家相关的变量如两国之间相邻与否、内陆国属性、地理距离等因共线性而被忽略,无法估计相关变量的弹性。而引入时间效应模型后各变量的估计结果基本稳定,因此在后文的分析中本书均采取加入时间固定效应模型进行回归分析。

本书首先对引入经济制度、政治制度和法律制度二级指标的模型进行实证分析,回归结果如表5-3、表5-4和表5-5所示;其次基于沿线中等收入国家经济制度6个二级指标达到经济制度水平,政治制度7个二级指标达到政治制度水平,法律制度2个二级指标达到法律制度水平,将这3个制度水平分别代入模型进行回归;最后利用经济制度水平、政治制度水平和法律制度水平求得沿线中等收入国家的制度质量,分析总制度质量对中国农产品出口沿线中等收入国家的影响程度,回归结果如表5-6所示。

根据表5-3、表5-4和表5-5,加入经济制度、政治制度和法律制度各二级指标的模型拟合度指数均在0.92以上,说明考虑各类制度二级指标的回归模型能够较好地模拟中国对沿线中等收入国家农产品的出口,大部分控制变量至少通过5%的显著性水平检验。同所有国家各类制度二级指标的回归结果一致,控制变量中地理距离、对象国为内陆国和关税税率的系数符号均为负,说明这三个变量对中国农产品出口规模的扩大有显著的阻碍作用,其中关税税率的阻碍作用最大。

其他控制变量中,出口对象国经济规模的系数为正,但并未全部通过显著性检验,考虑投资自由度后沿线国家 GDP 变量不显著,而加入其他经济制度二级指标通过显著性检验,说明沿线中等收入国家经济规模的扩大提高了本国的需求规模,从而提升中国农产品对其出口规模;出口对象国同中国语言相通、位置相邻以及同属 APEC 或 ASEAN 均能显著促进中国农产品的出口规模;进口国农业增加值占比和农业用地面积均显著推动中国对这些国家农产品的出口,说明沿线中等收入国家的农业增加值水平较高,反映出这些国家的农业发展程度尚需完善,因而对农产品有较多的需求;而农业用地面积显著为正,符合前文所有国家的回归结果,因为沿线中等收入国家的农业机械化发展落后,土壤污染严重,从而农产品单位产出低,即使农业土地面积大,仍需从中国进口农产品以满足内需。

对于核心变量,表 5-3 为沿线中等收入国家加入经济制度二级指标后的回归结果,根据表 5-3 可知,除了贸易自由度和财政自由度,模型中商业自由度、货币自由度、投资自由度和金融自由度均在 1% 水平上显著为正,这说明建立外贸企业的成本及运营费用的降低、保持物价指数和通胀指数的稳定、优化外商投资环境及进一步开放金融服务业等举措以提升沿线中等收入国家的商业自由度、货币自由度等指标,可以显著推动中国农产品对这些国家出口规模的扩大;贸易自由度系数为负,未通过显著性检验,且系数很小,财政自由度系数为正,也未通过显著性检验,这说明沿线中等收入国家贸易自由度和财政自由度的改善对中国农产品对其出口的影响较小。

## 5 中国农产品出口对"一带一路"沿线不同收入水平国家的影响因素分析

表 5-3 沿线中等收入国家——加入经济制度二级指标的回归结果

| 变量 | (1) | (2) | (3) | (4) | (5) | (6) |
|---|---|---|---|---|---|---|
| $\ln Y_{jt}$ | 0.231*** | 0.282*** | 0.310*** | 0.247*** | 0.090 | 0.134* |
|  | (3.84) | (5.29) | (6.82) | (4.47) | (1.34) | (1.93) |
| $\ln DIS_{ij}$ | −0.935*** | −0.863*** | −0.897*** | −0.887*** | −1.062*** | −0.888*** |
|  | (−6.70) | (−6.28) | (−7.04) | (−6.45) | (−10.91) | (−6.10) |
| $LAND_j$ | −1.216*** | −1.115*** | −1.164*** | −1.181*** | −1.342*** | −1.311*** |
|  | (−13.04) | (−11.26) | (−11.11) | (−13.15) | (−14.91) | (−12.19) |
| $LANG_{ij}$ | 1.106*** | 1.226*** | 1.185*** | 1.150*** | 1.476*** | 1.440*** |
|  | (20.73) | (27.69) | (29.41) | (27.46) | (22.03) | (24.06) |
| $CON_{ij}$ | 0.432*** | 0.553*** | 0.561*** | 0.485*** | 0.362*** | 0.359*** |
|  | (4.72) | (6.80) | (6.58) | (5.35) | (3.47) | (3.11) |
| $\ln TAX_{jt}$ | −8.366*** | −7.540*** | −7.825*** | −7.320*** | −7.200*** | −5.830*** |
|  | (−11.93) | (−8.00) | (−13.17) | (−12.18) | (−8.78) | (−7.16) |
| $\ln AGRP_{jt}$ | 3.169*** | 1.894** | 2.248*** | 2.309*** | 2.562*** | 2.769*** |
|  | (5.13) | (2.51) | (3.01) | (3.45) | (5.45) | (3.66) |
| $APEC_{ijt}$ | 1.068*** | 0.949*** | 0.879*** | 1.060*** | 1.204*** | 1.086*** |
|  | (13.67) | (16.51) | (18.90) | (14.52) | (13.53) | (15.35) |
| $ASEAN_{ijt}$ | 0.837*** | 0.930*** | 0.988*** | 0.760*** | 0.835*** | 0.845*** |
|  | (11.51) | (12.94) | (14.33) | (8.11) | (11.38) | (9.66) |
| $\ln AREA_{jt}$ | 0.595*** | 0.479*** | 0.473*** | 0.532*** | 0.744*** | 0.678*** |
|  | (10.66) | (10.59) | (14.35) | (14.39) | (13.34) | (13.93) |
| E1 | 0.197*** |  |  |  |  |  |
|  | (7.73) |  |  |  |  |  |
| E2 |  | −0.006 |  |  |  |  |
|  |  | (−0.09) |  |  |  |  |
| E3 |  |  | 0.061 |  |  |  |
|  |  |  | (1.74) |  |  |  |
| E4 |  |  |  | 0.130*** |  |  |
|  |  |  |  | (7.81) |  |  |
| E5 |  |  |  |  | 0.277*** |  |
|  |  |  |  |  | (10.30) |  |

(续表)

| 变量 | (1) | (2) | (3) | (4) | (5) | (6) |
|---|---|---|---|---|---|---|
| E6 | | | | | | 0.218*** |
| | | | | | | (6.18) |
| _cons | 13.08*** | 12.66*** | 12.31*** | 13.11*** | 15.94*** | 14.11*** |
| | (6.98) | (6.24) | (6.01) | (6.14) | (8.88) | (6.11) |
| $R^2$ | 0.929 | 0.922 | 0.922 | 0.925 | 0.934 | 0.930 |

注:"\*\*\*""\*\*""\*"分别表示在1%、5%、10%的水平通过显著性检验,括号里的数据为$t$值,模型回归中 $lnY_{it}$ 为避免完全共线性而省略。

表5-4 为在模型中考虑沿线中等收入国家加入政治制度二级指标后的回归结果。根据表5-4可知,政治民主度、政府效能、监管质量、腐败控制和政府清廉均通过1%的显著性水平检验,其系数分别为0.282、0.344、0.446、0.238和0.142,这说明当沿线中等收入国家保证公民享有充足的民主权利、加强政府工作效率、治理透明度、清廉水平以及对腐败的控制能力,将为中国农产品对沿线中等收入国家出口创造良好的外部环境,从而扩大中国对这些国家农产品出口规模。而政治稳定性的系数显著为负,这同前文对沿线所有样本国家模型进行回归的结果有所不同,说明对于沿线中等收入国家,政府稳定性对中国农产品出口促进作用相对较小;政府规模的系数也同样显著为负,说明沿线中等收入国家政府支出占比越大,对本国农业的支持越制约着中国农产品出口规模。

表5-5是沿线中等收入国家加入法律制度二级指标的实证分析结果。根据表5-5的结果可知,法律完善度系数为0.306,通过1%的显著性水平检验,说明沿线中等收入国家完善法律法规,提高公民和机构遵守法律规则的意识,将有效推动中国农产品对其出口规模;产权保护度系数为0.103,仅通过10%的显著性水平检验,说明对于沿线中等收入国家,提高法律对私有财产以及合同执行的保护力度将有可能提高中国农产品出口规模。

5 中国农产品出口对"一带一路"沿线不同收入水平国家的影响因素分析

表5-4 沿线中等收入国家——加入政治制度二级指标的回归结果

| 变量 | (1) | (2) | (3) | (4) | (5) | (6) | (7) |
|---|---|---|---|---|---|---|---|
| $\ln Y_{jt}$ | 0.127** | 0.291*** | 0.0380 | −0.0465 | 0.132** | 0.199** | 0.323*** |
|  | (2.44) | (5.87) | (0.71) | (−0.76) | (2.86) | (2.71) | (6.33) |
| $\ln DIS_{ij}$ | −0.865*** | −0.913*** | −0.660*** | −0.858*** | −0.754*** | −0.850*** | −0.963*** |
|  | (−6.04) | (−7.03) | (−4.35) | (−6.69) | (−4.80) | (−6.26) | (−5.80) |
| $LAND_j$ | −0.953*** | −1.027*** | −1.246*** | −1.302*** | −1.063*** | −1.137*** | −0.958*** |
|  | (−13.07) | (−11.86) | (−14.18) | (−13.60) | (−12.19) | (−12.31) | (−7.94) |
| $LANG_{ij}$ | 1.327*** | 1.305*** | 0.782*** | 1.144*** | 1.022*** | 1.005*** | 1.173*** |
|  | (26.09) | (34.67) | (9.86) | (21.26) | (15.26) | (12.75) | (26.52) |
| $CON_{ij}$ | 0.417*** | 0.570*** | 0.425*** | 0.122 | 0.476*** | 0.498*** | 0.566*** |
|  | (4.49) | (7.19) | (4.74) | (1.26) | (5.54) | (4.89) | (6.70) |
| $\ln TAX_{jt}$ | −4.305*** | −7.896*** | −6.293*** | −3.538*** | −6.645*** | −7.186*** | −7.456*** |
|  | (−5.08) | (−13.99) | (−11.34) | (−4.91) | (−11.04) | (−10.74) | (−13.49) |
| $\ln AGRP_{jt}$ | 1.930** | 0.711 | 3.509*** | 4.369*** | 3.177*** | 2.673*** | 2.080*** |
|  | (2.85) | (0.90) | (4.88) | (6.03) | (4.13) | (4.72) | (3.15) |
| $APEC_{ijt}$ | 1.197*** | 0.916*** | 1.172*** | 1.228*** | 1.260*** | 1.139*** | 0.939*** |
|  | (14.92) | (16.08) | (13.36) | (15.44) | (13.59) | (13.93) | (15.12) |
| $ASEAN_{ijt}$ | 0.884*** | 0.927*** | 0.833*** | 0.867*** | 0.835*** | 0.844*** | 1.014*** |
|  | (9.55) | (13.24) | (8.68) | (9.69) | (10.24) | (10.22) | (11.10) |

（续表）

| 变量 | (1) | (2) | (3) | (4) | (5) | (6) | (7) |
|---|---|---|---|---|---|---|---|
| $lnAREA_{ji}$ | 0.619*** | 0.446*** | 0.743*** | 0.888*** | 0.670*** | 0.574*** | 0.445*** |
|  | (16.62) | (11.01) | (15.04) | (18.03) | (10.85) | (12.00) | (11.83) |
| P1 | 0.282*** |  |  |  |  |  |  |
|  | (10.66) |  |  |  |  |  |  |
| P2 |  | −0.109*** |  |  |  |  |  |
|  |  | (−3.93) |  |  |  |  |  |
| P3 |  |  | 0.344*** |  |  |  |  |
|  |  |  | (7.06) |  |  |  |  |
| P4 |  |  |  | 0.446*** |  |  |  |
|  |  |  |  | (15.41) |  |  |  |
| P5 |  |  |  |  | 0.238*** |  |  |
|  |  |  |  |  | (3.82) |  |  |
| P6 |  |  |  |  |  | 0.142*** |  |
|  |  |  |  |  |  | (3.82) |  |
| P7 |  |  |  |  |  |  | −0.120** |
|  |  |  |  |  |  |  | (−2.95) |
| _cons | 14.68*** | 13.42*** | 13.70*** | 15.58*** | 12.97*** | 13.39*** | 12.79*** |
|  | (7.17) | (6.83) | (7.58) | (8.87) | (6.48) | (5.87) | (6.45) |
| $R^2$ | 0.932 | 0.923 | 0.930 | 0.941 | 0.925 | 0.923 | 0.924 |

注："***""**""*"分别表示在1%、5%、10%的水平通过显著性检验,括号里的数据为 $t$ 值,模型回归中 $lnY_{it}$ 为避免完全共线性而省略。

表 5-5　沿线中等收入国家——加入法律制度二级指标的回归结果

| 变量 | (1) | (2) |
|---|---|---|
| $\ln Y_{jt}$ | 0.007 | 0.196* |
|  | (0.11) | (2.13) |
| $\ln DIS_{ij}$ | −0.672*** | −0.817*** |
|  | (−4.71) | (−6.61) |
| $LAND_j$ | −1.223*** | −1.180*** |
|  | (−14.29) | (−11.01) |
| $LANG_{ij}$ | 0.944*** | 1.097*** |
|  | (15.23) | (10.69) |
| $CON_{ij}$ | 0.385*** | 0.539*** |
|  | (3.77) | (5.56) |
| $\ln TAX_{jt}$ | −5.859*** | −6.951*** |
|  | (−8.29) | (−9.76) |
| $\ln AGRP_{jt}$ | 3.259*** | 1.951*** |
|  | (5.08) | (3.03) |
| $APEC_{ijt}$ | 1.371*** | 1.089*** |
|  | (13.29) | (9.33) |
| $ASEAN_{ijt}$ | 0.792*** | 0.910*** |
|  | (8.64) | (10.49) |
| $\ln AREA_{jt}$ | 0.758*** | 0.543*** |
|  | (13.83) | (10.86) |
| L1 | 0.306*** |  |
|  | (7.71) |  |
| L2 |  | 0.103* |
|  |  | (1.89) |
| _cons | 14.36*** | 13.64*** |
|  | (7.14) | (5.38) |
| $R^2$ | 0.927 | 0.923 |

注:"***""**""*"分别表示在1%、5%、10%的水平通过显著性检验,括号里的数据为 t 值,模型回归中 $\ln Y_{it}$ 为避免完全共线性而省略。

为得到沿线中等收入国家经济制度、政治制度、法律制度各指标以及总制度质量对中国农产品出口的影响情况,将这四个变量分别加入模型进行回归分析,实证结果如表5-6所示。各模型的拟合度均在0.93左右,说明模型中各变量对中国农产品对沿线中等收入国家的出口情况有较好的模拟。各控制变量和制度指标与前文仅考虑各制度二级指标所得结果一致,地理距离、内陆国属性以及关税是阻碍中国农产品对沿线中等收入国家出口的主要因素,而出口对象国经济规模、同中国相邻、语言相通、同属APEC或ASEAN、农业增加值占比等将显著推动中国对这些国家的农产品出口规模。

对于核心变量,三者均至少通过5%的显著性水平检验,同第4章中国对沿线主要国家经济制度、政治制度和法律制度的回归结果类似。政治制度系数和经济制度系数均高于法律制度系数,说明沿线中等收入国家经济制度和政治制度水平对中国农产品出口规模的推动作用高于法律制度的作用。沿线中等收入国家的经济制度、政治制度建设水平对中国农产品出口的影响更为明显,伴随沿线中等收入国家政治环境的不断优化、经济开放程度的不断提高以及法律体系的不断完善,这些会显著扩大从中国进口的农产品规模。通过整合3个一级指标得到沿线中等收入国家总制度质量的回归结果,我们可以发现,制度质量的系数为0.435,通过1%的显著性水平检验,说明中国农产品更倾向于出口至制度质量高的沿线中等收入国家,制度质量的影响不应被忽略。

表5-6  沿线中等收入国家——加入制度质量的回归结果

| 变量 | (1) | (2) | (3) | (4) |
|---|---|---|---|---|
| $\ln Y_{jt}$ | 0.184** | 0.047 | 0.0935 | 0.046 |
|  | (2.65) | (0.71) | (1.01) | (0.56) |
| $\ln DIS_{ij}$ | −1.002*** | −0.706*** | −0.747*** | −0.786*** |
|  | (−7.75) | (−4.48) | (−5.97) | (−5.97) |

(续表)

| 变量 | (1) | (2) | (3) | (4) |
| --- | --- | --- | --- | --- |
| $LAND_j$ | −1.366*** | −1.264*** | −1.221*** | −1.324*** |
| | (−12.32) | (−14.22) | (−12.10) | (−12.87) |
| $LANG_{ij}$ | 1.240*** | 0.980*** | 0.990*** | 0.995*** |
| | (22.67) | (17.37) | (10.61) | (15.97) |
| $CON_{ij}$ | 0.385*** | 0.373*** | 0.478*** | 0.384*** |
| | (3.34) | (3.69) | (4.36) | (3.30) |
| $\ln TAX_{jt}$ | −6.590*** | −5.351*** | −6.354*** | −5.731*** |
| | (−8.01) | (−6.96) | (−8.04) | (−6.36) |
| $\ln AGRP_{jt}$ | 3.596*** | 3.884*** | 2.429*** | 3.498*** |
| | (6.08) | (4.51) | (4.05) | (5.42) |
| $APEC_{ijt}$ | 1.068*** | 1.283*** | 1.247*** | 1.298*** |
| | (11.90) | (12.53) | (10.17) | (11.69) |
| $ASEAN_{ijt}$ | 0.835*** | 0.784*** | 0.859*** | 0.802*** |
| | (9.29) | (8.13) | (8.95) | (8.04) |
| $\ln AREA_{jt}$ | 0.678*** | 0.754*** | 0.645*** | 0.749*** |
| | (11.03) | (12.31) | (11.26) | (12.10) |
| $EA$ | 0.400*** | | | |
| | (6.50) | | | |
| $PA$ | | 0.452*** | | |
| | | (6.00) | | |
| $LA$ | | | 0.217*** | |
| | | | (4.04) | |
| $INS$ | | | | 0.435*** |
| | | | | (7.17) |
| _cons | 13.75*** | 13.63*** | 14.30*** | 14.46*** |
| | (6.64) | (6.40) | (6.00) | (6.59) |
| $R^2$ | 0.932 | 0.928 | 0.925 | 0.930 |

注:"***""**""*"分别表示在1%、5%、10%的水平通过显著性检验,括号里的数据为 $t$ 值,模型回归中 $\ln Y_{it}$ 为避免完全共线性而省略。

### 5.1.4 稳健性检验

考虑到对制度测度可能存在误差,由此可能导致内生性问题的产生,因此本节采用工具变量法对原有的基准回归进行检验,判断前文所得回归结果是否稳健。与第4章采用的稳健性检验方法相一致,选取各制度变量的滞后一阶作为其工具变量,并对其外部性、有效性、弱工具变量属性进行检验,结果显示各工具变量均有效,进而分别采用两阶段最小二乘法(2SLS)和矩估计(GMM)进行回归。由于两种方法的回归方法结果基本一致,本节以2SLS的回归结果进行说明。

对沿线中等收入国家加入经济制度各二级指标的模型进行稳健性检验,结果如表5-7所示,同基准回归结果相比,除了加入贸易自由度的模型,其他经济制度二级指标模型的回归结果的拟合度均有所上升,各变量系数符号基本一致。对于各控制变量,中国国内生产总值的提升对农产品出口至沿线中等收入国家有显著的推动作用,且推动作用高于农产品出口对象国经济规模的促进作用。考虑加入不同的经济制度二级指标,各控制变量系数的符号和显著性水平同前文基准回归基本一致,系数值呈小幅度变化。

表 5-7 沿线中等收入国家——加入经济制度二级指标的稳健性检验

| 变量 | iv_(1) | iv_(2) | iv_(3) | iv_(4) | iv_(5) | iv_(6) |
| --- | --- | --- | --- | --- | --- | --- |
| $\ln Y_{it}$ | 0.894*** | 0.825** | 0.839*** | 0.897*** | 0.971*** | 1.029*** |
|  | (10.40) | (2.38) | (9.89) | (10.35) | (11.50) | (12.52) |
| $\ln Y_{jt}$ | 0.159** | 0.218*** | 0.255*** | 0.173** | 0.030 | 0.023 |
|  | (2.37) | (3.22) | (3.62) | (2.55) | (0.40) | (0.35) |
| $\ln DIS_{ij}$ | −0.988*** | −0.913*** | −0.976*** | −0.969*** | −1.096*** | −0.974*** |
|  | (−9.76) | (−4.52) | (−8.59) | (−9.42) | (−10.85) | (−9.30) |
| $LAND_j$ | −1.307*** | −1.188*** | −1.263*** | −1.280*** | −1.426*** | −1.478*** |
|  | (−8.92) | (−4.46) | (−8.55) | (−9.46) | (−9.85) | (−10.51) |

(续表)

| 变量 | iv_(1) | iv_(2) | iv_(3) | iv_(4) | iv_(5) | iv_(6) |
| --- | --- | --- | --- | --- | --- | --- |
| $LANG_{ij}$ | 1.123*** | 1.215*** | 1.168*** | 1.121*** | 1.459*** | 1.468*** |
|  | (13.38) | (10.98) | (13.63) | (12.77) | (14.09) | (16.42) |
| $CON_{ij}$ | 0.326*** | 0.445*** | 0.457*** | 0.369*** | 0.284*** | 0.190* |
|  | (3.26) | (2.94) | (3.90) | (3.11) | (2.62) | (1.83) |
| $\ln TAX_{jt}$ | −8.839*** | −8.729 | −7.846*** | −6.974*** | −6.977*** | −4.664*** |
|  | (−6.01) | (−0.59) | (−4.81) | (−4.93) | (−5.51) | (−3.31) |
| $\ln AGRP_{jt}$ | 3.487*** | 1.914 | 2.471*** | 2.541*** | 2.742*** | 3.175*** |
|  | (4.24) | (0.78) | (2.78) | (3.27) | (3.96) | (4.09) |
| $APEC_{ijt}$ | 1.117*** | 1.010*** | 0.927*** | 1.145*** | 1.286*** | 1.175*** |
|  | (11.12) | (9.40) | (7.83) | (10.95) | (12.64) | (12.02) |
| $ASEAN_{ijt}$ | 0.778*** | 0.836*** | 0.911*** | 0.644*** | 0.774*** | 0.718*** |
|  | (9.74) | (6.33) | (8.00) | (6.94) | (10.03) | (7.94) |
| $\ln AREA_{jt}$ | 0.642*** | 0.492*** | 0.494*** | 0.565*** | 0.784*** | 0.754*** |
|  | (8.06) | (2.93) | (7.07) | (7.39) | (8.99) | (10.49) |
| E1 | 0.203*** |  |  |  |  |  |
|  | (5.19) |  |  |  |  |  |
| E2 |  | −0.067 |  |  |  |  |
|  |  | (−0.08) |  |  |  |  |
| E3 |  |  | 0.078 |  |  |  |
|  |  |  | (1.04) |  |  |  |
| E4 |  |  |  | 0.148*** |  |  |
|  |  |  |  | (3.56) |  |  |
| E5 |  |  |  |  | 0.309*** |  |
|  |  |  |  |  | (6.61) |  |
| E6 |  |  |  |  |  | 0.277*** |
|  |  |  |  |  |  | (8.04) |
| _cons | −11.34*** | −9.51 | −10.41*** | −10.96*** | −11.14*** | −13.43*** |
|  | (−4.39) | (−0.87) | (−4.18) | (−4.46) | (−4.64) | (−5.27) |
| $R^2$ | 0.943 | 0.934 | 0.936 | 0.939 | 0.944 | 0.947 |

注:"***""**""*"分别表示在1%、5%、10%的水平通过显著性检验,括号里的数据为 $t$ 值。

对于核心变量，各经济自由度指标的系数符号和显著性水平同前文基准回归所得结果保持一致，其中，贸易自由度和财政自由度仍未通过显著性检验，商业自由度、货币自由度、投资自由度和金融自由度的系数值均比基准回归结果有所增加，这说明沿线中等收入国家自由度指标的提高，将有效拉动中国农产品对其出口，同时验证了前文基准回归结果的稳健性。

表5-8是考虑沿线中等收入国家加入政治制度二级指标后对模型采用工具变量法的回归结果，对比前文基准回归结果，各模型拟合度指数均在0.94左右，拟合值有所提高。从控制变量的系数来看，各变量的系数符号同基准回归保持一致。其中，中国国内生产总值增加对中国农产品出口的提升作用大于出口对象国经济规模的推动作用，且出口对象国国内生产总值在加入政府效能、腐败控制和政治清廉的模型中未通过显著性检验，在包含监管质量的模型中出口对象国经济规模的系数为负，这同基准回归结果一致。地理距离和内陆国属性的制约作用相对增加，同中国相邻、同属ASEAN对中国农产品出口的推动作用相对减弱，其他变量系数在不同模型中小幅度变化。

对于核心变量，政治制度各二级指标的系数符号同基准回归结果一致，政治稳定性和政府规模的系数同前文回归结果一致仍为负，而政治民主度、政府效能、监管质量、腐败控制和政府清廉均为正且通过1%的显著性水平检验，各变量的系数值均大于基准回归结果，这表明对于沿线中等收入国家而言，各国民主建设水平、政府工作效率及对腐败现象的控制力度等对中国农产品对其出口影响较大。整体回归结果同基准回归一致，说明前文回归结果基本稳健。

表 5-8 沿线中等收入国家——加入政治制度二级指标的稳健性检验

| 变量 | iv_(1) | iv_(2) | iv_(3) | iv_(4) | iv_(5) | iv_(6) | iv_(7) |
|---|---|---|---|---|---|---|---|
| $\ln Y_{it}$ | 0.998*** | 0.792*** | 1.016*** | 1.172*** | 0.976*** | 0.973*** | 0.838*** |
|  | (11.94) | (8.89) | (10.45) | (13.42) | (10.12) | (10.83) | (9.81) |
| $\ln Y_{jt}$ | 0.0648 | 0.231*** | 0.013 | −0.094 | 0.073 | 0.071 | 0.253*** |
|  | (0.93) | (3.56) | (0.15) | (−1.28) | (0.94) | (0.85) | (3.93) |
| $\ln DIS_{ij}$ | −0.960*** | −0.964*** | −0.752*** | −0.878*** | −0.842*** | −0.907*** | −1.002*** |
|  | (−8.86) | (−8.99) | (−6.98) | (−8.73) | (−7.89) | (−8.77) | (−8.64) |
| $LAND_j$ | −1.027*** | −1.082*** | −1.322*** | −1.370*** | −1.151*** | −1.246*** | −1.079*** |
|  | (−7.60) | (−7.09) | (−9.37) | (−9.52) | (−8.05) | (−8.84) | (−8.09) |
| $LANG_{ij}$ | 1.300*** | 1.316*** | 0.869*** | 1.134*** | 1.055*** | 0.867*** | 1.176*** |
|  | (15.15) | (15.36) | (7.34) | (14.06) | (10.95) | (6.38) | (13.95) |
| $CON_{ij}$ | 0.304*** | 0.486*** | 0.341*** | 0.0612 | 0.372*** | 0.349*** | 0.464*** |
|  | (2.86) | (3.97) | (3.14) | (0.63) | (3.37) | (2.97) | (4.24) |
| $\ln TAX_{jt}$ | −3.458** | −8.276*** | −6.294*** | −3.209*** | −6.500*** | −6.680*** | −7.650*** |
|  | (−2.43) | (−4.96) | (−4.59) | (−2.85) | (−4.43) | (−4.19) | (−4.92) |
| $\ln AGRP_{jt}$ | 1.905*** | 0.625 | 3.572*** | 4.654*** | 3.340*** | 3.303*** | 2.274*** |
|  | (2.62) | (0.70) | (4.28) | (5.94) | (3.82) | (4.09) | (3.07) |
| $APEC_{ijt}$ | 1.277*** | 0.961*** | 1.203*** | 1.279*** | 1.314*** | 1.304*** | 0.997*** |
|  | (12.55) | (10.64) | (10.83) | (13.87) | (9.91) | (9.94) | (10.77) |
| $ASEAN_{ijt}$ | 0.766*** | 0.862*** | 0.741*** | 0.805*** | 0.733*** | 0.717*** | 0.905*** |
|  | (9.28) | (9.72) | (8.52) | (10.68) | (8.40) | (7.36) | (10.23) |

(续表)

| 变量 | iv_(1) | iv_(2) | iv_(3) | iv_(4) | iv_(5) | iv_(6) | iv_(7) |
|---|---|---|---|---|---|---|---|
| $\ln AREA_{jt}$ | 0.634*** | 0.462*** | 0.725*** | 0.908*** | 0.686*** | 0.668*** | 0.476*** |
|  | (8.84) | (6.11) | (7.98) | (11.18) | (7.71) | (7.58) | (6.59) |
| P1 | 0.288*** |  |  |  |  |  |  |
|  | (6.84) |  |  |  |  |  |  |
| P2 |  | −0.137*** |  |  |  |  |  |
|  |  | (−3.15) |  |  |  |  |  |
| P3 |  |  | 0.284*** |  |  |  |  |
|  |  |  | (3.94) |  |  |  |  |
| P4 |  |  |  | 0.461*** |  |  |  |
|  |  |  |  | (9.73) |  |  |  |
| P5 |  |  |  |  | 0.224*** |  |  |
|  |  |  |  |  | (3.41) |  |  |
| P6 |  |  |  |  |  | 0.228*** |  |
|  |  |  |  |  |  | (3.36) |  |
| P7 |  |  |  |  |  |  | −0.092* |
|  |  |  |  |  |  |  | (−1.84) |
| _cons | −12.31*** | −7.95*** | −14.34*** | −17.63*** | −13.53*** | −12.55*** | −9.97*** |
|  | (−4.93) | (−3.08) | (−5.35) | (−7.20) | (−4.87) | (−4.78) | (−3.78) |
| $R^2$ | 0.946 | 0.937 | 0.943 | 0.952 | 0.937 | 0.938 | 0.937 |

注:"***""**""*"分别表示在1%、5%、10%的水平通过显著性检验,括号里的数据为 $t$ 值。

对沿线中等收入国家加入法律制度二级指标后对模型影响因素使用工具变量法进行分析，回归结果如表5-9所示，考虑法律完善度和产权保护度的模型拟合度分别为0.938和0.940，超过基准回归结果0.927和0.923。模型中各控制变量的系数符号均和前文基准回归结果基本一致，中国国内生产总值的系数值显著高于出口对象国经济规模，且出口对象国的经济规模未通过显著性检验，说明中国农产品供给能力的提高对于扩大中国出口沿线中等收入国家的农产品规模作用显著。地理距离和内陆国属性的制约作用增加，促进我国农产品出口的控制变量在加入法律制度二级指标后系数呈小幅度波动。

对于核心变量，法律完善度和产权保护度的系数符号同基准回归一致，说明沿线中等收入国家加强国内法律法规的完善力度以及执行力度，将推动中国农产品对其出口流量的增加，但法律完善度并未通过显著性检验，产权保护度通过1%的显著性水平检验，显著性水平高于基准回归结果的10%，整体来看回归结果同基准回归保持一致。

对考虑经济制度、政治制度、法律制度和总制度质量4个核心变量的模型分别进行稳健性检验，回归结果如表5-10所示，各模型拟合度均在0.94左右，高于基准回归结果的拟合度水平。控制变量系数符号及显著性同基准回归基本一致，农产品出口对象国经济规模在回归结果中未通过显著性检验，且系数值小于中国国内生产总值的系数，说明同加入制度变量二级指标的回归结果相似，中国农产品供给能力的提升能有效扩大对沿线中等收入国家农产品的出口规模。同中国的地理距离以及出口对象国为内陆国这两个变量的阻碍作用有所增加，和中国语言相通、地理相邻及同属APEC对中国农产品出口的促进作用小幅度下降，其他控制变量变化较小。

表 5-9 沿线中等收入国家——加入法律制度二级指标的稳健性检验

| 变量 | iv_(1) | iv_(2) |
|---|---|---|
| $\ln Y_{it}$ | 0.905*** | 0.950*** |
|  | (2.90) | (10.76) |
| $\ln Y_{jt}$ | 0.149 | 0.063 |
|  | (0.37) | (0.82) |
| $\ln DIS_{ij}$ | −0.882*** | −0.869*** |
|  | (−3.09) | (−8.10) |
| $LAND_j$ | −1.233*** | −1.306*** |
|  | (−5.82) | (−9.57) |
| $LANG_{ij}$ | 1.157*** | 0.961*** |
|  | (3.15) | (8.90) |
| $CON_{ij}$ | 0.410 | 0.405*** |
|  | (1.47) | (3.71) |
| $\ln TAX_{jt}$ | −7.046** | −6.398*** |
|  | (−2.43) | (−4.48) |
| $\ln AGRP_{jt}$ | 2.474 | 2.087*** |
|  | (1.06) | (2.88) |
| $APEC_{ijt}$ | 1.110* | 1.271*** |
|  | (1.79) | (11.27) |
| $ASEAN_{ijt}$ | 0.808*** | 0.793*** |
|  | (3.54) | (9.45) |
| $\ln AREA_{jt}$ | 0.574 | 0.614*** |
|  | (1.37) | (8.44) |
| L1 | 0.073 |  |
|  | (0.17) |  |
| L2 |  | 0.182*** |
|  |  | (3.80) |

(续表)

| 变量 | iv_(1) | iv_(2) |
|---|---|---|
| _cons | −11.50* | −11.20*** |
|  | (−1.70) | (−4.35) |
| $R^2$ | 0.938 | 0.940 |

注:"***""**""*"分别表示在1%、5%、10%的水平通过显著性检验,括号里的数据为 $t$ 值。

表 5-10 沿线中等收入国家——加入制度质量的稳健性检验

| 变量 | iv_(1) | iv_(2) | iv_(3) | iv_(4) |
|---|---|---|---|---|
| $\ln Y_{it}$ | 0.995*** | 1.025*** | 0.995*** | 1.031*** |
|  | (11.77) | (10.54) | (11.55) | (12.25) |
| $\ln Y_{jt}$ | 0.098 | 0.046 | 0.019 | 0.019 |
|  | (1.45) | (0.50) | (0.22) | (0.24) |
| $\ln DIS_{ij}$ | −1.097*** | −0.763*** | −0.753*** | −0.820*** |
|  | (−11.10) | (−6.95) | (−6.64) | (−7.89) |
| $LAND_j$ | −1.499*** | −1.300*** | −1.295*** | −1.369*** |
|  | (−10.41) | (−9.19) | (−9.35) | (−9.63) |
| $LANG_{ij}$ | 1.207*** | 1.005*** | 0.914*** | 0.977*** |
|  | (14.99) | (10.40) | (8.39) | (10.64) |
| $CON_{ij}$ | 0.241** | 0.351*** | 0.410*** | 0.340*** |
|  | (2.22) | (2.88) | (3.71) | (3.08) |
| $\ln TAX_{jt}$ | −5.625*** | −5.443*** | −6.001*** | −5.537*** |
|  | (−4.56) | (−3.99) | (−4.74) | (−4.59) |
| $\ln AGRP_{jt}$ | 3.946*** | 3.666*** | 2.624*** | 3.489*** |
|  | (4.96) | (3.90) | (3.45) | (4.34) |
| $APEC_{ijt}$ | 1.166*** | 1.275*** | 1.355*** | 1.328*** |
|  | (12.59) | (9.27) | (10.20) | (11.47) |

(续表)

| 变量 | iv_(1) | iv_(2) | iv_(3) | iv_(4) |
| --- | --- | --- | --- | --- |
| $ASEAN_{ijt}$ | 0.731*** | 0.745*** | 0.783*** | 0.748*** |
|  | (9.39) | (7.90) | (9.20) | (9.12) |
| $\ln AREA_{jt}$ | 0.739*** | 0.717*** | 0.683*** | 0.742*** |
|  | (9.02) | (6.99) | (7.84) | (8.52) |
| EA | 0.467*** |  |  |  |
|  | (6.77) |  |  |  |
| PA |  | 0.385*** |  |  |
|  |  | (3.52) |  |  |
| LA |  |  | 0.263*** |  |
|  |  |  | (4.37) |  |
| INS |  |  |  | 0.419*** |
|  |  |  |  | (5.78) |
| _cons | −13.16*** | −15.37*** | −13.35*** | −14.64*** |
|  | (−5.41) | (−5.63) | (−5.44) | (−6.11) |
| $R^2$ | 0.949 | 0.938 | 0.937 | 0.941 |

注：" *** "" ** "" * "分别表示在1%、5%、10%的水平通过显著性检验，括号里的数据为 t 值。

对于核心变量，经济制度、政治制度和法律制度的系数为正，均通过1%的显著性水平检验，同前文基准回归结果一致。从系数大小来看，经济制度的系数略大于政治制度系数，法律制度的系数最小。由此说明，沿线中等收入国家经济制度和政治制度水平的提高，对拉动中国农产品出口作用更为显著。制度质量也显著为正，其系数为0.419，说明制度质量越高，中国越倾向于同这些国家开展农产品贸易，因为沿线中等收入国家的制度水平越高，制度环境越公开、透明、有效，将越有利于为中国农产品出口提供更为自由、开放、有序的贸易环境，降低农产品贸易成本，从而推动中国同这些国家农产品出口规模的扩大。

## 5.2 中国农产品出口对"一带一路"沿线高收入国家影响因素的分析

### 5.2.1 变量的描述性统计

在实证分析之前,为了对样本数据有所了解,我们先对沿线高收入国家各变量的统计特征进行描述,如表 5-11 所示。

根据表 5-11 可知,同沿线中等收入国家的统计结果对比,沿线高收入国家因均未与中国相邻,因此 $CON_{ij}$ 变量统计值为 0。沿线高收入国家的关税税率、农业增加值占比明显低于沿线中等收入国家的对应值。

从经济制度二级指标来看,最小值为 30,最大值为 100,平均值在 65 以上,高于沿线中等收入国家的经济制度水平,其中财政自由度、投资自由度和金融自由度指数在沿线高收入国家中波动幅度较大;在政治制度的二级指标中,除了政府规模,其他指标的平均值均高于沿线中等收入国家;法律制度中的法律完善度和产权保护度均明显高于沿线中等收入国家的相应指标,这说明在整体上沿线高收入国家的经济制度、政治制度和法律制度的建设水平均高于沿线中等收入国家。

表 5-11 沿线高收入国家——变量的描述性统计

| 变量 | 观测量 | 均值 | 标准差 | 最小值 | 最大值 |
| --- | --- | --- | --- | --- | --- |
| $EX_{ijt}$ | 270 | 410.05 | 490.39 | 5.20 | 2 393.00 |
| $Y_{it}$ | 270 | 5 733 836.00 | 2 188 598.00 | 2 644 946.00 | 9 504 208.00 |
| $Y_{jt}$ | 270 | 883 482.94 | 1 030 068.00 | 18 720.70 | 3 781 699.00 |
| $DIS_{ij}$ | 270 | 7 378.23 | 964.23 | 4 485.00 | 9 232.00 |
| $AGRP_{jt}$ | 270 | 2.30 | 1.31 | 0.04 | 5.60 |
| $TAX_{jt}$ | 270 | 1.54 | 0.87 | 0.00 | 7.20 |
| $AREA_{jt}$ | 270 | 177 848.44 | 380 644.00 | 6.60 | 1 737 930.00 |

(续表)

| 变量 | 观测量 | 均值 | 标准差 | 最小值 | 最大值 |
| --- | --- | --- | --- | --- | --- |
| $CON_{ij}$ | 270 | 0.00 | 0.00 | 0.00 | 0.00 |
| $LANG_{ij}$ | 270 | 0.06 | 0.23 | 0.00 | 1.00 |
| $LAND_j$ | 270 | 0.17 | 0.37 | 0.00 | 1.00 |
| $APEC_{ijt}$ | 270 | 0.06 | 0.23 | 0.00 | 1.00 |
| $ASEAN_{ijt}$ | 270 | 0.11 | 0.31 | 0.00 | 1.00 |
| E1 | 270 | 77.69 | 9.99 | 51.00 | 100.00 |
| E2 | 270 | 83.62 | 5.25 | 62.00 | 90.00 |
| E3 | 270 | 65.20 | 16.26 | 34.00 | 100.00 |
| E4 | 270 | 80.91 | 5.12 | 62.00 | 93.00 |
| E5 | 270 | 72.80 | 14.25 | 30.00 | 90.00 |
| E6 | 270 | 66.56 | 13.56 | 30.00 | 90.00 |
| EA | 270 | 0.45 | 0.33 | −0.26 | 1.50 |
| P1 | 270 | 0.88 | 0.74 | −1.90 | 1.70 |
| P2 | 270 | 0.55 | 0.63 | −1.60 | 1.50 |
| P3 | 270 | 1.13 | 0.59 | −0.37 | 2.40 |
| P4 | 270 | 1.16 | 0.45 | −0.05 | 2.30 |
| P5 | 270 | 0.98 | 0.73 | −0.31 | 2.30 |
| P6 | 270 | 61.98 | 17.18 | 33.00 | 94.00 |
| P7 | 270 | 40.19 | 20.39 | 0.00 | 95.00 |
| PA | 270 | 0.59 | 0.46 | −0.48 | 1.60 |
| L1 | 270 | 1.09 | 0.52 | −0.02 | 2.00 |
| L2 | 270 | 69.54 | 16.35 | 40.00 | 90.00 |
| LA | 270 | 0.89 | 0.60 | −0.25 | 1.80 |
| INS | 270 | 0.64 | 0.42 | −0.29 | 1.50 |

注：利用 stata 对数据进行处理所得。

## 5.2.2 单位根检验和协整检验

为保证回归数据为平稳序列,在对沿线高收入国家的样本量进行回归之前,我们先对面板数据进行单位根检验,借鉴前文所用方法,采用 HT 检验和 IPS 检验进行单位根检验。

根据表 5-12 可知,在对原数据进行单位根检验的结果中,HT 检验表明中国农产品出口额、商业自由度、货币自由度、金融自由度、腐败控制等变量均未通过单位根检验,通过对各变量进行一阶差分,检验结果显示所有变量均通过 1% 的显著性水平检验,强烈拒绝存在单位根的原假设,认为数据为一阶单整。IPS 检验结果表明商业自由度未通过平稳性检验,同样对数据进行一阶差分,所有变量均在 1% 显著性水平上通过检验,认为数据为平稳序列。

基于单位根检验,所得数据为一阶单整,进而对模型进行协整检验,采用前文所用的 Kao 检验,结果表明拒绝不存在协整关系的原假设,认为变量之间存在长期关系,因而采用原数据进行回归分析。

表 5-12 沿线高收入国家——面板单位根检验

| 变量 | HT 检验 | IPS 检验 | 一阶滞后变量 | HT 检验 | IPS 检验 |
| --- | --- | --- | --- | --- | --- |
| $\ln EX_{ijt}$ | 0.4873 | −2.6311*** | $D\ln EX_{ijt}$ | −0.0206*** | −7.4190*** |
| $\ln Y_{it}$ | 0.0000*** | 10.5513 | $D\ln Y_{it}$ | 0.0000*** | −4.5379*** |
| $\ln Y_{jt}$ | 0.6606 | −1.3254* | $D\ln Y_{jt}$ | 0.5809*** | −3.3227*** |
| $\ln TAX_{jt}$ | 0.3820*** | −4.5241*** | $D\ln TAX_{jt}$ | −0.1403*** | −9.0295*** |
| $\ln AREA_{jt}$ | 0.2113*** | −7.0958*** | $D\ln AREA_{jt}$ | −0.0244*** | −8.0466*** |
| $\ln AGRP_{jt}$ | 0.5391 | −2.5535*** | $D\ln AGRP_{jt}$ | −0.1043*** | −7.9193*** |
| $E1$ | 0.6084 | −0.6519 | $DE1$ | 0.0491*** | −6.3433*** |
| $E2$ | 0.3988*** | −4.3477*** | $DE2$ | −0.2017*** | −8.4395*** |
| $E3$ | 0.3638*** | −4.3678*** | $DE3$ | −0.2148*** | −7.6566*** |
| $E4$ | 0.5841 | −1.9763** | $DE4$ | −0.0608*** | −6.6371*** |

(续表)

| 变量 | HT 检验 | IPS 检验 | 一阶滞后变量 | HT 检验 | IPS 检验 |
|---|---|---|---|---|---|
| E5 | 0.3860*** | −3.5182*** | DE5 | −0.0268*** | −7.6028*** |
| E6 | 0.5852 | −2.9264*** | DE6 | 0.0167*** | −6.6004*** |
| EA | 0.5226 | −2.8347*** | DEA | 0.0008 | −6.4746*** |
| P1 | 0.3980*** | −3.4339*** | DP1 | −0.0369*** | −6.9016*** |
| P2 | 0.4214** | −2.9158*** | DP2 | −0.2383*** | −8.0058*** |
| P3 | 0.4185** | −3.8600*** | DP3 | −0.2343*** | −8.0566*** |
| P4 | 0.3195*** | −4.4605*** | DP4 | −0.1406*** | −7.5648*** |
| P5 | 0.5081 | −2.3894*** | DP5 | −0.0098*** | −7.5762*** |
| P6 | 0.5663 | −1.9972** | DP6 | 0.1135*** | −6.5081*** |
| P7 | 0.3195*** | −3.5100*** | DP7 | −0.0580*** | −7.0719*** |
| PA | 0.5007 | −2.8279*** | DPA | 0.0330*** | −7.6437*** |
| L1 | 0.4039*** | −4.3876*** | DL1 | 0.0625*** | −5.8950*** |
| L2 | 0.5597 | −1.7119** | DL2 | −0.0168*** | −7.3909*** |
| LA | 0.5766 | −2.2457** | DLA | 0.0906*** | −6.0391*** |
| INS | 0.5507 | −2.5814*** | DINS | 0.0925*** | −6.9159*** |

注:利用 stata 进行单位根检验所得,"\*\*\*""\*\*""\*"分别表示在1%、5%、10%的水平通过显著性检验。

### 5.2.3 回归结果分析

本书基于2002—2016年中国对18个沿线高收入国家农产品的相关数据进行回归分析,分别通过 F 检验和 LM 检验拒绝"混合回归可以接受"和"不存在随机效应"的原假设,认为模型应该在固定效应模型和随机效应模型中进行选择;并进行 Hausman 检验表明应采用固定效应模型。

如同前文所述,当样本取自特定个体时,固定效应模型回归优于随机效应模型回归。因为本章选取沿线主要国家中的沿线高收入国家作为实证回归的对象,因而采用固定效应模型显然更优。因为采用国家固定效应模型和双向固定效应模型使得模型中相关虚拟变量因共线性而被忽略,引入时间固定效应模型后变量的估计结果基本保持稳定,并且可以对虚拟变量进行测算,所以同前文对沿线中等收入国家的回归方法一致,在分析中考虑加入时间固定效应模型。

本书分别对沿线高收入国家加入经济制度、政治制度和法律制度各项二级指标的模型进行回归,结果如表5-13、表5-14和表5-15所示。本书基于沿线高收入国家经济制度6个二级指标得到经济制度水平,基于政治制度7个指标得到政治制度水平,基于法律制度2个指标得到法律制度水平,利用所得的经济制度水平、政治制度水平和法律制度水平求得沿线高收入国家的总制度质量,再分别对沿线高收入国家的经济制度水平、政治制度水平、法律制度水平和总制度质量对中国农产品出口的影响因素进行实证分析,回归结果如表5-16所示。

根据表5-13、表5-14和表5-15的回归结果可知,加入各二级指标后模型的拟合度均在0.88以上,说明各回归模型较好的拟合中国对沿线高收入国家农产品的出口情况,大部分控制变量至少通过5%的显著性水平检验。同前文对沿线所有样本国加入各类制度二级指标的回归结果相比,出口对象国GDP水平、农业增加值占比的系数仍显著为正,表明不论是对于沿线所有样本国,还是对于沿线高收入国家而言,国内市场需求量的提升以及本国农业发展水平相对落后等因素均对中国出口沿线高收入国家的农产品有显著的推动作用。

而控制变量符号则存在较大差异,其中与中国相邻、同属APEC 2个变量因共线性而删除,虚拟变量中与中国语言相通在各模型中的系数为负(除货币自由度所在模型),但在个别模型中并未通过显著性检验,这说明语言相通并不是推动中国农产品对沿线高收入国家出口规模扩大的重要因素。另外,模型中同属 ASEAN 及农业用地面积 2 个变量的系数也均为负,这在一定程度上表明由于沿线高收入国家中仅有新加坡属于 ASEAN,加入 ASEAN 对于沿线高收入国家而言并不能显著促进中国对其农产品出口规模的增加,沿线高收入国家农业用地面积越大,越会降低中国农产品出口的规模,这同预期相符,同前文在对沿线所有样本国和沿线中等收入国家模型的回归结果相反,说明对于沿线高收入国家而言,农业机械作业高效化、规模化,单位产出效率高,因而农业用地面积的提高将显著提升国内农产品供给量,在一定程度上将减少对中国农产品的需求。关税税率系数符号显著为正,同前文相应的回归结果相反,与预期符号不同。

通过对比可以发现,对于沿线高收入国家,关税税率并非是制约中国农产品出口的主要原因,因为同沿线中等收入国家的关税税率相比,沿线高收入国家的关税税率大部分集中在 2% 以下,而沿线中等收入国家中多数国家的关税税率年均保持在 5% 以上,个别年份超过 10%。从回归结果来看,关税税率对于中国农产品出口沿线高收入国家的阻碍作用并不明显。

对于核心变量经济制度各二级指标,根据表 5-13 所示的回归结果可以发现,除了贸易自由度,其他经济制度二级指标均通过显著性检验。在各二级指标中,财政自由度、货币自由度、投资自由度和金融自由度的提高可以显著扩大中国农产品出口规模,这说明沿线高收入国家降低企业所得税缴税成本、维持物价稳定及通胀水平、鼓励外商企业投资及推动金融服务业的开展等可以为中国农产品创造经济开放度高、贸易环境好的出口市场。二级指标中商业自由度系数显著为负,但弹性值很小(仅为 $-0.0758$),远低于其他核心变量的系数值,这说明中国对沿线高收入国家农产品出口较少关注出口对象国的商业自由度情况,即这些国家创办企业所需手续的时间和相关成本对中国农产品出口的影响较小。

## 5 中国农产品出口对"一带一路"沿线不同收入水平国家的影响因素分析

表 5-13 沿线高收入国家——加入经济制度二级指标的回归结果

| 变量 | (1) | (2) | (3) | (4) | (5) | (6) |
|---|---|---|---|---|---|---|
| $\ln Y_{jt}$ | 1.081*** | 1.049*** | 1.500*** | 1.047*** | 0.938*** | 1.042*** |
| | (29.03) | (38.34) | (32.98) | (30.51) | (21.43) | (30.17) |
| $\ln DIS_{ij}$ | −2.030*** | −2.002*** | 0.619 | −2.054*** | −1.557*** | −2.186*** |
| | (−9.23) | (−8.15) | (1.58) | (−9.13) | (−8.67) | (−5.71) |
| $LAND_j$ | −1.529*** | −1.508*** | −1.490*** | −1.503*** | −1.535*** | −1.692*** |
| | (−40.71) | (−38.93) | (−32.80) | (−43.33) | (−46.09) | (−109.30) |
| $LANG_{ij}$ | −0.430 | −0.313 | −3.542*** | −0.392 | 0.836*** | −0.193 |
| | (−1.51) | (−1.71) | (−9.79) | (−1.68) | (3.53) | (−0.76) |
| $\ln TAX_{jt}$ | 13.44*** | 18.16*** | 9.307** | 12.36*** | 22.05*** | 25.80*** |
| | (4.20) | (3.06) | (2.18) | (3.15) | (4.00) | (8.28) |
| $\ln AGRP_{jt}$ | 6.116* | 6.100** | 12.420*** | 6.366** | 9.519*** | 10.060*** |
| | (2.00) | (2.39) | (4.54) | (2.28) | (3.06) | (3.85) |
| $ASEAN_{ijt}$ | −0.674*** | −0.536*** | −0.930*** | −0.568*** | −0.380*** | −0.458*** |
| | (−10.35) | (−5.99) | (−14.31) | (−9.74) | (−3.70) | (−3.99) |
| $\ln AREA_{jt}$ | −0.259*** | −0.211*** | −0.672*** | −0.217*** | −0.0861* | −0.218*** |
| | (−7.02) | (−9.70) | (−15.78) | (−5.95) | (−1.95) | (−5.91) |

133

(续表)

| 变量 | (1) | (2) | (3) | (4) | (5) | (6) |
|---|---|---|---|---|---|---|
| E1 | −0.076** | | | | | |
| | (−2.54) | | | | | |
| E2 | | 0.279 | | | | |
| | | (1.76) | | | | |
| E3 | | | 0.692*** | | | |
| | | | (21.67) | | | |
| E4 | | | | 0.113** | | |
| | | | | (2.75) | | |
| E5 | | | | | 0.510*** | |
| | | | | | (18.92) | |
| E6 | | | | | | 0.467*** |
| | | | | | | (10.05) |
| _cons | 10.89*** | 10.67*** | −19.01*** | 11.43*** | 7.95*** | 12.22*** |
| | (4.84) | (4.14) | (−5.26) | (4.84) | (3.90) | (3.59) |
| $R^2$ | 0.884 | 0.886 | 0.911 | 0.885 | 0.905 | 0.914 |

注:"***""**""*"分别表示在1%、5%、10%的水平通过显著性检验,括号里的数据为 $t$ 值,模型回归中 $\ln Y_{it}$、$CON_{ij}$ 和 $APEC_{ijt}$ 为避免完全共线性而省略。

表 5-14 是对沿线高收入国家加入政治制度二级指标后进行回归的实证结果。根据表 5-14 可知，政治制度的二级指标中仅有政治民主度、监管质量和政府规模对中国农产品出口沿线高收入国家有显著的影响，其中政治民主度对中国农产品的影响显著为负，这可能是同沿线高收入国家中的政治民主度水平较高，其增长情况并不会对中国农产品的出口产生较大影响有关；而沿线高收入国家政府对市场监管质量的高低以及对农业投入支持力度可以显著推动中国农产品的出口规模。虽然其他指标如政府稳定性的系数为正，但未通过显著性检验，而政府效能、腐败控制及政府清廉均未通过显著性检验，且系数为负，说明在政治制度方面主要通过提高市场监管力度和对农业的支持力度以有效促进中国农产品对沿线高收入国家的出口，政治制度二级指标的推动作用明显弱于经济制度二级指标的作用力。

表 5-15 是加入法律制度二级指标后对模型进行回归的实证结果。根据表 5-15 可以发现，考虑法律制度二级指标因素后模型的回归结果同前文对沿线所有样本国和沿线中等收入国家模型的回归结果存在差异，前文对应模型的回归结果均表明完善的法律法规对中国农产品出口有促进作用，但是对于沿线高收入国家，法律完善度变量的系数显著为负，与原有预期不符。究其原因，沿线高收入国家经济发展迅速，已构建较为完善的法律法规体系，伴随其法律体系的进一步完善，当沿线高收入国家在同中国农产品贸易中发生争端，其可充分借助完善的法律基石维护本国农产品企业的利益，从而对中国农产品出口造成冲击。产权保护度的系数则显著为正，同前文回归结果保持一致，说明维护产品的知识产权和品牌形象，可以显著扩大中国农产品的出口规模。

表 5-14 沿线高收入国家——加入政治制度二级指标的回归结果

| 变量 | (1) | (2) | (3) | (4) | (5) | (6) | (7) |
|---|---|---|---|---|---|---|---|
| $\ln Y_{jt}$ | 1.127*** | 1.058*** | 1.107*** | 0.995*** | 1.113*** | 1.120*** | 1.199*** |
|  | (24.37) | (18.55) | (53.20) | (28.33) | (46.72) | (53.52) | (26.64) |
| $\ln DIS_{ij}$ | −2.105*** | −1.849*** | −2.102*** | −1.690*** | −2.156*** | −2.092*** | −1.717*** |
|  | (−9.46) | (−3.17) | (−10.06) | (−4.84) | (−9.00) | (−10.40) | (−4.16) |
| $LAND_j$ | −1.488*** | −1.536*** | −1.483*** | −1.547*** | −1.493*** | −1.493*** | −1.321*** |
|  | (−46.92) | (−20.99) | (−36.21) | (−40.99) | (−43.08) | (−44.69) | (−26.37) |
| $LANG_{ij}$ | −1.042** | −0.468 | −0.681*** | −0.0587 | −0.680*** | −0.657*** | −1.946*** |
|  | (−2.72) | (−1.70) | (−3.89) | (−0.31) | (−4.21) | (−3.06) | (−4.76) |
| $\ln TAX_{jt}$ | 7.130** | 14.110*** | 12.180*** | 18.550*** | 13.320*** | 15.090*** | 12.270*** |
|  | (2.16) | (3.40) | (3.15) | (3.84) | (4.15) | (6.15) | (3.39) |
| $\ln AGRP_{jt}$ | 9.072** | 7.478** | 6.057 | 8.336** | 5.869 | 5.915 | 8.694** |
|  | (2.96) | (2.44) | (1.61) | (2.55) | (1.48) | (1.76) | (2.63) |
| $ASEAN_{ijt}$ | −0.694*** | −0.309 | −0.640*** | −0.459*** | −0.668*** | −0.673*** | −0.654*** |
|  | (−16.35) | (−0.71) | (−8.70) | (−6.30) | (−7.12) | (−9.55) | (−7.52) |
| $\ln AREA_{jt}$ | −0.297*** | −0.216*** | −0.280*** | −0.181*** | −0.280*** | −0.289*** | −0.354*** |
|  | (−6.58) | (−3.41) | (−16.08) | (−5.22) | (−13.37) | (−14.29) | (−7.64) |
| P1 | −0.131** |  |  |  |  |  |  |
|  | (−2.28) |  |  |  |  |  |  |

续表

| 变量 | (1) | (2) | (3) | (4) | (5) | (6) | (7) |
|---|---|---|---|---|---|---|---|
| P2 |  | 0.102 |  |  |  |  |  |
|  |  | (0.63) |  |  |  |  |  |
| P3 |  |  | −0.105 |  |  |  |  |
|  |  |  | (−1.07) |  |  |  |  |
| P4 |  |  |  | 0.316*** |  |  |  |
|  |  |  |  | (3.60) |  |  |  |
| P5 |  |  |  |  | −0.091 |  |  |
|  |  |  |  |  | (−1.01) |  |  |
| P6 |  |  |  |  |  | −0.099 |  |
|  |  |  |  |  |  | (−1.65) |  |
| P7 |  |  |  |  |  |  | 0.374*** |
|  |  |  |  |  |  |  | (6.11) |
| _cons | 10.85*** | 9.26* | 11.11*** | 8.86** | 11.42*** | 10.73*** | 6.20 |
|  | (4.77) | (1.88) | (5.67) | (2.69) | (5.14) | (5.78) | (1.61) |
| $R^2$ | 0.884 | 0.884 | 0.884 | 0.887 | 0.884 | 0.885 | 0.897 |

注:"\*\*\*""\*\*""\*"分别表示在1%、5%、10%的水平通过显著性检验,括号里的数据为 $t$ 值,模型回归中 $\ln Y_{it}$、$CON_{ij}$ 和 $APEC_{ijt}$ 为避免完全共线性而省略。

表 5-15　沿线高收入国家——加入法律制度二级指标的回归结果

| 变量 | (1) | (2) |
| --- | --- | --- |
| $\ln Y_{jt}$ | 1.135*** | 0.973*** |
|  | (48.90) | (22.70) |
| $\ln DIS_{ij}$ | −2.215*** | −1.794*** |
|  | (−9.00) | (−8.47) |
| $LAND_j$ | −1.446*** | −1.655*** |
|  | (−27.18) | (−41.58) |
| $LANG_{ij}$ | −0.863*** | −0.025 |
|  | (−5.50) | (−0.10) |
| $\ln TAX_{jt}$ | 11.570*** | 14.180*** |
|  | (3.36) | (3.39) |
| $\ln AGRP_{jt}$ | 4.070 | 14.210*** |
|  | (1.12) | (4.05) |
| $ASEAN_{ijt}$ | −0.752*** | −0.447*** |
|  | (−7.71) | (−7.50) |
| $\ln AREA_{jt}$ | −0.304*** | −0.171*** |
|  | (−17.80) | (−4.11) |
| $L1$ | −0.233* |  |
|  | (−1.93) |  |
| $L2$ |  | 0.311*** |
|  |  | (8.50) |
| _cons | 11.840*** | 10.200*** |
|  | (5.38) | (4.21) |
| $R^2$ | 0.886 | 0.889 |

注："***""**""*"分别表示在1%、5%、10%的水平通过显著性检验，括号里的数据为 $t$ 值，模型回归中 $\ln Y_{it}$、$CON_{ij}$ 和 $APEC_{ijt}$ 为避免完全共线性而省略。

## 5 中国农产品出口对"一带一路"沿线不同收入水平国家的影响因素分析

利用前文所述计算方法,基于三类制度的二级指标计算得到各沿线高收入国家经济制度、政治制度、法律制度和总制度质量,对比分析经济制度、政治制度和法律制度对中国农产品出口高收入国家的影响程度,探究制度质量对中国农产品出口的影响情况。回归结果如表5-16所示,各控制变量的符号和加入制度质量二级指标后模型的回归结果保持一致,但同样本国为沿线主要国家和沿线中等收入国家的实证结果存在差异,这表明国家发展水平不同导致样本在经济、地理等变量的指标值也不同,进一步说明应在回归中考虑国家间差异的必要性。加入不同制度后模型的拟合优度指数均在 0.88 以上,说明模型拟合度较好。对于核心变量,我们可以发现,沿线高收入国家的经济制度通过 1% 显著性检验,且系数在三类制度中最大,政治制度和法律制度的系数虽然为正,但两者均未通过显著性检验,这说明对于沿线高收入国家而言,政治制度和法律制度对中国农产品出口的促进作用有限。而沿线高收入国家经济制度水平越高,国内经济自由度水平越开放,则将更能推动中国对其农产品出口规模的扩大。制度质量的系数为 0.507,通过 1% 的显著性水平检验,这说明在中国对沿线高收入国家农产品的出口影响因素中,制度质量是推动中国农产品出口规模的重要因素。

表 5-16  沿线高收入国家——加入制度质量的回归结果

| 变量 | (1) | (2) | (3) | (4) |
| --- | --- | --- | --- | --- |
| $\ln Y_{jt}$ | 1.052*** | 1.054*** | 1.059*** | 0.995*** |
|  | (30.07) | (36.07) | (43.98) | (29.02) |
| $\ln DIS_{ij}$ | −1.280*** | −2.003*** | −2.045*** | −1.728*** |
|  | (−4.40) | (−5.96) | (−7.83) | (−5.75) |
| $LAND_j$ | −1.524*** | −1.502*** | −1.527*** | −1.569*** |
|  | (−50.27) | (−41.61) | (−33.63) | (−43.24) |

(续表)

| 变量 | (1) | (2) | (3) | (4) |
|---|---|---|---|---|
| $LANG_{ij}$ | −0.584** | −0.443** | −0.431** | −0.169 |
|  | (−2.67) | (−2.47) | (−2.36) | (−0.89) |
| $\ln TAX_{jt}$ | 21.33*** | 14.53*** | 13.73*** | 16.90*** |
|  | (3.74) | (3.21) | (3.68) | (3.53) |
| $\ln AGRP_{jt}$ | 11.050*** | 8.821** | 9.424** | 12.610*** |
|  | (3.95) | (2.45) | (2.53) | (3.44) |
| $ASEAN_{ijt}$ | −0.288** | −0.477*** | −0.546*** | −0.310*** |
|  | (−2.89) | (−3.84) | (−8.06) | (−3.99) |
| $\ln AREA_{jt}$ | −0.192*** | −0.220*** | −0.232*** | −0.164*** |
|  | (−5.38) | (−8.62) | (−8.92) | (−4.79) |
| $EA$ | 1.063*** |  |  |  |
|  | (12.59) |  |  |  |
| $PA$ |  | 0.143 |  |  |
|  |  | (1.08) |  |  |
| $LA$ |  |  | 0.087 |  |
|  |  |  | (1.69) |  |
| $INS$ |  |  |  | 0.507*** |
|  |  |  |  | (7.82) |
| _cons | 3.493 | 10.710*** | 11.090*** | 8.863** |
|  | (1.22) | (3.44) | (4.31) | (2.87) |
| $R^2$ | 0.912 | 0.884 | 0.884 | 0.889 |

注:"***""**""*"分别表示在1%、5%、10%的水平通过显著性检验,括号里的数据为$t$值,模型回归中$\ln Y_{it}$、$CON_{ij}$和$APEC_{ijt}$为避免完全共线性而省略。

### 5.2.4 稳健性检验

我们考虑到对制度质量的测度可能存在误差,从而造成内生性问题,进而影响回归结果,因此本书采用前文所述方法,采用各制度质量滞后一期作为工具变量,对模型进行 2SLS 回归和 GMM 回归。为保证采用的工具变量有效,我们先对各工具变量的外生性、有效性以及弱工具变量属性进行检验,结果表明,各工具变量均为有效。对比 2SLS 回归结果和 GMM 回归结果,模型各变量系数符号、大小和显著性均基本保持一致,因此本书采用 2SLS 回归结果进行详细分析。

对沿线高收入国家加入经济制度二级指标采用工具变量法的回归结果如表 5-17 所示,对比基准回归结果,稳健性回归结果的拟合度增加,从原有的 0.884~0.914 增长至 0.904~0.929,2 个回归的系数符号相一致,显著性水平略有差异。对于各控制变量,中国国内生产总值对中国农产品出口沿线高收入国家有显著的推动作用,且沿线高收入国家经济规模对中国农产品对其出口的作用力显著高于中国经济规模的作用,这同前文对沿线所有样本国和沿线中等收入国家的结果不同,说明沿线高收入国家国内生产总值和市场需求的提升是推动中国农产品对其出口的重要因素。加入不同的经济制度二级指标,其他控制变量符号同基准回归结果一致,系数大小有所变化。

对于核心变量,各变量的系数符号同基准回归结果基本一致,其中,商业自由度对中国农产品出口沿线高收入国家的影响依然为负,但并未通过显著性检验,说明沿线高收入国家在创办企业所需手续、时间成本等方面的制约对中国农产品出口规模影响不大;而贸易自由度在回归结果中通过 1‰ 的显著性水平检验(该变量在基准回归中并不显著),说明贸易自由度越高的沿线高收入国家,越能有效推动中国农产品对其出口。财政自由度、货币自由度、投资自由度和金融自由度同基准回归结果保持一致,均表现出对中国农产品出口有显著推动作用。

表 5-17　沿线高收入国家——加入经济制度二级指标的稳健性检验

| 变量 | iv_(1) | iv_(2) | iv_(3) | iv_(4) | iv_(5) | iv_(6) |
|---|---|---|---|---|---|---|
| $lnY_{it}$ | 0.791*** | 0.801*** | 0.764*** | 0.833*** | 0.900*** | 0.833*** |
|  | (7.78) | (7.82) | (8.30) | (8.09) | (9.17) | (9.26) |
| $lnY_{jt}$ | 1.108*** | 1.053*** | 1.577*** | 1.066*** | 0.943*** | 1.043*** |
|  | (16.21) | (14.99) | (21.75) | (14.11) | (14.82) | (20.14) |
| $lnDIS_{ij}$ | −1.911*** | −1.887*** | 1.181* | −1.928*** | −1.502*** | −2.042*** |
|  | (−3.38) | (−3.96) | (1.70) | (−3.57) | (−3.58) | (−4.50) |
| $LAND_j$ | −1.585*** | −1.562*** | −1.532*** | −1.547*** | −1.577*** | −1.722*** |
|  | (−14.03) | (−13.36) | (−20.96) | (−13.44) | (−14.17) | (−18.00) |
| $LANG_{ij}$ | −0.676 | −0.381 | −4.135*** | −0.607 | 0.795* | −0.350 |
|  | (−1.32) | (−0.77) | (−8.02) | (−1.18) | (1.73) | (−0.84) |
| $lnTAX_{jt}$ | 12.18** | 19.88*** | 9.73** | 12.13** | 25.26*** | 21.44*** |
|  | (2.55) | (3.44) | (2.16) | (2.28) | (4.69) | (4.81) |
| $lnAGRP_{jt}$ | 7.184 | 7.211 | 14.090*** | 8.119 | 11.240** | 9.829** |
|  | (1.24) | (1.29) | (2.97) | (1.45) | (2.33) | (2.23) |
| $ASEAN_{ijt}$ | −0.646*** | −0.356** | −0.910*** | −0.493*** | −0.242* | −0.383*** |
|  | (−4.29) | (−2.14) | (−7.45) | (−3.46) | (−1.78) | (−3.03) |

## 5 中国农产品出口对"一带一路"沿线不同收入水平国家的影响因素分析

(续表)

| 变量 | iv_(1) | iv_(2) | iv_(3) | iv_(4) | iv_(5) | iv_(6) |
|---|---|---|---|---|---|---|
| $\ln AREA_{jt}$ | −0.285*** | −0.187*** | −0.746*** | −0.232*** | −0.080 | −0.218*** |
|  | (−4.92) | (−2.78) | (−11.52) | (−3.45) | (−1.38) | (−4.73) |
| E1 | −0.107 |  |  |  |  |  |
|  | (−1.61) |  |  |  |  |  |
| E2 |  | 0.519*** |  |  |  |  |
|  |  | (3.04) |  |  |  |  |
| E3 |  |  | 0.778*** |  |  |  |
|  |  |  | (8.36) |  |  |  |
| E4 |  |  |  | 0.136* |  |  |
|  |  |  |  | (1.80) |  |  |
| E5 |  |  |  |  | 0.600*** |  |
|  |  |  |  |  | (7.41) |  |
| E6 |  |  |  |  |  | 0.461*** |
|  |  |  |  |  |  | (8.61) |
| _cons | −13.76** | −14.40*** | −47.62*** | −14.48*** | −19.27*** | −13.39*** |
|  | (−2.57) | (−3.03) | (−7.18) | (−2.77) | (−4.15) | (−2.78) |
| $R^2$ | 0.904 | 0.909 | 0.929 | 0.905 | 0.922 | 0.925 |

注:"\*\*\*""\*\*""\*"分别表示在1%、5%、10%的水平通过显著性检验,括号里的数据为 $t$ 值,模型回归中 $CON_{ij}$ 和 $APEC_{ijt}$ 为避免完全共线性而省略。

143

表 5-18 是对沿线高收入国家加入政治制度二级指标后进行稳健性检验的回归结果。对比基准回归结果,采用工具变量法后模型的拟合度均在 0.90 以上。对于控制变量,各变量系数符号同基准回归结果基本一致,其中沿线高收入国家国内经济规模系数大于中国经济规模对农产品出口的影响程度。出口对象国为内陆国在稳健性回归中的阻碍作用有所增加,关税税率的系数有所下降,在考虑政治民主度和政治稳定性 2 个制度变量时,关税税率未通过显著性检验。农业增加值占比仅在加入政治民主度、政治稳定性、监管质量和政府规模时通过检验,说明在考虑政治制度影响因素时,沿线高收入国家国内农业发展水平对中国农产品的影响作用有限。其他变量的系数和显著性同基准回归相比呈小幅度变动。

对于核心变量,对比基准回归和稳健性回归结果,各变量系数符号均保持一致,仅有政治民主度、监管质量和政府规模通过显著性检验,其中政治民主度的系数为负,验证前文回归结果,即沿线高收入国家的政治民主度水平对中国农产品对其出口规模的提升作用有限,监管制度和政府规模的推动作用相较基准回归结果有所提升,其他政治制度均未通过显著性检验,表明政治制度各二级指标对扩大中国农产品出口沿线高收入国家的作用较弱。

表 5-19 是对沿线高收入国家加入法律制度二级指标后的稳健性检验结果,模型拟合度分别为 0.904 和 0.908,超过基准回归结果中的 0.886 和 0.889,说明采用工具变量法对模型的拟合效果更好。对于控制变量,同经济制度和政治制度的稳健性结果相似,沿线高收入国家经济规模的促进作用高于中国经济规模的拉动作用,地理距离的制约作用在稳健性回归中有所弱化,内陆国属性和农业土地面积对中国农产品出口规模的阻碍作用则比基准回归结果有所增加,关税税率系数有所下降,农业增加值占比和语言相通分别在加入法律完善度和产权保护度的模型中未通过显著性检验。

表 5-18 沿线高收入国家——加入政治制度二级指标的稳健性检验

| 变量 | iv_(1) | iv_(2) | iv_(3) | iv_(4) | iv_(5) | iv_(6) | iv_(7) |
|---|---|---|---|---|---|---|---|
| $\ln Y_{it}$ | 0.783*** | 0.824*** | 0.815*** | 0.881*** | 0.816*** | 0.818*** | 0.773*** |
|  | (7.56) | (7.87) | (7.99) | (8.41) | (7.92) | (7.92) | (7.74) |
| $\ln Y_{jt}$ | 1.193*** | 1.087*** | 1.117*** | 1.013*** | 1.114*** | 1.115*** | 1.251*** |
|  | (14.60) | (5.40) | (17.06) | (16.15) | (16.92) | (16.96) | (18.83) |
| $\ln DIS_{ij}$ | −1.973*** | −1.791 | −1.995*** | −1.515*** | −2.002*** | −1.986*** | −1.476*** |
|  | (−3.37) | (−0.82) | (−3.50) | (−2.90) | (−3.53) | (−3.50) | (−3.41) |
| $LAND_j$ | −1.523*** | −1.567*** | −1.531*** | −1.587*** | −1.536*** | −1.536*** | −1.354*** |
|  | (−13.24) | (−4.43) | (−13.17) | (−13.49) | (−13.27) | (−13.29) | (−11.93) |
| $LANG_{ij}$ | −1.722** | −0.736 | −0.870* | −0.249 | −0.845* | −0.838* | −2.434*** |
|  | (−2.43) | (−0.83) | (−1.74) | (−0.53) | (−1.71) | (−1.71) | (−5.49) |
| $\ln TAX_{jt}$ | 2.01 | 12.96 | 11.63** | 17.57*** | 12.07** | 12.32** | 11.02*** |
|  | (0.34) | (1.13) | (2.25) | (3.21) | (2.43) | (2.57) | (2.59) |
| $\ln AGRP_{jt}$ | 12.320** | 9.358* | 8.557 | 10.430* | 8.894 | 8.820 | 11.840** |
|  | (2.17) | (1.72) | (1.39) | (1.96) | (1.43) | (1.43) | (2.07) |
| $ASEAN_{ijt}$ | −0.731*** | −0.318 | −0.543*** | −0.375*** | −0.543*** | −0.544*** | −0.643*** |
|  | (−4.08) | (−0.14) | (−3.84) | (−2.72) | (−3.76) | (−3.82) | (−4.90) |
| $\ln AREA_{jt}$ | −0.365*** | −0.246 | −0.284*** | −0.196*** | −0.279*** | −0.280*** | −0.398*** |
|  | (−4.69) | (−0.89) | (−4.78) | (−3.48) | (−4.82) | (−4.83) | (−7.29) |

(续表)

| 变量 | iv_(1) | iv_(2) | iv_(3) | iv_(4) | iv_(5) | iv_(6) | iv_(7) |
|---|---|---|---|---|---|---|---|
| P1 | −0.236** | | | | | | |
|  | (−2.40) | | | | | | |
| P2 | | 0.074 | | | | | |
|  | | (0.09) | | | | | |
| P3 | | | −0.047 | | | | |
|  | | | (−0.49) | | | | |
| P4 | | | | 0.325*** | | | |
|  | | | | (3.31) | | | |
| P5 | | | | | −0.024 | | |
|  | | | | | (−0.26) | | |
| P6 | | | | | | −0.025 | |
|  | | | | | | (−0.31) | |
| P7 | | | | | | | 0.446*** |
|  | | | | | | | (6.92) |
| _cons | −14.20** | −15.86 | −14.01** | −18.87*** | −13.99** | −14.19** | −19.49*** |
|  | (−2.54) | (−0.83) | (−2.55) | (−3.48) | (−2.54) | (−2.61) | (−4.46) |
| $R^2$ | 0.905 | 0.904 | 0.904 | 0.907 | 0.904 | 0.904 | 0.917 |

注:"\*\*\*""\*\*""\*"分别表示在1%、5%、10%的水平通过显著性检验,括号里的数据为 $t$ 值,模型回归中 $CON_{ij}$ 和 $APEC_{ij}$ 为避免完全共线性而省略。

表 5-19　沿线高收入国家——加入法律制度二级指标的稳健性检验

| 变量 | iv_(1) | iv_(2) |
| --- | --- | --- |
| $\ln Y_{it}$ | 0.800*** | 0.865*** |
|  | (7.85) | (8.40) |
| $\ln Y_{jt}$ | 1.139*** | 0.982*** |
|  | (16.84) | (16.56) |
| $\ln DIS_{ij}$ | −2.080*** | −1.649*** |
|  | (−3.51) | (−3.52) |
| $LAND_j$ | −1.503*** | −1.723*** |
|  | (−13.11) | (−12.46) |
| $LANG_{ij}$ | −1.029** | −0.172 |
|  | (−1.98) | (−0.40) |
| $\ln TAX_{jt}$ | 10.45** | 13.79*** |
|  | (1.99) | (2.72) |
| $\ln AGRP_{jt}$ | 6.397 | 17.260*** |
|  | (1.01) | (2.95) |
| $ASEAN_{ijt}$ | −0.636*** | −0.354*** |
|  | (−4.26) | (−2.77) |
| $\ln AREA_{jt}$ | −0.306*** | −0.176*** |
|  | (−5.16) | (−3.36) |
| $L1$ | −0.163 |  |
|  | (−1.55) |  |
| $L2$ |  | 0.361*** |
|  |  | (4.29) |
| _cons | −13.00** | −16.68*** |
|  | (−2.29) | (−3.34) |
| $R^2$ | 0.904 | 0.908 |

注:"\*\*\*""\*\*""\*"分别表示在 1%、5%、10%的水平通过显著性检验,括号里的数据为 $t$ 值,模型回归中 $CON_{ij}$ 和 $APEC_{ijt}$ 为避免完全共线性而省略。

对于法律完善度和产权保护度两个核心变量,产权保护度的系数相比基准回归结果有所增加,说明沿线高收入国家产权保护强度越高,越有利于扩大中国农产品对其出口规模,表明沿线高收入国家对进口的农产品有较强的产权保护意识,有利于推动中国农业附加值高、拥有自主品牌的农产品出口;而法律完善度在稳健性检验中系数为负,且未通过显著性水平检验,说明沿线高收入国家对法律法规的完善水平对中国农产品出口的影响力有限。

为检验前文中经济制度、政治制度、法律制度和总制度质量对中国农产品出口沿线高收入国家回归结果的稳健性,本书同样采用工具变量法进行检验,回归结果如表5-20所示。

表5-20 沿线高收入国家——加入制度质量的稳健性检验

| 变量 | iv_(1) | iv_(2) | iv_(3) | iv_(4) |
|---|---|---|---|---|
| $\ln Y_{it}$ | 0.898*** | 0.839*** | 0.838*** | 0.873*** |
|  | (9.64) | (8.09) | (8.01) | (8.44) |
| $\ln Y_{jt}$ | 1.066*** | 1.066*** | 1.067*** | 1.012*** |
|  | (19.40) | (17.02) | (17.96) | (17.40) |
| $\ln DIS_{ij}$ | −1.113** | −1.812*** | −1.876*** | −1.542*** |
|  | (−2.57) | (−3.40) | (−3.56) | (−3.33) |
| $LAND_j$ | −1.562*** | −1.547*** | −1.589*** | −1.617*** |
|  | (−16.45) | (−12.94) | (−12.46) | (−13.35) |
| $LANG_{ij}$ | −0.724* | −0.619 | −0.585 | −0.332 |
|  | (−1.94) | (−1.32) | (−1.26) | (−0.80) |
| $\ln TAX_{jt}$ | 22.13*** | 14.22*** | 13.20*** | 17.07*** |
|  | (3.63) | (2.69) | (2.60) | (3.19) |
| $\ln AGRP_{jt}$ | 12.61*** | 11.28** | 12.40** | 15.39*** |
|  | (2.66) | (1.97) | (2.00) | (2.77) |

(续表)

| 变量 | iv_(1) | iv_(2) | iv_(3) | iv_(4) |
| --- | --- | --- | --- | --- |
| $ASEAN_{ijt}$ | −0.155 | −0.355** | −0.439*** | −0.200 |
|  | (−1.10) | (−2.26) | (−3.21) | (−1.42) |
| $\ln AREA_{jt}$ | −0.196*** | −0.226*** | −0.237*** | −0.173*** |
|  | (−3.78) | (−4.01) | (−4.38) | (−3.30) |
| EA | 1.122*** |  |  |  |
|  | (7.69) |  |  |  |
| PA |  | 0.199* |  |  |
|  |  | (1.75) |  |  |
| LA |  |  | 0.145 |  |
|  |  |  | (1.64) |  |
| INS |  |  |  | 0.552*** |
|  |  |  |  | (4.95) |
| _cons | −24.70*** | −15.89*** | −15.20*** | −18.79*** |
|  | (−5.34) | (−2.96) | (−2.84) | (−3.76) |
| $R^2$ | 0.927 | 0.905 | 0.904 | 0.910 |

注:"***""**""*"分别表示在1%、5%、10%的水平通过显著性检验,括号里的数据为 t 值,模型回归中 $CON_{ij}$ 和 $APEC_{ijt}$ 为避免完全共线性而省略。

根据表 5-20 所示,各模型拟合度均在 0.90 以上,超过基准回归结果的拟合度水平,且控制变量的系数符号和显著性水平同基准回归结果基本一致。沿线高收入国家国内生产总值的系数比基准回归结果大,且对中国农产品出口规模的推动作用高于中国国内生产总值,这同前文的回归结果类似,其他控制变量的系数发生小幅度变化。对于核心变量,经济制度通过了 1% 的显著性水平检验,验证了前文实证分析的结果。沿线高收入国家经济制度的建设水平对中国农产品出口至沿线高收入国家的影响显著;相比前文基准回归,政治制度仅在

10%显著性水平上通过检验,且系数在3个制度质量中最小,说明沿线高收入国家的政治制度水平可能会对中国农产品出口产生影响,但作用力较弱;而法律制度同基准回归一致,均未通过显著性水平检验。制度质量系数为0.552,通过显著性检验,说明对于沿线高收入国家而言,制度质量越高的国家越能推动中国农产品对这些国家出口规模的扩大,在模型中我们应充分考虑制度的影响,以免遗漏重要变量。

# 6 空间效应对中国农产品出口"一带一路"沿线主要国家的影响

前文在分析中主要从传统计量经济学的角度出发,假设经济活动中各单位相互独立,在模型构建中未将空间因素进行量化。但几乎所有的经济数据都存在空间依赖性,众多经济数据都同所处空间的地理位置密切相关,脱离空间单位的数据将失去原有的经济意义。因此,在分析区域经济现象时,我们不能忽视区域之间空间相关性的存在,否则将可能造成估计结果偏误。基于此,本章基于前文的分析结果,引入空间效应,进一步分析其对中国农产品出口沿线主要国家的影响。

## 6.1 空间效应和空间权重矩阵

### 6.1.1 引入空间效应

正如 Tobler 提出的"地理学第一定律",世间万物之间均存在某种联系,相近事物之间联系的紧密度要大于相远事物间的联系。在经济全球化和区域一体化的大框架下,各国在双边或多边贸易中相互促进或者制约的联系普遍存在,特别当出口对象国地理位置邻近或者经济发展水平较为相似时,A 国和 B 国之间的贸易势必会受到相邻国家 C(包括地理相邻和经济发展水平相似)同其贸易的影响。例如,在中国—东盟自由贸易区中,中国同越南之间的农产品贸易会受到中国同菲律宾农产品出口的影响;又如,泰国出现经济危机时,会对中国出口越南的农产品贸易规模产生影响。

空间计量经济学是由 Paelinck 和 Klaassen 首次提出,20 世纪 90 年代后,伴随 Anselin、Goodchild、Kelejian 和 Prucha 及 Arbia、LeSage 和 Pace 等众多学者的拓展,该学科逐步成为主流经济学中的重要分支。同传统计量经济学相比,空间计量经济学的最大特点在于充分考虑模型中各单位间的空间依赖性①(陈强,2014)[312]。空间计量经济学的出现和发展改变了传统计量经济学中经济单位无关联的假定条件,通过构建空间权重矩阵,将单位之间的空间结构和关联程度纳入计量模型中,考察区域内的空间相关性对各单位经济活动的影响,使得回归模型更好地拟合实际经济情况。

本书通过介绍空间计量方法在研究国际贸易问题的必要性,引入系统的空间计量经济方法,并在空间权重矩阵的设置上,基于研究对象之间的经济情况进行创新,将空间效应纳入前文所得的引力模型中,采用空间计量经济方法来实证分析空间效应对中国农产品出口沿线国家的影响。

### 6.1.2 空间权重矩阵

空间权重矩阵是指以区域内各单元的位置关系或属性关系为基础形成的量化矩阵。是否引入空间权重矩阵,是区分传统回归模型和空间计量模型的重要标准。空间权重矩阵的合理设置是进行空间计量模型分析的前提和基础,空间权重矩阵的设定对空间相关性分析及回归结果至关重要。空间权重矩阵的经济意义是反映经济单位之间的空间关系,这种关系可以为邻接关系、距离关系、经济发展差异、区域一体化关系等。目前常见的空间权重矩阵的设定方法,来自学者基于研究对象的实际经济现象进行外生量化。

---

① 空间效应包括空间依赖性和空间异质性,传统计量经济学在回归中考察了区域之间的空间异质性,因此空间计量经济学重点分析各单位之间的空间依赖性。

通常空间权重矩阵采用二元对称矩阵来反映样本区域之间的空间关系。假设存在 $n$ 个国家,则国家间的空间权重矩阵可以用式(6-1)表示:

$$W = \begin{pmatrix} w_{11} & \cdots & w_{1n} \\ & \vdots & \\ w_{n1} & \cdots & w_{nn} \end{pmatrix} \quad (6\text{-}1)$$

矩阵中任一元素 $w_{ij}$ 表示国家 $i$ 和国家 $j$ 之间的距离(可以是地理距离、经济距离、政策距离),一般认为,同一国家的距离为 0,所以主对角线上 $w_{11}=w_{22}=\cdots=w_{nn}=0$。需要注意的是,空间权重矩阵中的元素通常是根据各样本国之间相互联系的外生信息所确定的,不需要经由模型估计,因此空间权重矩阵即为外生矩阵。一般来说,常见的空间权重矩阵设置包括地理邻接权重矩阵、地理距离权重矩阵、经济距离权重矩阵。

**1. 地理邻接权重矩阵**

空间权重矩阵的设定有多种方法,最常用的是基于地理邻接关系构建 0-1 邻接权重矩阵,即假定当区域 $i$ 和区域 $j$ 存在共同边界时,空间效应会发生,此时记 $w_{ij}=1$;否则记 $w_{ij}=0$,可表示为式(6-2):

$$w_{ij} = \begin{cases} 1, & \text{区域 } i \text{ 与区域 } j \text{ 相邻} \\ 0, & \text{区域 } i \text{ 与区域 } j \text{ 不相邻} \end{cases} \quad (6\text{-}2)$$

地理邻接权重矩阵不仅包括一阶邻接矩阵,同时包括二阶和更高阶的邻接权重矩阵。二阶邻接权重矩阵是将相邻地区的空间信息作为矩阵元素;高阶邻接矩阵表示空间滞后的邻接矩阵,它反映了某一区域的初始溢出效应将在影响其邻接区域的同时,以几何递减的形式影响邻接地区的相邻区域。

**2. 地理距离权重矩阵**

地理距离权重矩阵设置有两种常见的情况:一种情况是仍采用二元矩阵,设定门槛距离 $d$,当两样本国之间的地理距离在范围 $d$ 以内,

则将 $w_{ij}$ 设为 1；当样本国之间的地理距离超过门槛距离 $d$ 时，即认为可以忽略区域间的空间相关作用，记 $w_{ij}$ 为 0。这种方法实际是根据地区间的邻近程度构建的 0-1 邻接权重矩阵，具体可表示为式(6-3)：

$$w_{ij}(d) = \begin{cases} 1, & \text{区域 } i \text{ 与区域 } j \text{ 在距离 } d \text{ 以内} \\ 0, & \text{区域 } i \text{ 与区域 } j \text{ 在距离 } d \text{ 以外} \end{cases} \quad (6-3)$$

另一种情况是假定样本国之间空间效应的强度同样本间地理距离密切相关，空间权重矩阵的元素值同两地之间地理距离 $d_{ij}$ 的设定相关，此时空间权重矩阵不再表示为 0-1 邻接权重矩阵，而是由具体确定的数值表示。在实际应用中，学者多采用两地之间地理距离的倒数（$w_{ij} = d_{ij}$）、地理距离平方的倒数（$w_{ij} = d_{ij}^2$）或者样本国之间的地理坐标计算欧式距离（或弧度距离）构建地理距离权重矩阵。地理距离权重矩阵的构建是对"地理学第一定律"量化的实现，其弱化了 0-1 邻接权重矩阵的设定（国家不相邻则不存在空间相关性），认为样本国之间均存在相互联系的关系，只不过地理距离更近的样本国之间联系更加密切。学者们对采用这种方法进行地理距离的计算仍存在一定争议，尤其对于幅员辽阔的大国，计算地理距离时采用国家首都之间、国家地理中心之间等距离存在争议，目前学术研究中，以各国首都距离设置空间权重矩阵的居多。本书研究对象为"一带一路"沿线主要国家，研究对象国首都大多也是各国的经济中心，所以采用首都距离来设置空间距离权重矩阵较为适宜。

**3. 经济距离权重矩阵**

经济距离权重矩阵是考察样本国之间经济社会的空间距离（这里的距离可以理解为经济、文化、政策上的差异）的方法，因为样本国之间的经济发展水平、区域合作关系、文化联结程度、政策差异等均有可能对国家之间的经济互动产生影响。例如，文化相似的国家在双边贸易中会形成更高的认同感和互信度，从而加强双方贸易往来。经济社会空间权重矩阵的元素需要根据样本国之间具体的研究对象特征来确定,既可以设为0-1邻接权重矩阵,如当两国签订自由贸易协定则记为1,反之记为0;也可以通过具体数值来设定,如计算两国的产业相似度指数作为权重矩阵的元素,探讨国家间产业相似度指数对多边贸易的影响。

在实际分析应用中,为了减少样本区域之间的外在影响,我们通常需要对空间权重矩阵进行行标准化处理,如式(6-4)所示,以保证每行各元素之和为1。

$$w_{ij}^* = \frac{w_{ij}}{\sum_{j=1}^{n} w_{ij}}$$ (6-4)

将空间权重矩阵进行标准化,可得到各相邻地区的平均值,如假定区域 $i$ 的经济变量为 $k_i$,对 $k_i$ 产生影响的滞后变量为 $w_{ij}^* k_i$,用矩阵可表示为式(6-5):

$$w_{ij}^* k_i = \begin{pmatrix} \frac{w_{11}^*}{n} \cdots \frac{w_{1n}^*}{n} \\ \frac{w_{n1}^*}{n} \cdots \frac{w_{nn}^*}{n} \end{pmatrix} \begin{pmatrix} k_1 \\ \vdots \\ k_n \end{pmatrix} = \begin{pmatrix} \frac{w_{11}^* k_1 + \cdots + w_{1n}^* k_n}{n} \\ \vdots \\ \frac{w_{n1}^* k_1 + \cdots + w_{nn}^* k_n}{n} \end{pmatrix}$$ (6-5)

对于以上三种构建空间权重矩阵的方法,在实际分析中,地理距离权重矩阵相比地理邻接权重矩阵更为科学。经济距离权重矩阵同实际经济情况更加接近,往往需要结合具体研究的问题进行设置,经济距离权重矩阵本质上拓展了传统空间计量经济学强调的"地理空间效应",进而考虑更具有现实意义的"经济社会空间效应"。

严格来说,现有文献在对空间权重矩阵的选择中并没有绝对的标准,而是学者基于相应研究内容,通过空间计量模型对不同矩阵形式的适用程度及拟合结果进行选择,并强调矩阵解决实证问题的实用性。本章将基于上述三种方法构建空间权重矩阵,并结合引力模型进行实证分析。

## 6.2 空间计量经济模型的基本形式

### 6.2.1 空间相关性检验

使用空间计量方法的前提是变量存在空间相关性,如果不存在空间相关性,使用传统意义的计量方法即可;反之,则应考虑使用空间计量经济模型。以 0-1 邻接权重矩阵为例,空间相关性表示由于区域内样本国的邻近性,产生了经济活动的集聚特征,其中,正空间自相关表示区域中高值与高值、低值与低值均呈现集聚现象;反之,则为负空间自相关;若高值和低值随机分布,则表明不存在空间相关性。一般来说,实际经济现象中,正空间自相关比较多,如同一发展水平的城市和国家往往集聚在某一区域。

对于空间相关性是否存在,可以通过一系列方法加以度量,在相关文献中 Moran's I(莫兰指数)使用最为广泛,如式(6-6)所示:

$$I = \frac{\sum_{i=1}^{n}\sum_{j=1}^{n}w_{ij}(x_i - \bar{x})(x_j - \bar{x})}{S^2 \sum_{i=1}^{n}\sum_{j=1}^{n}w_{ij}} \quad (6\text{-}6)$$

式(6-6)中,$S^2 = \dfrac{\sum_{i=1}^{n}(x_i - \bar{x})^2}{n}$ 为样本方差;$w_{ij}$ 为空间权重的任一元素;$\sum_{i=1}^{n}\sum_{j=1}^{n}w_{ij}$ 为空间权重之和。

当对空间权重矩阵进行行标准化时,此时 Moran's I 可转化为式(6-7):

$$I = \frac{\sum_{i=1}^{n}\sum_{j=1}^{n}w_{ij}(x_i - \bar{x})(x_j - \bar{x})}{\sum_{i=1}^{n}(x_i - \bar{x})^2} \quad (6\text{-}7)$$

其中，$\sum_{i=1}^{n}\sum_{j=1}^{n}w_{ij}=n$。

Moran's I 的取值为 $-1\sim1$，正值表示经济活动呈现正空间自相关，负值则表示经济活动呈现为负空间自相关，指数绝对值越接近 1，表明空间相关性越强。需要注意的是，Moran's I 是对截面数据进行的测度，通过对面板数据采用逐年计算的方法即可获得。

### 6.2.2 空间计量经济模型的设定和检验

如果莫兰指数表明区域经济活动确实存在空间效应，则我们应考虑构建空间计量经济模型进行实证分析。空间效应主要有两种表现形式，若被解释变量存在空间相关性，相对应的模型应为空间自回归模型（或空间滞后模型，SAR），如式(6-8)所示：

$$k_{it}=\rho w'_i k_t + x_{it}\beta + u_i + \varepsilon_{it} \tag{6-8}$$

式(6-8)中，$k_{it}$ 为 $i$ 区 $t$ 时期的被解释变量；$w'_i$ 为空间权重矩阵 $W$ 的第 $i$；$w'_i k_t$ 为 $k_{it}$ 的空间滞后项；$\rho$ 为空间自回归系数，用来测度空间滞后项对 $k_{it}$ 的影响程度；式(6-8)中，$x_{it}$ 为解释变量，为 $n*m$ 列矩阵，$m$ 为解释变量的个数；$\beta$ 为解释变量对应的系数；$\varepsilon_{it}$ 为误差项。其中，$w'_i k_t$ 可表示为式(6-9)：

$$w'_i k_t = \sum_{j=1}^{n} w_{ij} k_{jt} \tag{6-9}$$

式(6-9)中，$w_{ij}$ 为空间权重矩阵 $W$ 中的任一元素，表示各区域间被解释变量之间的空间联系；$u_i$ 为 $i$ 区的个体效应。

以邻接权重矩阵为例，空间自回归模型用来说明邻接地区的被解释变量对本地区因变量存在影响，但它只考虑了解释变量会造成的估计结果偏误，因此我们应充分考虑相邻地区相关因素对本地区经济活动的影响。

当扰动项存在空间效应，此时我们应构建空间误差模型（SEM），如式(6-10)所示：

$$k_{it} = x_{it}\beta + \nu_i + \varepsilon_{it}$$
$$\varepsilon_{it} = \lambda w_i' \varepsilon_t + \tau_{it}$$
(6-10)

式(6-10)中，$k_{it}$ 和 $x_{it}$ 为 $i$ 区 $t$ 时期的被解释变量和解释变量；$w_i'$ 为扰动项空间权重矩阵 $W$ 的第 $i$ 行；$\lambda$ 为各区域间误差的相关关系；$\varepsilon_{it}$ 和 $\tau_{it}$ 为误差项。

该模型中扰动项 $\varepsilon_{it}$ 存在的空间相关性，可能是遗漏变量的空间相关性或者是存在空间相关性的外部冲击造成的。

空间滞后模型和空间误差模型是空间计量经济模型的基本类型，本书参考吴玉鸣(2006)[237]的做法，对 SAR 和 SEM 基于如下标准进行选择：如果在 LM 检验中 LAG 比 ERR 更显著，且在 R-LM 检验中 LAG 显著而 EER 不显著，则认为 SAR 更为恰当；反之，如若在 LM 检验中 ERR 比 LAG 更显著，且在 R-LM 检验中 ERR 显著而 LAG 不显著，则认为 SEM 更为合适。基于该判别标准，并且借鉴李婧和谭清美等(2010)[269]的方法，考虑样本时间期数 $T$，形成 $T*T$ 的单位阵 $I_T$，并构建分块对角矩阵 $M = I_T \otimes W$，以取代原有检验中的权重矩阵 $W$，将该判别标准从截面分析扩展到面板分析。

需要注意的是，在空间计量经济模型中，如果 $u_i$ 和 $x_{it}$ 相关，则为空间固定效应模型；反之，则为空间随机效应模型。在研究中，具体选择哪种效应模型，可通过 Hausman 检验进行选择。如果选择固定效应模型，则需基于模型经济意义及 LR 检验对时间固定效应模型、个体固定效应模型和双向固定效应模型进行筛选。

在对空间计量经济模型的回归方法进行选择时，因为空间滞后模型中存在被解释变量滞后项，由此导致解释变量和被解释变量之间相互影响，从而产生内生性问题，传统的 OLS 回归（即普通最小二乘法回归，其核心是利用该估计方法使因变量同因变量预测值之间差的平方和最小）将会使得回归结果出现偏差，因此对空间滞后模型常采用最大似然估计(MLE)、广义矩估计(GMM)或工具变量法(IV)。对于空间误差模型,扰动项存在空间相关性,采用 OLS 回归仍可以得到一致估计,但却缺乏效率,此时采用最大似然估计最有效率(陈强,2014)[312]。在实际操作中,MLE 的估计方法更为常用。

## 6.3 引入空间效应的回归结果分析

基于前文对于引力模型的基本设定,考虑加入空间滞后项和空间误差项,此时模型可分别表示为式(6-11)和式(6-12)。

空间滞后模型如式(6-11)所示:

$$\ln EX_{ijt} = \rho W \ln EX_{ijt} + \beta X + u_i + \varepsilon_{it} \tag{6-11}$$

空间误差模型如式(6-12)所示:

$$\begin{aligned} \ln EX_{ijt} &= \beta X + v_i + \varepsilon_{it} \\ \varepsilon_{it} &= \lambda W \varepsilon_{it} + \tau_{it} \end{aligned} \tag{6-12}$$

式(6-11)和式(6-12)中,$\ln EX_{ijt}$ 为中国对各国的农产品出口额;$X$ 为引力模型中的各解释变量;$u_i$ 和 $v_i$ 为空间滞后模型和空间误差模型的个体效应;$W$ 为空间权重矩阵;$\varepsilon_{it}$ 和 $\tau_{it}$ 为扰动项;$\rho$ 和 $\lambda$ 为空间相关系数。

空间权重矩阵的构建对空间计量回归结果至关重要,其权重矩阵的构建方法本质上是从不同的视角理解"空间效应"。在实证分析中,学者通常基于邻接关系和地理距离来确定空间权重矩阵。本节基于此思路,首先从地理特征角度构建地理邻接权重矩阵和地理距离权重矩阵;其次从社会经济角度构建经济距离权重矩阵,从"地理空间效应"到"经济社会效应"角度,更为全面地分析中国农产品对沿线主要国家出口的影响因素。

### 6.3.1 地理邻接权重矩阵的构建和回归结果

地理邻接权重矩阵是空间权重矩阵的最基本形式,主要用来考察沿线国家地理位置相邻对中国农产品出口的影响程度。本书在矩阵的设定中,认为两国在陆地或海上相邻时,矩阵相应元素即为1,反之为0,各国相邻信息根据CEPII数据库整理所得。

基于地理邻接权重矩阵,本书利用各年中国农产品出口沿线主要国家的贸易额,采用 $Moran's\ I$ 进行自相关检验,检验结果如表6-1所示。

表6-1 地理邻接权重矩阵——2002—2016年的 $Moran's\ I$

| 年份 | $Moran's\ I$ | 年份 | $Moran's\ I$ |
| --- | --- | --- | --- |
| 2002 | 0.364*** | 2010 | 0.451*** |
| 2003 | 0.342*** | 2011 | 0.453*** |
| 2004 | 0.393*** | 2012 | 0.448*** |
| 2005 | 0.416*** | 2013 | 0.452*** |
| 2006 | 0.400*** | 2014 | 0.442*** |
| 2007 | 0.397*** | 2015 | 0.440*** |
| 2008 | 0.388*** | 2016 | 0.451*** |
| 2009 | 0.443*** | | |

注:"***""**""*"分别表示在1%、5%、10%的水平通过显著性检验。

根据表6-1所示的 $Moran's\ I$ 和显著性结果可知,中国对沿线主要国家农产品出口在各年均呈现显著的正向空间相关性,且呈波动上升的趋势。空间相关性检验表明,中国农产品对沿线主要国家出口呈现空间集聚现象,即中国对某一国农产品的出口受到其邻国和中国农产品贸易活动的影响,并且这种影响力有上升的趋势。

基于此,我们将地理邻接权重矩阵分别代入式(6-10)和式(6-11)的模型中,通过对模型进行Hausman检验可知,基于0-1邻接权重矩阵,空间滞后模型和空间误差模型均应采用固定效应模型,而且样本国选自特定个体,并非从总体中随机选取,因此固定效应模型更为合适(Baltagi B,2005)[310]。同时基于LR检验以及前文引力模型采用固定时间效应模型进行分析,我们将这2个模型均采用时间固定效应模型进行回归。

在对空间滞后模型和空间误差模型的选择中,我们基于LM检验得到两个模型的拉格朗日乘数和其稳健形式的结果,如表6-2所示。根据LM、R-LM的判别准则和表6-2的检验结果可知,空间误差模型更加显著,因而我们应该选取空间误差模型进行实证分析。

表6-2 地理邻接权重矩阵——空间依赖性检验

| 检验 | 统计量 | P值 |
| --- | --- | --- |
| Moran's I(误差) | 5.371*** | 0.000 |
| LMLAG | 12.739*** | 0.000 |
| R-LMLAG | 0.185 | 0.667 |
| LMERR | 26.495*** | 0.000 |
| R-LMERR | 13.942*** | 0.000 |

注:"***""**""*"分别表示在1%、5%、10%的水平通过显著性检验。

为了进行对比并检验模型的稳健性,本书将空间误差模型和空间滞后模型的回归结果同时罗列出来,如表6-3所示。根据表6-3可知,在空间滞后模型和空间误差模型中,考虑地理邻接权重矩阵后,$\rho$和$\lambda$的系数分别为0.119和0.337,均通过1%的显著性水平检验,实证结果表明中国对沿线主要国家的农产品出口存在显著的正向空间效应,中国对沿线各国农产品出口额的变化受到中国同相邻国家农产品贸易的影响。空间误差模型的回归结果表明,滞后项$\lambda$中包含遗漏的解释变量,这些解释变量在相邻国家间存在的空间相关性对因变量产生影响;从经济意义角度可理解为,当某一出口对象国受到外部冲击时,将对中国农产品出口其邻国的贸易额产生相同方向的影响。其他变量的回归系数同前文回归结果保持一致,表明模型的回归结果稳健。

模型中各解释变量系数符号与前述结果相同,因此各变量对中国农产品出口影响的实证结论在此不再赘述。但需要注意的是,空间误差模型回归结果中,各解释变量的系数值,除了农业增加值占比和出口对象国为内陆国,其他解释变量的弹性系数同引力模型回归结果相比均有所降低,这表明邻国之间的空间效应对中国农产品对沿线主要国家的出口有促进作用,在回归中忽略这个因素会造成高估其他变量,这又进一步表明了采用空间计量经济模型的合理性,空间计量模型对经济现象的解释度和拟合度更优。

表 6-3 地理邻接权重矩阵——空间滞后模型和空间误差模型回归结果

| 项目 | SAR | | SEM | |
|---|---|---|---|---|
| 变量 | 系数 | $t$ 值 | 系数 | $t$ 值 |
| $\ln Y_{jt}$ | 0.619*** | 20.57 | 0.618*** | 21.46 |
| $\ln DIS_{ij}$ | −0.889*** | −5.42 | −0.897*** | −5.71 |
| $LAND_j$ | −0.898*** | −11.42 | −1.235*** | −13.71 |
| $LANG_{ij}$ | 0.918*** | 5.71 | 0.854*** | 6.18 |
| $CON_{ij}$ | 0.771*** | 7.43 | 0.655*** | 6.75 |
| $\ln TAX_{jt}$ | −8.405*** | −6.17 | −6.896*** | −5.15 |
| $\ln AGRP_{jt}$ | 2.652*** | 3.51 | 4.021*** | 4.92 |
| $APEC_{ijt}$ | 0.601*** | 4.50 | 0.785*** | 5.69 |
| $ASEAN_{ijt}$ | 0.562*** | 4.66 | 0.558*** | 5.12 |
| $\ln AREA_{jt}$ | 0.172*** | 7.07 | 0.157*** | 7.10 |
| $INS$ | 0.322*** | 3.85 | 0.409*** | 5.23 |
| $rho$ | 0.119*** | 3.72 | | |
| $lambda$ | | | 0.337*** | 6.93 |
| $sigma2\_e$ | 0.378*** | 16.98 | 0.346*** | 16.67 |

(续表)

| 项目 | SAR | | SEM | |
|---|---|---|---|---|
| 变量 | 系数 | $t$ 值 | 系数 | $t$ 值 |
| $\log L$ | −545.3877 | | −532.7238 | |
| $N$ | 585 | | 585 | |
| $R^2$ | 0.850 | | 0.840 | |

注："***""**""*"分别表示在1%、5%、10%的水平通过显著性检验，变量 $\ln Y_{it}$ 为避免完全共线性而省略。

### 6.3.2 地理距离权重矩阵的构建和回归结果

地理邻接权重矩阵可以较为直观地反映邻接关系对中国农产品出口的影响，但该矩阵的设定较为粗糙，仅通过是否相邻来确定两国之间的空间联系，显然与现实情况不相符合。例如，俄罗斯同中亚多数国家邻接，但俄罗斯受到的空间效应更多的是来自并不邻接的欧洲国家。

基于此，我们认为与邻接关系相比，地理距离特别是政治经济中心的空间距离能更好地表明空间效应的来源，进而考虑构建基于两国地理距离权重矩阵 W2。根据常识可知，国家之间联系的密切程度同国家间的地理距离呈反比，由此地理距离权重矩阵中的各元素如式(6-13)所示：

$$w_{ij} = \begin{cases} \dfrac{1}{d_{ij}^2}, & i \neq j \\ 0, & i = j \end{cases} \quad (6\text{-}13)$$

式(6-13)中，$d_{ij}$ 为贸易双方首都之间的距离，其数据来源于 CEPII 数据库，由于本书研究对象国家的首都大多也是各国的经济中心，因此各国首都之间的地理距离能较好地体现地理空间效应。

同地理邻接权重矩阵的分析方法类似，我们先基于地理距离权重矩阵，对中国农产品对"一带一路"沿线主要国家的出口额逐年进行空间相关性检验，所得 *Moran's I* 如表6-4所示。

表 6-4　地理距离权重矩阵——2002—2016 年 Moran's I

| 年份 | Moran's I | 年份 | Moran's I |
| --- | --- | --- | --- |
| 2002 | 0.500*** | 2010 | 0.449*** |
| 2003 | 0.429*** | 2011 | 0.445*** |
| 2004 | 0.436*** | 2012 | 0.451*** |
| 2005 | 0.416*** | 2013 | 0.456*** |
| 2006 | 0.433*** | 2014 | 0.463*** |
| 2007 | 0.420*** | 2015 | 0.464*** |
| 2008 | 0.431*** | 2016 | 0.461*** |
| 2009 | 0.461*** | | |

注："***""**""*"分别表示在 1%、5%、10%的水平通过显著性检验。

根据表 6-4 可知，基于地理距离权重矩阵所得的各年 Moran's I 为正且均通过显著性检验，指数整体呈现波动上升的趋势，说明中国对沿线主要国家的农产品出口中会受出口对象国之间地理距离的影响，这个影响体现在地理距离越近，正向的影响越大。对比基于地理邻接权重矩阵和地理距离权重矩阵所得的 Moran's I，后者的数值更大，说明基于地理距离角度的空间权重矩阵作为空间效应的外生替代变量，可构建出更优的计量模型，以更好地拟合实际经济现象。

基于此，进一步对空间滞后模型和空间误差模型分别进行回归检验分析，通过 Hausman 检验和 LR 检验可知，采用固定时间效应模型更优。对空间滞后模型和空间误差模型的选择，是基于 LM 检验得到两个模型的拉格朗日乘数和其稳健形式的结果，如表 6-5 所示。依据 LM、R-LM 检验的判断准则，本书认为空间滞后模型和空间误差模型均通过检验，两个模型都可以进行回归分析。

# 6 空间效应对中国农产品出口"一带一路"沿线主要国家的影响

表 6-5 地理距离权重矩阵——空间依赖性检验

| 检验 | 统计量 | $P$ 值 |
|---|---|---|
| Moran's $I$（误差） | 6.902*** | 0.000 |
| LMLAG | 58.779*** | 0.000 |
| R-LMLAG | 20.133*** | 0.000 |
| LMERR | 43.638*** | 0.000 |
| R-LMERR | 4.992** | 0.025 |

注："\*\*\*""\*\*""\*"分别表示在1%、5%、10%的水平通过显著性检验。

实证结果如表 6-6 所示,同地理邻接权重矩阵的模型回归结果相似,考虑地理距离权重矩阵的空间计量经济模型回归结果中,空间相关系数 $\rho$ 和 $\lambda$ 弹性均显著为正,表明中国对沿线主要国家农产品出口额呈现显著的空间集聚效应,这是因为地理位置接近的国家,可以充分发挥地缘优势,借助快捷的交通和基础设施,提高中国农产品对地理距离邻近国家农产品贸易活动的开展。同时,对比表 6-6 和表 6-3 的空间相关系数可以发现,前者比后者呈现出更高的空间相关性,这说明中国农产品对沿线主要国家的出口规模不仅受相邻国家同中国农产品贸易的影响,也受与其地理距离接近的国家同中国农产品贸易的影响。因此,采用地理距离权重矩阵可以使得空间权重矩阵的设定更为接近现实经济。对比空间滞后模型同引力模型的系数可以发现,除了农业耕地面积,其他自变量对因变量的影响系数均小于引力模型的回归结果,这说明忽略地理距离相近的出口对象国之间的空间相关性,将高估各解释变量对中国农产品出口各国的影响。

表 6-6 地理距离权重矩阵——空间滞后模型和空间误差模型回归结果

| 项目 | SAR | | SEM | |
|---|---|---|---|---|
| 变量 | 系数 | $t$ 值 | 系数 | $t$ 值 |
| $\ln Y_{jt}$ | 0.558*** | 17.82 | 0.572*** | 20.28 |
| $\ln DIS_{ij}$ | −0.928*** | −5.82 | −0.977*** | −6.17 |

(续表)

| 项目 | SAR | | SEM | |
|---|---|---|---|---|
| 变量 | 系数 | $t$ 值 | 系数 | $t$ 值 |
| $LAND_j$ | −0.944*** | −12.45 | −1.074*** | −13.83 |
| $LANG_{ij}$ | 0.786*** | 4.94 | 0.800*** | 4.53 |
| $CON_{ij}$ | 0.689*** | 6.72 | 0.568*** | 6.20 |
| $\ln TAX_{jt}$ | −6.637*** | −4.96 | −6.725*** | −5.28 |
| $\ln AGRP_{jt}$ | 2.473*** | 3.32 | 2.395*** | 3.28 |
| $APEC_{ijt}$ | 0.513*** | 3.88 | 0.802*** | 5.94 |
| $ASEAN_{ijt}$ | 0.460*** | 3.96 | 0.636*** | 6.05 |
| $\ln AREA_{jt}$ | 0.189*** | 7.83 | 0.176*** | 9.21 |
| $INS$ | 0.367*** | 4.66 | 0.415*** | 5.70 |
| $rho$ | 0.242*** | 6.77 | | |
| $lambda$ | | | 0.472*** | 8.25 |
| $sigma2\_e$ | 0.368*** | 16.64 | 0.336*** | 16.66 |
| $\log L$ | −533.3625 | | −197.8826 | |
| $N$ | 585 | | 585 | |
| $R^2$ | 0.856 | | 0.843 | |

注:"\*\*\*""\*\*""\*"分别表示在1%、5%、10%的水平通过显著性检验,变量 $\ln Y_{it}$ 为避免完全共线性而省略。

## 6.3.3 经济距离权重矩阵的构建和回归结果

仅从地理特征角度构建的权重矩阵只能反映各国在地理位置邻近关系中对中国农产品出口的影响,而中国农产品在对各国出口时显然会受到非地理因素(如经济发展水平等)的影响,因此我们应从社会经济角度对出口对象国之间的关系进行设定。已有学者从社会经济角度构建权重矩阵进行分析,代表性学者如林光平和龙志和等(2006)[230]基于区域发展水平差异构建权重矩阵,李婧和谭清美等(2010)[269]基于林光平和龙志和等(2006)[230]的权重矩阵并进行扩展,考虑不同发展水平区域形成不同的空间相互作用力,设置非对称矩阵。基于已有学者的研究,本书尝试基于各国人均国民收入的差异构建经济距离权重矩阵 $W3$,$W3=W2\times W^*$,$W2$ 为地理距离权重矩阵,$W^*$ 可表示为式(6-14):

$$W^* = \begin{cases} L^*, & i \neq j \\ 0, & i = j \end{cases} \quad (6\text{-}14)$$

式(6-14)中,$L_i^*$ 为 $i$ 国在样本期内人均国民收入的平均值;$L^*$ 为样本期内所有国家人均国民收入的平均值。两者分别可由式(6-15)和式(6-16)计算得到:

$$L_i^* = \frac{1}{(t_s - t_1 + 1)} \sum_{t_1}^{t_s} L_{it} \quad (6\text{-}15)$$

$$L^* = \frac{1}{n(t_s - t_1 + 1)} \sum_{i=1}^{n} \sum_{t_1}^{t_s} L_{it} \quad (6\text{-}16)$$

式(6-15)和(6-16)中,$t_1$ 和 $t_s$ 为样本时间;$L_{it}$ 为 $i$ 国在 $t$ 时期的人均国民收入。

采用该设定方法,放松了原有对不同国家之间空间效应相同的假设。这种非对称矩阵设定的原因是当一国人均国民收入占所有国家人均国民收入越高,则该国对周边国家的影响也相应越大;反之,则越小。各国人均国民收入的数据来源于世界银行 WDI 数据库,为消除通胀因素的影响,本书将人均国民收入采用 GDP 平减指数折算为 2010 年美元实际值。我们先基于 *Moran's I* 对空间相关性进行判断,结果如表6-7所示。

表 6-7 经济距离权重矩阵——2002—2016 年 Moran's I

| 年份 | Moran's I | 年份 | Moran's I |
| --- | --- | --- | --- |
| 2002 | 0.426*** | 2010 | 0.402*** |
| 2003 | 0.378*** | 2011 | 0.394*** |
| 2004 | 0.395*** | 2012 | 0.401*** |
| 2005 | 0.382*** | 2013 | 0.408*** |
| 2006 | 0.391*** | 2014 | 0.415*** |
| 2007 | 0.380*** | 2015 | 0.410*** |
| 2008 | 0.392*** | 2016 | 0.403*** |
| 2009 | 0.413*** | | |

注:"***""**""*"分别表示在1%、5%、10%的水平通过显著性检验。

根据表 6-7 可知,基于经济距离权重矩阵所得的 Moran's I 均为正,且通过 1% 的显著性水平,指标呈整体上升的趋势,这说明我国农产品对沿线主要国家的出口在经济空间中存在较强的相关性。通过 Hausman 检验和 LR 检验,本书采用时间固定效应模型。另外,对空间滞后模型和空间误差模型的选择,是基于 LM 检验得到两个模型的拉格朗日乘数和其稳健形式的结果,如表 6-8 所示,依据 LM 检验和 R-LM 检验的判断准则,选取空间滞后模型进行分析。

表 6-8 经济距离权重矩阵——空间依赖性检验

| 检验 | 统计量值 | P 值 |
| --- | --- | --- |
| Moran's I（误差） | 6.764*** | 0.000 |
| LMLAG | 85.841*** | 0.000 |
| R-LMLAG | 44.193*** | 0.000 |
| LMERR | 41.714*** | 0.000 |
| R-LMERR | 0.066 | 0.797 |

注:"***""**""*"分别表示在1%、5%、10%的水平通过显著性检验。

为了对比结果并判断模型的稳健性,同时列出两个模型的回归结果,结果如表6-9所示。根据表6-9可知,两个模型的空间相关系数分别为0.337和0.508,并且均在1%的水平上通过显著性检验。空间滞后模型的回归结果说明中国农产品对沿线主要国家的出口不仅局限于地理特征所产生的空间相关性,出口对象国之间经济发展水平差距所形成的空间效应同样影响中国农产品出口。以新加坡和德国为例,两国在地理位置上虽然相距甚远,但两国均属于沿线高收入国家,两国人均国民收入差异较小,所以两国国内市场消费者对农产品的需求可能趋于一致,即产生"示范效应",从而使得中国对新加坡农产品的出口受到中国同德国农产品贸易的影响。从空间滞后模型和引力模型的系数值来看,与地理距离权重矩阵的结果相似,除了农业耕地面积,其他自变量系数均小于引力模型中各变量对应的系数值。因此研究时应当充分考虑中国农产品出口对象国之间的经济距离所产生的空间效应,以更好地对中国农产品出口沿线主要国家的解释变量作出准确估计。

表6-9 经济距离权重矩阵——空间滞后模型和空间误差模型回归结果

| 项目 | SAR | | SEM | |
| --- | --- | --- | --- | --- |
| 变量 | 系数 | $t$值 | 系数 | $t$值 |
| $\ln Y_{jt}$ | 0.533*** | 17.65 | 0.573*** | 20.30 |
| $\ln DIS_{ij}$ | −0.811*** | −5.29 | −1.010*** | −6.43 |
| $LAND_j$ | −0.953*** | −13.16 | −1.026*** | −13.27 |
| $LANG_{ij}$ | 0.708*** | 4.64 | 0.903*** | 5.12 |
| $CON_{ij}$ | 0.690*** | 7.06 | 0.594*** | 6.23 |
| $\ln TAX_{jt}$ | −6.582*** | −5.16 | −6.906*** | −5.44 |
| $\ln AGRP_{jt}$ | 2.255*** | 3.16 | 2.322*** | 3.20 |
| $APEC_{ijt}$ | 0.597*** | 4.74 | 0.773*** | 5.71 |
| $ASEAN_{ijt}$ | 0.365*** | 3.26 | 0.640*** | 6.09 |
| $\ln AREA_{jt}$ | 0.190*** | 8.27 | 0.167*** | 9.12 |

(续表)

| 项目 | SAR | | SEM | |
|---|---|---|---|---|
| 变量 | 系数 | $t$ 值 | 系数 | $t$ 值 |
| INS | 0.363*** | 4.83 | 0.362*** | 5.03 |
| rho | 0.337*** | 8.92 | | |
| lambda | | | 0.508*** | 8.29 |
| sigma2_e | 0.336*** | 17.02 | 0.337*** | 16.67 |
| log L | −516.1983 | | −525.7658 | |
| N | 585 | | 585 | |
| $R^2$ | 0.864 | | 0.844 | |

注:"\*\*\*""\*\*""\*"分别表示在1%、5%、10%的水平通过显著性检验,变量 $\ln Y_{it}$ 为避免完全共线性而省略。

基于前文关于引力模型的推导及相关样本数据,本章依次构建0-1邻接权重矩阵、地理距离权重矩阵和经济距离权重矩阵,对2002—2016年中国农产品对沿线主要国家的农产品出口数据进行实证分析。根据结果显示,无论是从地理位置角度出发,还是社会经济距离出发,中国对沿线主要国家的农产品出口都表现出显著的正向空间相关性,这说明对于有地理联系或经济联系的国家之间,中国对其农产品出口均会产生相应的影响。

根据LM检验,在对两种模型的选择中,地理邻接权重矩阵构造的空间计量经济模型中,空间误差模型通过检验,而空间滞后模型检验未通过相应的显著性检验;在地理距离权重矩阵和经济距离权重矩阵构造的空间计量经济模型中,空间滞后模型显著性水平高于空间误差模型。通过对比空间计量经济模型和引力模型的回归结果可以发现,前者大部分解释变量的系数均小于引力模型的回归结果。由此说明,忽略空间相关性将导致高估原有引力模型相关解释变量对中国农产品出口的影响程度,因此我们应考虑空间效应的存在及其影响。

目前在双边或者多边贸易中考虑空间相关性的文献并不多,已有文献多从地理邻接权重矩阵和地理距离权重矩阵进行探讨。但从地理邻接角度探讨国家或地区间的区域贸易活动会忽略国家间经济社会联系的空间效应,同客观经济事实不相符合。

空间权重矩阵的设定对模型回归至关重要,本章对空间权重矩阵逐次进行优化,以更好拟合实际经济现象。不可避免的是,无论哪一种空间权重矩阵的设定都存在一定的主观性,但目前逐级设定空间权重进行回归,寻找拟合较好的模型仍不失为一个良好的实证方法。本书着重强调解释中国对沿线主要国家农产品出口的影响因素,在引力模型基础上引入空间效应,使用空间计量经济模型中的基本形式(空间滞后模型和空间误差模型)进行回归,提高模型回归结果对经济现象的解释能力。

# 7 主要结论和政策建议

本书在对相关文献进行梳理及评述的基础之上,从不同角度分析了中国农产品出口"一带一路"沿线主要国家的现状和存在的主要问题。与此同时,本书以微观理论为基础,将制度质量纳入引力模型,利用面板数据实证分析了中国农产品出口"一带一路"沿线主要国家的影响因素。其中,本书重点探究了制度质量、经济制度、政治制度和法律制度等对中国农产品出口这些国家市场的影响。因样本国经济发展水平存在较大差异,本书将沿线主要国家分为沿线中等收入国家和沿线高收入国家,以更有针对性地分析各控制变量和核心变量对中国农产品出口这两类国家的影响是否存在差异。同时,考虑到经济活动的空间相关性,本书基于空间计量经济模型,通过构建地理邻接权重矩阵、地理距离权重矩阵和经济距离权重矩阵,实证分析空间效应对中国农产品出口沿线主要国家的影响。

## 7.1 主要结论

### 7.1.1 中国农产品在"一带一路"沿线主要国家有潜力

通过对中国农产品出口沿线主要国家的现状及存在的主要问题进行分析,我们可以发现,2002—2016 年中国对沿线主要国家的农产品出口额呈逐年增长的趋势。同时,中国农产品对沿线主要国家出口额占中国农产品对世界出口额的比重也在不断增加,但该增长主要由

# 7 主要结论和政策建议

出口至沿线中等收入国家的农产品贸易推动,同期中国对沿线高收入国家的农产品出口额整体呈下降趋势。中国在同沿线主要国家农产品的双边贸易中长期处于逆差地位。通过对中国农产品出口结构的分析,我们可以发现,园艺产品和水产品是中国农产品出口的主要类别。通过竞争力指数分析可知,中国对沿线各国农产品出口的显示性比较优势指数存在较大差异,整体呈下降的趋势。中国农产品在沿线高收入国家的市场占有率显著低于在沿线中等收入国家的占有率。因此从整体看,中国农产品对沿线中等收入国家的出口额不断增加,对沿线高收入国家出口潜力较大,挖掘出口潜力能显著提升中国对沿线主要国家农产品的出口规模。

## 7.1.2 制度质量的差异显著影响中国农产品出口规模

通过分析各核心变量的系数及显著性水平,我们可以发现,对于经济制度的二级指标,通过中国对沿线主要国家、沿线中等收入国家和沿线高收入国家农产品出口的回归结果可以发现,除了财政自由度的系数同预期不一致、未通过显著性检验或者系数过小,其他变量如商业自由度、货币自由度、投资自由度和金融自由度的系数均为正,并通过显著性检验,贸易自由度在稳健性检验中也显著为正。由此可知,不论是对于沿线中等收入国家还是沿线高收入国家,沿线主要国家企业创办运营条件的优化、国内物价水平的稳定、外商投资环境的提升和金融服务业部门开放度的提高等均将显著提升中国农产品对这些国家的出口规模。通过标准化经济制度二级指标可得经济制度水平,我们在对该变量进行回归后发现,在沿线主要国家、沿线中等收入国家和沿线高收入国家的回归结果中,经济制度水平均显著为正,这说明各国经济制度水平的提高能够为中国农产品对其出口创造有利的外部条件,提升中国农产品出口规模。

对于政治制度的二级指标,中国对沿线主要国家、沿线中等收入国家的回归结果较为相似。除了政府规模在沿线主要国家的回归结果中不显著,其他变量如政治民主度、政治稳定性、政府效能、监管质量、腐败控制和政府清廉的系数均为正,并通过显著性检验。这说明对于沿线主要国家、沿线中等收入国家而言,国内稳定的政治局面、政府高效的工作效率和治理能力以及对国内腐败现象的控制力度等因素的改善将有效提高中国农产品对其出口规模。但对于沿线高收入国家而言,政治制度二级指标的系数和显著性存在较大差别,其中仅有政治民主度、监管质量和政府规模通过显著性检验,而政治民主度对中国农产品出口的影响呈显著负相关,政治稳定性、政府效能、腐败控制和政府清廉均未通过显著性检验,这说明对于高收入国家而言,政治制度的二级指标对中国农产品出口的影响十分有限。在标准化政治制度二级指标并对所得的政治制度水平进行回归后发现,沿线主要国家和沿线中等收入国家的回归结果中,政治制度水平的提高可以显著提升中国农产品出口规模。而对于沿线高收入国家而言,政治制度的系数为正,但并未通过显著性水平检验,同政治制度二级指标的影响较为一致,这可能与沿线高收入国家政治制度建设水平相对较高有关,政治制度在推动中国农产品对沿线高收入国家出口规模扩大中的作用有限。

对于法律制度的二级指标,中国对沿线中等收入国家农产品出口的影响因素中,法律完善度和产权保护度均表现出显著的正向相关性,这说明提高沿线中等收入国家法律完善度水平和对私有产权的保护力度,在一定程度上可以提高中国农产品对这些国家的出口规模。对于沿线主要国家而言,虽然法律完善度和产权保护度系数均为正,但仅有产权保护度通过显著性检验,说明从整体来看,提高沿线主要国家有关个人产权的法律约束力以及对国内企业合同实施的约束力对中国农产品出口规模的推动作用更为有效。对于沿线高收入国家,其回归结果同样显示产权保护度系数显著为正,能够拉动中国对沿线高收入国家农产品的出口流量;而法律完善度系数显著为负,说明沿线高收入国家的法律法规水平的进一步完善将可能制约中国农产品出口,这可能是由于沿线高收入国家已形成较为完善的法律体系,对双边贸易活动已形成较强制约,如果进一步提高其约束力,这将在一定程度上增加中国农产品出口企业的成本,当发生贸易争端时,出口对象国可能通过国内完善的法律制度维护本国农产品企业的利益。我们将法律制度的二级指标标准化后得到法律制度水平,对其进行实证分析后发现,沿线主要国家以及沿线中等收入国家法律制度的不断完善将显著提高中国农产品出口规模。对于沿线高收入国家,法律制度的系数虽然为正,但并未通过显著性水平检验,说明法律制度的改善对沿线主要国家和沿线中等收入国家的影响更为明显。

当利用经济制度质量、政治制度质量和法律制度质量得到制度质量,并将其纳入回归模型后,我们可以发现,对于沿线主要国家、沿线中等收入国家和沿线高收入国家而言,这些指标的制度质量均为正,且通过显著性水平检验,这说明制度质量对中国农产品出口沿线主要国家有显著影响,出口对象国制度水平的提高将显著推动中国农产品出口规模的扩大。

### 7.1.3 地理因素和经济发展水平的影响作用有差异

根据实证部分的回归结果可以发现,对于模型中的控制变量,无论是中国对沿线主要国家的农产品出口,还是对沿线中等收入国家和沿线高收入国家农产品的出口,地理距离以及出口对象国为内陆国均显著制约中国农产品的出口规模。当中国同出口对象国相邻以及语言相通时,中国对沿线主要国家以及沿线中等收入国家的农产品出口规模将显著提升。由此说明,尽管经济全球化、区域交通运输水平和物流效率不断提高,但地理因素仍是不可忽略的因素,地理位置及周边环境交通不畅将会制约中国同这些国家的农产品贸易。

沿线国家经济发展水平对中国农产品出口规模有重要的推动作用。回归结果表明,出口对象国农业增加值占比反映该国国内农业经济发展水平,农业增加值占比的提高,说明国内的农业发展水平存在较大的提升空间,从而将推动中国农产品对其出口。沿线国家国内生产总值的提高,能显著提升中国对沿线主要国家、沿线中等收入国家和沿线高收入国家农产品的出口规模。

### 7.1.4 关税壁垒和农业用地面积均会影响出口规模

在对沿线主要国家和沿线中等收入国家农产品出口影响因素的回归结果中,关税税率的系数均为负,说明关税税率的提高会显著制约中国对沿线整体国家以及沿线中等收入国家的农产品出口流量;而关税税率在沿线高收入国家的回归模型中显著为正,同预期不符。究其原因,我们可以发现,关税税率同中国农产品出口对象国的经济发展水平相关,沿线高收入国家的关税税率显著低于沿线中等收入国家的关税税率,关税税率并非为制约沿线高收入国家进口中国农产品的主要原因。因而回归结果显示,关税税率对于中国农产品出口沿线高收入国家的阻碍作用并不明显。

农业用地面积对沿线主要国家、沿线中等收入国家和沿线高收入国家的影响也存在差异,一般认为,农业用地面积越大,越能提升本国农产品的国内供给,从而减少从中国农产品出口规模。但实证结果表明,中国对沿线主要国家和沿线中等收入国家的农产品出口中,农业用地面积的系数显著为正,与预期的系数符号相反,而在对沿线高收入国家影响因素的分析中系数显著为负,符合原有预期,说明农业用地面积对中国农产品出口各国的影响同出口对象国的经济发展水平相关。

当国家经济发展水平较高时,农业生产效率高,使用化肥、农药等对土壤的污染较少,因此单位面积的农产品产出较高,所以对于沿线高收入国家而言,土地面积的增多将显著降低中国农产品出口规模;而沿线中等收入国家受本国经济发展水平的制约,农业机械化效率低下,土地污染情况较为严重,从而导致这些国家即使拥有较大的农业用地面积,但土地利用率较低,仍然对中国农产品有较大需求。又因中

7 主要结论和政策建议

国对沿线中等收入国家农产品出口规模显著高于对沿线高收入国家农产品出口规模,从而农业用地面积对沿线中等收入国家的影响较为明显。

### 7.1.5 区域经济合作的影响作用存在差异

样本国为沿线主要国家和沿线中等收入国家时,当中国同其共属APEC或ASEAN时,将显著推动中国同出口对象国的农产品出口额的提升,这说明随着区域一体化的建设,区域内经济体之间可借助区域贸易协定提高双边贸易的便利化水平,增加双边互信,降低贸易的关税税率,从而有效提升中国农产品出口规模。对于沿线高收入国家,模型在回归中为避免多重共线性,将APEC变量消除,且ASEAN变量并未出现和前文回归结果一致的结论。究其原因,我们可以发现,东盟成员国集中在东南亚地区,仅包括沿线高收入国家中的新加坡,因此对于沿线高收入国家而言,回归结果中ASEAN变量不是显著为正。结合相关回归结果可知,加强中国同沿线高收入国家之间的区域经济合作,加快同沿线高收入国家区域一体化建设的步伐,可以进一步挖掘中国对沿线高收入国家农产品出口的潜力。

### 7.1.6 中国农产品出口"一带一路"沿线主要国家存在显著的空间效应

在尝试将空间计量经济模型同引力模型结合后,本书基于空间滞后模型和空间误差模型,从邻接关系、地理距离和经济距离三个角度构建空间权重矩阵,分析中国农产品出口贸易流量的空间相关性对中国农产品出口沿线主要国家的影响。在利用莫兰指数测度空间相关性后发现,无论是对于地理邻接权重矩阵、地理距离权重矩阵,还是对于经济距离权重矩阵,莫兰指数均显著为正,并在2002—2016年呈现波动上升的趋势,这说明中国对沿线主要国家农产品出口流量存在显著的空间相关性,且相关性不断增强。在对空间计量经济模型的回归中,控制变量的系数符号和显著性同前文中国出口沿线主要国家影响因素的回归结果基本保持一致。对于空间计量经济模型的选择,本书基于判断准则,根据不同的空间权重矩阵对空间滞后模型和空间误差模型的选择有所差异。对于地理邻接权重矩阵,检验结果表明,空间误差模型优于空间滞后模型,本书在对模型的实证分析中指出 λ 系数显著为正,说明模型中的遗漏变量在出口对象国之间的空间相关性对中国农产品出口产生影响;当一出口对象国受到外部冲击时,中国农产品对该国邻国出口规模也会受到影响。对于地理距离权重矩阵,检验结果表明,空间滞后模型和空间误差模型均适用,空间滞后项 ρ 和 λ 均显著为正,说明不仅相邻国家的空间相关性对中国农产品出口产生影响,出口对象国之间地理距离的相关性同样能够推动中国对沿线国家农产品出口规模。本书采用经济距离权重矩阵,弥补了原有研究的不足,根据空间依赖性检验,结果表明,对于经济距离权重矩阵,空间误差模型更为适合。同时实证结果表明,农产品出口对象国之间经济水平差距产生的空间相关性也会影响中国农产品出口的规模。

同引力模型回归结果相比,空间计量经济模型的控制变量和核心变量基本均通过显著性检验,且系数符号同前文结果相一致,这进一步印证了回归结果的稳健性。需要注意的是,将空间计量经济模型回归结果中各变量的系数和显著性检验结果同前文引力模型回归结果相比可知,在模型中引入不同的空间权重矩阵后,各变量的系数有所下降。这说明在考虑空间效应后,国家相邻、地理距离相近以及经济发展水平相近的国家之间的空间效应均会对中国农产品出口沿线主要国家的贸易额产生影响,如果在分析中忽略空间效应的存在,将有可能高估各变量的回归系数。

## 7.2 政策建议

在对上述结论进行整理分析的基础之上,本书提出以下政策建议。

## 7.2.1 稳定并扩大对"一带一路"沿线中等收入国家的农产品出口规模

2002—2016年,中国对沿线中等收入国家农产品出口额整体呈稳步上升趋势,占中国农产品对沿线主要国家农产品出口额的50%以上。2016年,该比值达到66.14%,这说明沿线中等收入国家是中国对沿线主要国家农产品出口的主要输出对象。虽然中国农产品对沿线中等收入国家的出口占比明显高于对沿线高收入国家农产品的占比,但中国农产品出口在沿线中等收入国家的竞争力水平却逐年下降。在中国对沿线中等收入国家不同种类的农产品出口中,园艺产品和水产品的出口有较大增长,畜产品和谷物产品的出口规模在2002—2016年变动很小。因此,为扩大中国农产品在沿线中等收入国家的出口,我们不仅要加大对农业生产的投入力度,推动农业机械化生产的普及,提高单位面积的产出;同时,应注重提高农产品附加值,发展有机农业,不断提升出口农产品的质量,逐渐改善农产品竞争力水平下降的局面;还应注重农产品出口结构的问题,如可以通过增强谷物产品和畜产品的有效供给,提升这两类农产品的出口规模,也可利用各地独特的地理及资源优势,发展特色农业,推动农产品出口种类多样化。

## 7.2.2 开发中国农产品在"一带一路"沿线高收入国家的出口潜力

从整体看,2002年以来,中国对沿线高收入国家的农产品出口总额以及不同种类农产品的出口额均较小。2002—2016年,中国对沿线高收入国家的农产品出口占中国对沿线主要国家出口总额的比重较低。就不同种类农产品而言,虽然园艺产品和水产品是中国对沿线高收入国家农产品出口的主要种类,但这两类农产品的出口额均较低。虽然也有畜产品和谷物产品的出口,但出口额相对较低,且各年几乎保持不变。这也从侧面反映出中国农产品出口沿线高收入国家所存在的较大贸易潜力。中国农产品出口企业应借助"一带一路"倡议的契机,进一步加强同沿线高收入国家的经济联系和贸易合作,加快双边经贸合作协议的谈判进程,推动同沿线高收入国家经贸合作区的建设。同时,我国应加强出口企业对沿线高收入国家农产品进口相关标准、动植物检疫标准以及对绿色壁垒的不同表现形式的认知,降低贸易双方信息的不对称,弱化农产品出口风险,进一步扩大中国农产品出口规模。

### 7.2.3 提升中国农产品在"一带一路"沿线主要国家的竞争力水平

从总体上看,中国农产品在沿线主要国家的竞争力水平较低。在对中国农产品出口沿线主要国家竞争力水平的分析中,我们发现,中国农产品竞争力整体呈现逐渐下降的趋势。虽然中国对沿线主要国家农产品出口额占这些国家农产品进口额的比重在2002—2016年有所上升,但绝对值均较小,这表明中国农产品在沿线主要国家的市场占有率较低。因此,首先我们应通过提升中国农产品标准化生产水平,形成规范的农业生产流程,改善农业生产技术,实现大规模机械化生产,提高农产品生产效率,降低人工成本,推动现代农业的发展;其次可结合沿线主要国家对农产品的市场需求结构,改良并培育新品种,满足不同消费层次的需要,同时进一步提高农产品深加工和精加工水平,发展绿色农业,促进中国农产品的品牌化发展;最后应加大农产品在包装、冷藏、运输等方面的投入力度,提高农产品流通速度,降低农产品在运输过程中的损耗率。

### 7.2.4 加强同"一带一路"沿线高制度质量国家的农产品贸易合作

实证结果表明,经济制度、政治制度和法律制度等制度质量的提高对中国农产品出口沿线主要国家和沿线中等收入国家均有显著的推动作用,可以扩大中国农产品的出口规模。对于沿线高收入国家而言,其经济制度可显著推动中国农产品出口规模的扩大,政治制度和法律制度的系数虽为正,并未通过显著性检验。因此,在中国对沿线主要国家的农产品出口中,我们应重点加强同经济制度、政治制度、法律制度等制度质量水平较高国家的农产品合作,并利用出口对象国高效率的资源配置优势、稳定的政治环境以及完善的法规保障,降低中国同沿线各国农产品贸易的交易成本,弱化出口风险和不确定因素等对中国农产品出口的影响。

中国应鼓励农产品出口企业积极参与国际农业品专业展览,加强同高制度质量国家在农产品培育、生产、运输、销售等方面的技术交流与沟通,提高高制度质量国家对中国农产品出口的认证度;充分发挥高制度质量国家的制度优势,为中国农产品出口提供便利的贸易条件以及稳定、健全的贸易环境,进一步开发中国对高制度质量国家农产品出口的规模。对于制度质量较低的农产品出口对象国,因其在农产品贸易中所面临的不确定性较大,出口对象国国内市场的不规范以及政治稳定性较弱等因素均在一定程度上加大了中国同这些国家农产品贸易的交易成本。因此,为全面扩大中国农产品的出口规模,中国应在加大对高制度质量国家农产品出口规模的同时,积极开展同制度质量较低国家农产品的国际营销活动,构建信息共享平台,加快对有效信息及资源的整合力度,为中国农产品出口企业及时提供国际市场变动、各国贸易政策调整等信息,以提高农产品出口企业的风险防范能力,进一步开拓低制度质量国家的农产品市场。

### 7.2.5 加快推进中国同"一带一路"沿线主要国家区域经济一体化的建设

实证结果表明,当出口对象国和中国同属 APEC 或 ASEAN 时,各国由于区域经济合作往往会签订关税减让等方面的排他性区域优惠协定,如降低税率对中国农产品出口沿线国家有显著的推动作用,尤其对于沿线中等收入国家的作用更为明显。同时,空间计量经济模型的回归结果也显示出口对象国间经济距离的远近会对中国农产品出口规模产生影响。因此从整体上看,沿线主要国家应借助"一带一路"平台提供的市场和机会,大力提高本国对外开放度,加强贸易各方的合作力度,推动中国同沿线主要国家区域经济一体化的建设,通过缔结区域经济协定,发挥沿线主要国家的比较优势,降低关税对农产品出口的制约作用,削减中国同沿线各国农产品出口的贸易壁垒,降低中国对沿线国家农产品出口的成本,借助区域一体化组织的构建,进一步深化双边经济合作和贸易往来。

### 7.2.6 进一步完善"一带一路"沿线国家基础设施的建设

实证结果表明,与出口对象国的距离远近、出口对象国是否为内陆国等变量,以及相邻国家、地理距离相近的国家之间存在显著的空间效应等变量都反映出地理因素对中国农产品出口额有显著影响。尽管目前"一带一路"沿线国家基础设施建设已取得不少成绩,如中巴、中蒙俄经济走廊成功建成,中欧列车贯通亚欧大陆,中国—东盟信息港开展顺利以及瓜达尔港的正式开航,均表明在相关政策引导下,中国同"一带一路"沿线国家的基础设施水平在不断加强,但"一带一路"沿线国家众多,沿线国家整体的基建水平有待提高;且沿线国家政治制度、经济制度不同,文化、风俗存在较大差异,因此在推动基础设施建设全面开展的同时,中国应尊重沿线国家的利益诉求,兼顾中国同出口对象国之间的切身利益,提高沿线国家基础设施建设团队的国际化水平和专业化水平。同时,中国应充分发挥各国高层峰会的纽带联结作用,加强中国同沿线国家的交流和合作,加大对沿线基础设施工程的投资力度,逐渐建成包含铁路、公路、航运、海运、输电通道、油气管道等全方位综合性立体化的网络交通格局,推动基础设施互联互通的快速发展,从而进一步降低中国同沿线主要国家的农产品贸易成本,提高双边农产品贸易便利化水平,扩大中国农产品对沿线主要国家的出口规模。

## 7.3 研究存在的不足与展望

本书基于引力模型和空间计量经济模型,从不同角度不同层次对中国农产品出口沿线主要国家影响因素进行较为全面的分析。但本书仍存在一些不足,主要表现在以下两个方面:

(1)"一带一路"沿线国家中因一些国家同中国农产品贸易规模过小,或相关解释变量如制度二级指标、关税等数据缺失,因此本书在分析中仅选取 39 个国家作为中国农产品出口"一带一路"沿线国家的样本国进行实证研究,可能会忽略一些国家相关因素对中国农产品出口的影响。

(2)本书所指的制度包括由国家制定的正式制度以及基于社会认同形成的非正式制度。但因目前对非正式制度的测度尚不成熟,本书在对制度质量的测算中仅从正式制度角度出发,基于经济制度、政治制度和法律制度三个角度进行衡量,重点分析这三类制度水平对中国农产品出口沿线主要国家的影响,未对非正式制度的影响展开分析。

在对空间计量经济模型的选取中,本书从基本模型出发,在后续研究中可尝试多样化模型形式以及从动态角度进行分析。另外,对于模型中的空间权重矩阵,本书虽然尝试从地理、经济多角度对权重矩阵进行设定,但均基于空间权重矩阵为外生的假设,考虑空间权重矩阵的内生性是空间计量研究的前沿方向,因此在今后的研究中可对空间权重矩阵的设定进行深入分析。

# 参 考 文 献

[1] 许家云,周绍杰,胡鞍钢. 制度距离、相邻效应与双边贸易——基于"一带一路"国家空间面板模型的实证分析[J]. 财经研究,2017(1):75-85.

[2] 刘庆林,汪明珠. 中国农产品市场准入政策的保护水平与结构——基于贸易限制指数的研究[J]. 经济研究,2014(7):18-30.

[3] ANDERSON J, WINCOOP E. Gravity with gravitas a solution to the border puzzle[J]. The American Economic Review, 2003(1):170-192.

[4] HELPMAN E, KRUGMAN P. Market structure and foreign trade: increasing returns, imperfect competition and international trade[M]. Cambridge, MA: The MIT Press, 1985:7-271.

[5] GROSSMAN G, HELPMAN E. Product development and international trade[J]. Journal of Political Economy, 1989(6):1261-1283.

[6] GROSSMAN G, HELPMAN E. Comparative advantage and long-run growth[J]. The American Economic Review, 1990(4):796-815.

[7] DOLLAR D, WOLFF E. Competitiveness, convergence, and international specialization[J]. Economic Journal, 1993(1):265-277.

[8] CLARIDA R, FINDLAY R. Government, trade, and competitive advantage[J]. The American Economic Review, 1992(2):122-127.

[9] GROSSMAN G, MAGGI G. Diversity and tradediversity and trade[J]. The American Economic Review, 2000(5):1255-1275.

[10] FISHER E, KAKKAR V. On the evolution of comparative advantage in matching models[J]. International Economics, 2004(1):169-193.

[11] ANDERSON K. China's economic growth, changing comparative advantages and agricultural trade[J]. Review of Marketing and Agricultural Economics, 1990(1):56-75.

[12] SALVACRUZ J. Competitiveness of the United States and the Asean in the international agricultural market[J]. Journal of Food Distribution Research, 1996(1):81-89.

[13] SASSI M. Agricultural convergence and competitiveness in the EU-15 regions[J]. Australian Journal of Agricultural Economics, 2006(2):2-19.

[14] THORNE F, FINGLETON W. Examining the relative competitiveness of milk production: an Irish case study (1996—2004)[J]. Journal of International Farm Management, 2006(4):49-61.

[15] 张清正.基于比较和竞争优势的中国农产品竞争力路径选择[J].经济问题探索,2014(5):80-85.

[16] 朱新鑫,李豫新.中国与中亚五国农产品贸易竞争性和互补性分析[J].国际经贸探索,2011(3):17-22.

[17] 李婷,李豫新.中国与中亚5国农产品贸易的互补性分析[J].国际贸易问题,2011(1):53-62.

[18] 刘小波,陈彤.中国农产品出口哈萨克斯坦的结构与比较优势分析[J].农业经济问题,2009(3):81-86.

[19] 侯媛媛,王礼力.中国蔬菜国际竞争力的比较研究[J].统计与决策,2011(14):115-118.

[20] 凌华,王凯.中国蔬菜对韩出口竞争力及贸易空间的拓展——以美国为参照[J].国际贸易问题,2010(1):52-58.

[21] ALMARWANI A, JOLLY C, THOMPSON H. Exchange rates and commodity markets: global exports of corn, cotton, poultry, and soybeans[J]. Agricultural Economics Review, 2007(1):77-86.

[22] UCHIDA Y, COOK P. The effects of competition on technological and trade competitiveness[J]. Quarterly Review of Economics and Finance, 2005(2):258-283.

[23] FISCHER C, SCHORNBERG S. Assessing the competitiveness situation of EU food and drink manufacturing industries: an index-based approach[J]. Agribusiness, 2007(4):473-495.

[24] 孙致陆,李先德.贸易规模、贸易结构、贸易竞争力与中国谷物贸易变动——基于修正的CMS模型的实证分析[J].国际经贸探索,2015(5):34-46.

[25] 王元彬,郑学党.中韩农产品贸易增长特质及影响因素研究[J].国际贸易问题,2014(10):88-98.

[26] 李萍.中国对金砖国家出口贸易增长动态波动研究——基于CMS模型的因素分解及测算[J].国际贸易问题,2015(5):82-91.

[27] 庄丽娟,郑旭芸,钟宁.金砖五国农产品出口增长及竞争力实证分析[J].华中农业大学学报(社会科学版),2015(4):35-43.

[28] 张晓恒,周应恒,祁玉雯.市场结构、价格竞争力与我国水果出口增长[J].华中农业大学学报(社会科学版),2016(1):38-46.

[29] 佟继英.中澳农产品贸易特征及国际竞争力分解——基于分类农产品的CMS模型[J].经济问题探索,2016(8):155-164.

[30] 帅传敏,程国强,张金隆.中国农产品国际竞争力的估计[J].管理

世界,2003(1):97-103,153.

[31] PEARSON S. Net social profitability, domestic resource costs, and effective rate of protection[J]. Journal of Development Studies,1976(4):320-333.

[32] CARTER C. Changing comparative advantages in China: effects on food, feed, and fibre markets[J]. American Journal of Agricultural Economics,1991(3):965-966.

[33] THORBECKE E. The policy analysis matrix for agricultural development[J]. American Journal of Agricultural Economics,1990(2):511-512.

[34] 蔡昉.区域比较优势与农业持续增长的源泉[J].中国农村经济,1992(11):40-45.

[35] 蔡昉.比较优势与农业发展政策[J].经济研究,1994(6):33-40.

[36] 徐志刚,钟甫宁,傅龙波.中国农产品的国内资源成本及比较优势[J].农业技术经济,2000(4):1-6.

[37] 黄季焜,马恒运.中国主要农产品生产成本与主要国际竞争者的比较[J].中国农村经济,2000(5):17-21.

[38] 汤勇,黄军,李岳云.中国蔬菜的比较优势与出口竞争力分析[J].农业技术经济,2006(4):73-78.

[39] 王野,孙东升.新疆主要农作物比较优势分析——基于国内资源成本法[J].新疆农业科学,2015(8):1555-1562.

[40] CHARETTE M. Determinants of export instability in the primary commodity trade of LDC's[J]. Journal of Development Economics,1985(1):13-21.

[41] MASSELL B. Export instability and economic structure[J]. The American Economic Review,1970(4):618-630.

[42] 何秀荣,WAHL T.中国农产品贸易:最近20年的变化[J].中国农村经济,2002(6):9-14,19.

[43] 何秀荣.我国农产品国际贸易研究方面的问题及建议[J].农业经济问题,2003(2):23-25,79.

[44] LOVE J. Concentration, diversification and earnings instability: some evidence on developing countries' exports of manufactures and primary products[J]. World Development. 1983(9): 787-793.

[45] TEGENE A. Commodity concentration and export earnings instability: the evidence from African countries[J]. The American Economist,1990(2):55-59.

[46] CHIRATHIVAT S. ASEAN-China free trade area: background, implication and future development[J]. Journal of Asian Economics,2002(5):671-686.

[47] SUN L, REED M. Impacts of free trade agreements on agricultural trade creation and trade diversion[J]. American Journal of Agricultural Economics,2010(5):1351-1363.

[48] TAYLOR J, NAUDE A. Does agricultural trade liberalization reduce rural welfare in less developed countries? the case of CAFTA[J]. Applied Economic Perspectives & Policy,2010(1): 95-116.

[49] 袁祥州,程国强,朱满德.中加农产品贸易:结构特征、竞争优势及其互补性[J].国际商务(对外经济贸易大学学报),2015(2):5-16.

[50] 韦苏健,贺培.中国—东盟农产品虚拟水贸易分析及启示[J].国际贸易,2015(12):36-42.

[51] 郭晴,帅传敏,帅竞.碳关税对世界经济和农产品贸易的影响研究[J].数量经济技术经济研究,2014(10):97-109.

[52] 刘艺卓.欧韩自贸协定实施对中国农产品贸易的影响[J].农业经济问题,2012(2):65-69,111-112.

[53] 张莹.加入WTO后我国农产品贸易结构与国际竞争力演变趋势

分析[J].世界经济与政治论坛,2013(3):139-151.

[54] 曾寅初,刘君逸,梁筱筱.俄罗斯加入世界贸易组织对中俄农产品贸易的影响[J].经济纵横,2012(9):42-45.

[55] 杨军,杨文倩,李明,王晓兵.中非农产品贸易结构变化趋势、比较优势及互补性分析[J].中国农村经济,2012(3):44-52,67.

[56] 黄祖辉,王鑫鑫,宋海英.中国农产品出口贸易结构和变化趋势[J].农业技术经济,2009(1):11-20.

[57] 冯中朝,朱诗萌.中国—东盟农产品产业内贸易规模、水平和结构分析[J].华中农业大学学报(社会科学版),2015(4):29-34.

[58] 刘澄,黄翔.贸易结构趋同化与中国—东盟自由贸易区的隐忧——以农产品和高新技术产品贸易为例[J].山东社会科学,2010(4):93-95.

[59] BOWEN H, PELZMAN J. US export competitiveness:1962-77[J]. Applied Economics, 1984(3):461-473.

[60] CHEN K, XU L, DUAN Y. Ex-post competitiveness of China's export in agri-food products:1980-96[J]. Agribusiness, 2000(3):281-294.

[61] DARIUS A, BRUCE M, LALEHROKH H. The role of exchange rates in Canadian-United States lumber trade[J]. Forest Science, 1986(4):973-988.

[62] CHEN K, DUAN Y. Competitiveness of Canadian agri-food exports against competitors in Asia:1980-97[J]. Journal of International Food and Agribusiness Marketing, 2001(4):1-19.

[63] 耿晔强.经济全球化下中国农产品进口的成因分析——基于修正的CMS模型分解[J].云南财经大学学报.2015(1):83-91.

[64] 温思美,苏国宝.基于CMS模型的中国水果出口增长因素分析[J].农业经济问题,2012(9):17-23,110.

[65] 马佳,漆雁斌.中国畜产品贸易逆差影响因素研究——基于CMS

模型的实证分析[J].农业技术经济,2014(2):96-102.

[66] 王太祥,张思玉,张杰,祝宏辉.我国棉花进口贸易波动研究——基于CMS模型的因素分解[J].农业技术经济,2014(11):82-88.

[67] 谭晶荣,蔡燕林,高颖,王瑞,李书彦.中国对丝绸之路经济带沿线国家农产品出口贸易决定因素分析[J].农业经济问题,2015(11):9-15,110.

[68] 刘红梅,李国军,王克强.中国农业虚拟水国际贸易影响因素研究——基于引力模型的分析[J].管理世界,2010(9):76-87,187.

[69] 贾伟,屈四喜.中国各省份—东盟农产品贸易增长的实证分析[J].中国农村经济,2012(3):25-34.

[70] 宋海英.中国—拉美农产品贸易的影响因素:基于引力模型的实证分析[J].农业经济问题,2013(3):74-78,112.

[71] 施炳展,李坤望.中国出口贸易增长的可持续性研究——基于贸易随机前沿模型的分析[J].数量经济技术经济研究,2009(6):64-74.

[72] 马凌远.中国对外贸易成本的分解及其对出口的影响——基于随机前沿引力模型[J].世界经济研究,2012(9):66-71,80,89.

[73] 鲁晓东,赵奇伟.中国的出口潜力及其影响因素——基于随机前沿引力模型的估计[J].数量经济技术经济研究,2010(10):21-35.

[74] 贺书锋,平瑛,张伟华.北极航道对中国贸易潜力的影响——基于随机前沿引力模型的实证研究[J].国际贸易问题,2013(8):3-12.

[75] AMURGO-PACHECO A, PIEROLA M. Patterns of export diversification in developing countries: intensive and extensive margins [R]. World Bank Policy Research Working Paper, 2008:5-11.

[76] LIAPIS P. Changing patterns of trade in processed agricultural products [R]. OECD Food Agriculture & Fisheries Papers, 2011(47):110-138.

[77] HUMMELS D, KLENOW P. The variety and quality of a nation's exports[J]. The American Economic Review, 2005(3): 704-723.

[78] 施炳展.中美贸易失衡的三元边际——基于广度、价格与数量的分解[J].世界经济研究,2011(1):39-43,88.

[79] 任永磊,高越.中国出口贸易增长三元边际的测度分析[J].经济研究导刊,2014(12):173-175.

[80] 鲍晓华,严晓杰.我国农产品出口的二元边际测度及SPS措施的影响研究[J].国际贸易问题,2014(6):33-41.

[81] 谭晶荣,刘莉,王瑞,叶婷婷.中越农产品出口增长的二元边际分析[J].农业经济问题,2013(10):56-63,111.

[82] 孙林,倪卡卡.东盟贸易便利化对中国农产品出口影响及国际比较——基于面板数据模型的实证分析[J].国际贸易问题,2013(4):139-147.

[83] 王文瑜,胡求光.产业纵向一体化对水产品出口贸易的影响研究[J].国际贸易问题,2015(5):53-61.

[84] 章棋,张明杨,应瑞瑶.双边技术性贸易措施对我国蔬菜出口贸易的影响分析[J].国际贸易问题,2013(3):46-58.

[85] 王瑛,许可.食品安全标准对我国农产品出口的影响——基于引力模型的实证分析[J].国际贸易问题,2014(10):45-55.

[86] 刘娟.东道国特征对中国OFDI影响的空间邻近效应——基于"一带一路"沿线国家的经验数据分析[J].经济经纬,2019(1):56-63.

[87] 杜龙政,林伟芬.中国对"一带一路"沿线直接投资的产能合作效率研究——基于24个新兴国家、发展中国家的数据[J].数量经济技术经济研究,2018(12):3-21.

[88] 李兵,颜晓晨.中国与"一带一路"沿线国家双边贸易的新比较优势——公共安全的视角[J].经济研究,2018(1):183-197.

[89] 谢国娥,许瑶佳,杨逢珉."一带一路"背景下东南亚、中东欧国家

投资环境比较研究[J].世界经济研究,2018(11):89-98,137.

[90] 杜永红."一带一路"战略背景下的跨境电子商务发展策略研究[J].经济体制改革,2016(6):66-70.

[91] 郑淑伟."一带一路"背景下中国与阿拉伯国家贸易发展现状与对策[J].改革与战略,2017(11):195-198.

[92] 侯敏,邓琳琳.中国与中东欧国家贸易效率及潜力研究——基于随机前沿引力模型的分析[J].上海经济研究,2017(7):105-116.

[93] 张辉,刘杰.借力"一带一路"战略拓展山东外贸新优势[J].特区经济,2015(11):68-69.

[94] 张良卫."一带一路"战略下的国际贸易与国际物流协同分析——以广东省为例[J].财经科学,2015(7):81-88.

[95] 王宝荣,刘瑜,谢驰宇."一带一路"背景下中越劳动密集型产品双边贸易研究——基于2007—2013年数据[J].经济管理,2015(9):11-18.

[96] 陈广晓."一带一路"农产品国际贸易未来发展趋势探究[J].特区经济,2018(7):87-89.

[97] 王美昌,徐康宁."一带一路"国家双边贸易与中国经济增长的动态关系——基于空间交互作用视角[J].世界经济研究,2016(2):101-110,137.

[98] 廖泽芳,李婷,程云洁.中国与"一带一路"沿线国家贸易畅通障碍及潜力分析[J].上海经济研究,2017(1):77-85.

[99] 樊兢.进口国规制环境对中国高新技术产品出口效率的影响——基于"一带一路"沿线47个国家的实证研究[J].中国社会科学院研究生院学报,2018(6):45-56.

[100] 李林玥,孙志贤,龙翔."一带一路"沿线国家与中国的贸易发展状况研究——夜间灯光数据在引力模型中的实证分析[J].数量经济技术经济研究,2018(3):39-58.

[101] COASE R. The nature of the firm [J]. Economical, 1937(4):

386-405.

[102] TREFLER D. The case of the missing trade and other mysteries [J]. The American Economic Review, 1995(5):1029-1046.

[103] BUTTER F, MOSCH R. The Dutch miracle: institutions, networks and trust [J]. Journal of Institutional and Theoretical Economics, 2003(159):362-391.

[104] NORTH D. Structure and change in economic history [M]. New York: W.W.Norton, 1981:72-143.

[105] WILLIAMSON O. Markets and hierarchies, analysis and antitrust implications: a study in the economics of internal organization [M]. New York: Free Press, 1975:14-36.

[106] WILLIAMSON O. The economic institutions of capitalism: firms, markets, relational contracting [M]. New York: Free Press, 1985:20-37.

[107] 熊贤良.国际贸易中的交易成本[J].南开经济研究,1993(3):50-57.

[108] 张五常.经济解释[M].北京:中信出版社.2015:150-198.

[109] 李景峰,刘英.国际贸易的新制度经济学分析[J].国际经贸探索,2004(2):16-19.

[110] NORTH D. Institutions, institutional change, and economic [M]. New York: Cambridge University Press, 1990:20-55.

[111] 青木昌彦.比较制度分析[M].上海:上海远东出版社,2001.

[112] SCOTT W R. Institutions and organizations [M]. Thousand Oaks, CA:Sage Publications, 1995:16-60.

[113] SCOTT W R. Institutions and organizations [M]. 2nd ed. Thousand Oaks, CA:Sage Publications, 2001:21-22.

[114] 彭维刚.全球企业战略[M].北京:人民邮电出版社,2007:110-150.

[115] RODRÍGUEZ-POSE A. Do institutions matter for regional development? [J]. Regional Studies, 2013(7): 1034-1047.

[116] NUNN N, TREFLER D. Domestic institutions as a source of comparative advantage [J]. Handbook of International Economics, 2014(4): 263-315.

[117] FEENSTRA C, HONG C, MA H, et al. Contractual versus non-contractual trade the role of institutions in China [J]. Journal of Economic Behavior & Organization, 2013(94): 281-294.

[118] YU S, BEUGELSDIJK S, HAAN J. Trade, trust and the rule of law [J]. European Journal of Political Economy, 2015(37): 102-115.

[119] DOLLAR D, KRAAY A. Institutions, trade and growth [J]. Journal of Monetary Economics, 2003(50): 133-162.

[120] GIAVAZZI F, TABELLINI G. Economic and political liberalizations [J]. Journal of Monetary Economics, 2005(52): 1297-1330.

[121] AMIN A. An institutionalist perspective on regional development [J]. International Journal of Urban and Regional Research, 1999(23): 365-378.

[122] ANDERSON J, MARCOUILLER D. Insecurity and the pattern of trade: an empirical investigation [J]. The Review of Economics and Statistics, 2002(2): 342-352.

[123] GROOT H, LINDERS G, RIETVELD P, et al. The institutional determinants of bilateral trade patterns [J]. Kyklos, 2004(1): 103-123.

[124] KAUFMANN D, KRAAY P, ZOIDO-LOBATÓN P. Aggregating governance indicators [R]. World Bank Policy Research Working

Paper, 1999:5-15.

[125] KAUFMANN D, KRAAY P, ZOIDO-LOBATÓN P. Governance matters II: updated indicators for 2000–2001[R]. World Bank Policy Research Working Paper, 2002:6-16.

[126] MÉON P, SEKKAT K. Institutional quality and trade: which institutions? Which trade? [J]. Economic Inquiry, 2008(2):227-240.

[127] 陈田,周海飞.制度因素对中国与"一带一路"国家贸易的影响研究[J].兰州财经大学学报,2016(6):94-100.

[128] ÁLVAREZ C, BARBERO J, RODRÍGUEZ-POSE A. Does institutional quality matter for trade? institutional conditions in a sectoral trade framework [J]. World Development, 2018(103):72-87.

[129] MAVRAGANI A, NIKOLAOU I, TSAGARAKIS K. Open economy, institutional quality, and environmental performance: a macroeconomic approach [J]. Sustainability, 2016(7):601.

[130] ZEYNALOV A. The gravity of institutions in a resource-rich country: the case of azerbaijan [J]. International Economics and Economic Policy, 2017(2):239-261.

[131] BANKOLE F, OSEI-BRYSON K, BROWN I. The impacts of telecommunications infrastructure and institutional quality on trade efficiency in Africa [J]. Information Technology for Development, 2015(1):29-43.

[132] KOUKHARTCHOUK O, MAUREL M. Accession to the WTO and EU enlargement: what potential for trade increase? [J]. Social ence Electronic Publishing, 2003:10-22.

[133] 谢孟军,王立勇.经济制度质量对中国出口贸易影响的实证研究——基于改进引力模型的36国(地区)面板数据分析[J].财贸

研究,2013(3):77-83.

[134] 刘凯,邓宜宝.制度环境、行业差异与对外直接投资区位选择——来自中国2003—2012年的经验证据[J].世界经济研究,2014(10):73-79,89.

[135] 张晓钦,韩传峰.中国—东盟自由贸易区基础设施、经济制度与贸易流量的实证分析[J].系统工程,2016(1):48-53.

[136] 傅京燕,吴丽敏.制度和环境政策影响了可再生能源产业出口贸易吗——基于出口深度和广度的视角[J].国际贸易问题,2015(12):85-95.

[137] 潘向东,廖进中,赖明勇.经济制度安排、国际贸易与经济增长影响机理的经验研究[J].经济研究,2005(11):57-67,124.

[138] 谢孟军.基于制度质量视角的我国出口贸易区位选择影响因素研究——扩展引力模型的面板数据实证检验[J].国际贸易问题,2013(6):3-15.

[139] 谢孟军.目的国制度对中国出口和对外投资区位选择影响研究[D].济南:山东大学,2014:45-96.

[140] 王帅.制度质量对中亚区域经济一体化影响的实证研究[D].乌鲁木齐:新疆财经大学,2015:23-90.

[141] ARAUJO L, MION G, ORNELAS E. Institutions and export dynamics[J]. Journal of International Economics, 2016(98): 2-20.

[142] 朱亭瑜.制度质量对香港服务输出的影响研究[D].济南:山东大学,2017:35-89.

[143] YANG X K. Economics-new classical versus neoclassical frameworks[M]. New Jersey: Wiley-Blackwell, 2001: 34-90.

[144] BAIER S, BERGSTRAND J. Bonus vetusols: a simple method for approximating international trade-cost effects using the gravity equation[J]. Journal of International Economics, 2009

(1):77-85.

[145] FRANCOIS J, MANCHIN M. Institutions, infrastructure and trade[R]. Development Working Papers,2007:3-10.

[146] FARUQ H. Corruption, product complexity and african exporters [J]. Applied Economics,2017(6):534-546.

[147] ACEMOGLU D, JOHNSON S, ROBINSON J. The rise of Europe atlantic trade, institutional change and economic growth [R]. National Bureau of Economic Research Working Paper, 2002:4-45.

[148] KOKKO A, SÖDERLUND B; GUSTAVSSON P. Redirecting international trade: contracts, conflicts, and institutions [J]. The Great Recession and its Aftermath: Evidence from Micro-Data,2014(6):688-721.

[149] DUC C, LAVALLEE E, SIROEN M. The gravity of institutions [J]. Economical International,2008(1):95-113.

[150] BANKOLE F, OSEI-BRYSON K, BROWN I. The impact of information and communications technology infrastructure and complementary factors on intra-African trade [J]. Information Technology for Development,2015(1):12-28.

[151] 邱斌,唐保庆,孙少勤,刘修岩.要素禀赋、制度红利与新型出口比较优势[J].经济研究,2014(8):107-119.

[152] 魏浩,何晓琳,赵春明.制度水平、制度差距与发展中国家的对外贸易发展——来自全球31个发展中国家的国际经验[J].南开经济研究,2010(5):18-34.

[153] 文雁兵.制度质量对中国对外贸易的促进效应——基于向量误差修正模型的考察[J].国际经贸探索,2015(2):28-42.

[154] 金祥荣,茹玉骢,吴宏.制度、企业生产效率与中国地区间出口差异[J].管理世界,2008(11):65-77.

[155] 崔娜,柳春,胡春田.中国对外直接投资效率、投资风险与东道国制度——来自"一带一路"沿线投资的经验证据[J].山西财经大学学报,2017(4):27-38.

[156] Horvath R, ZEYNALOV A. The natural resource curse in post-Soviet countries: the role of institutions and trade policies [R]. IOS Working Papers, 2014:2-13.

[157] 易先忠,欧阳峣,傅晓岚.国内市场规模与出口产品结构多元化:制度环境的门槛效应[J].经济研究,2014(6):18-29.

[158] DANIEL B, JOHANNES M, KATHARINA P. Trade, law, and product complexity [J]. the Review of Economics and Statistics, 2006(2):363-373.

[159] 戴翔,金碚.产品内分工、制度质量与出口技术复杂度[J].经济研究,2014(7):4-17,43.

[160] 张杰,李勇,刘志彪.制度对中国地区间出口差异的影响:来自中国省际层面4分位行业的经验证据[J].世界经济,2010(2):83-103.

[161] 刘艳,李文秀,曹芳.制度环境对服务出口复杂度的影响——基于跨国面板数据的实证研究[J].中南财经政法大学学报,2015(1):79-87.

[162] 刘艳.生产性服务进口与高技术制成品出口复杂度——基于跨国面板数据的实证分析[J].产业经济研究,2014(4):84-93.

[163] BENÁEK V, LENIHAN H, ANDREOSSO—O'CALLAGHAN B, et al. Political risk, institutions and foreign direct investment: how do they relate in various european countries? [J]. World Economy,2014(5): 625-653.

[164] JUDE C, LEVIEUGE G. Growth effect of foreign direct investment in developing economies: the role of institutional quality [J]. World Economy, 2017(4):715-742.

[165] 邱立成,赵成真.制度环境差异、对外直接投资与风险防范:中国例证[J].国际贸易问题,2012(12):112-122.

[166] LEVCHENKO A. Institutional quality and international trade[J]. Review of Economic Studies,2007(3):791-819.

[167] 潘镇.制度质量、制度距离与双边贸易[J].中国工业经济,2006(7):45-52.

[168] 潘安,魏龙.制度距离对中国稀土出口贸易的影响——基于18个国家和地区贸易数据的引力模型分析[J].国际贸易问题,2013(4):96-104.

[169] BOJNEC S, FERTO I. The institutional determinants of bilateral agricultural and food trade[J].Applied Studies in Agribusiness and Commerce,2009(4):53-57.

[170] LINDERS G. Intangible barriers to trade:the impact of institutions, culture, and distance on patterns of trade[D]. Amsterdam:Vrije University,2006:19-54.

[171] MENDONÇA T, LIRIO V, BRAGA M, et al. Institutions and bilateral agricultural trade [J]. Procedia Economics and Finance,2014(C):164-172.

[172] MARIANNA B, SAMUEL B. International trade, factor mobility and the persistence of cultural-institutional diversity [R].CESifo Working Paper,2009:2-23.

[173] 陈丽丽,龚静.区域服务贸易协定、制度因素与服务贸易促进体系研究——基于49国之间双边服务贸易流量面板数据的实证分析[J].国际贸易问题,2014(11):132-143.

[174] 冀相豹.制度差异、累积优势效应与中国OFDI的区位分布[J].世界经济研究,2014(1):73-80,89.

[175] 韦永贵,李红.中国文化产品出口贸易的影响因素研究——基于文化、地理及制度三维距离的检验[J].现代财经(天津财经大学

学报),2016(10):103-113.

[176] ANSELIN L. Spatial econometrics: methods and models [M]. Netherlands:Springer,1988:16-40.

[177] TOBLER W. A computer movie simulation of urban growth in the detroit region [J]. Economic Geography, 1970(46): 234-240.

[178] MORAN P. Notes on continuous stochastic phenomena[J]. Biometrika, 1950(37): 17-23.

[179] MATHERON G. Principles of geostatistics [J]. Economic Geology, 1963(58): 1246-1266.

[180] CLIFF A, ORD J. Spatial autocorrelation[M]. London: Pion, 1973:10-50.

[181] HORDIJK L. Spatial correlation in the disturbances of a linear interregional model [J]. Regional and Urban Economics, 1974 (2):117-140.

[182] BARTELS C, KETELLAPPPER R. Exploratory and explanatory statistical analysis of spatial data [M]. Dordrecht: Springer, 1979: 40-72.

[183] RIPLEY B. Spatial statistics [M]. NewYork: JohnWiley Sons, 1981:23-54.

[184] PHILIP G, WATSON M. Geostatistics and spatial data analysis [J]. Mathematical Geology, 1986(5):505-509.

[185] ANSELIN L. What is special about spatial data? Alternative perspectives on spatial data analysis [R]. UC Santa Barbara: NCGIA Technical Report, 1989:2-9.

[186] GETIS A, ORD J. The analysis of spatial association by use of distance statistics [J]. Geographical Analysis, 1992(3): 189-206.

[187] CLIFF A, ORD J. Spatial processes: models & applications [M]. London: Pion, 1981:34-78.

[188] BURRIDGE P. On the cliff-ord test for spatial correlation [J]. Journal of the Royal Statistical Society, 1980(1): 107-108.

[189] ANSELIN L. Lagrange multiplier test diagnostics for spatial dependence and spatial heterogeneity [J]. Geographical Analysis, 1988(1): 1-17.

[190] KELEJIAN H, ROBINSON D. Infrastructure productivity estimation and its underlying econometric specifications: a sensitivity analysis [J]. Papers in Regional Science, 1997(1): 115-131.

[191] ANSELIN L, KELEJIAN H. Testing for spatial error autocorrelation in the presence of endogenous regressors [J]. International Regional Science Review, 1997(1-2): 153-182.

[192] ANSELIN L. Local Indicators of spatial association-LISA [J]. Geographical Analysis, 1995(2): 93-115.

[193] ANSELIN L, BERA A, FLORAX R, et al. Simple diagnostic tests for spatial dependence [J]. Regional Science and Urban Economics, 1996(1): 77.

[194] KELEJIAN H, PRUCHA I. HACestimation in a spatial framework[J]. Journal of Econometrics, 2007(1):131-151.

[195] JENISH N, PRUCHA I. Central limit theorems and uniform laws of large numbers for arrays of random fields[J]. Journal of Econometrics, 2009(1):86-98.

[196] AKAI N, SUHARA M. Strategic interaction among local governments in Japan: an application to cultural expenditure [J]. Japanese Economic Review, 2013(2): 232-247.

[197] HORDIJK L, NIJKAMP P. Dynamic models of spatial

autocorrelation [J]. Environment and Planning A, 1977(5): 505-519.

[198] BURRIDGE P. Testing for a common factor in a spatial autoregression model [J]. Environment and Planning A, 1981(7): 795-800.

[199] HAINING R. The moving average model for spatial interaction [J]. Transactions-Institute of British Geographers, 1978(2): 202.

[200] BRANDSMA A, KETELLAPPER R. Biparametric approach to spatial autocorrelation[J]. Environment and Planning A, 1979(1): 51-58.

[201] KELEJIAN H, ROBINSON D. A suggested method of estimation for spatial interdependent models with autocorrelated errors, and an application to a county expenditure model [J]. Papers Regional Science, 1993(72): 297-312.

[202] FOTHERINGHAM A, CHARLTON M, BRUNSDON C. Geographically weighted regression: a natural evolution of the expansion method for spatial data analysis [J]. Environment and Planning A, 1998(11): 1905-1927.

[203] FOTHERINGHAM A, BRUNSDON C. Local forms of spatial analysis [J]. Geographical Analysis, 1999(4): 340-358.

[204] ELHORST J. Dynamic models in space and time [J]. Geographical Analysis, 2001(2): 119-140.

[205] LEE L, YU J. Some recent developments in spatial panel data models [J]. Regional Science and Urban Economics, 2010(5): 255-271.

[206] WANG X, KOCKELMAN K. Application of the dynamic spatial ordered probit model: patterns of land development

change in austin, texas [J]. Papers in Regional Science, 2009(2): 345-365.

[207] CHAKIR R, PARENT O. Determinants of land use changes: a spatial multinomial probit approach [J]. Papers in Regional Science, 2009(2): 327-344.

[208] CHUN Y. Modeling network autocorrelation within migration flows by eigenvector spatial filtering [J]. Journal of Geographical Systems, 2008(4): 317-344.

[209] LESAGE J, POLASEK W. Incorporating transportation network structure in spatial econometric models of commodity flows [J]. Spatial Economic Analysis, 2008(2): 225-245.

[210] GRIFFITH D. Modeling spatial autocorrelation in spatial interaction data: empirical evidence from 2002 Germany journey-to-work flows [J]. Journal of Geographical Systems, 2009(2): 117-140.

[211] FISCHER M, GRIFFITH D. Modeling spatial autocorrelation in spatial interaction data: an application to patent citation data in the European Union [J]. Journal of Regional Science, 2008(5): 969-989.

[212] LESAGE J, PACE R. Spatial econometric modeling of origin-destination flows [J]. Journal of Regional Science, 2008(5): 941-967.

[213] ANSELIN L. Specification tests on the structure of interaction in spatial econometric models [J]. Papers of the Regional Science Association, 1984(1): 165-182.

[214] ANSELIN L. Non-nested tests on the weight structure in spatial autoregressive models some monte carlo results [J]. Journal of Regional Science, 1986(2): 267-284.

[215] BALTAGI B, LI D. LM tests for functional form and spatial error correlation [J]. International Regional Science Review, 2001(2): 194-225.

[216] ANSELIN L, MORENO R. Properties of tests for spatial error components [J]. Regional Science and Urban Economics, 2003 (33): 595-618.

[217] HOROWITZ J. Bootstrap critical values for tests based on the smoothed maximum score estimator [J]. Journal of Econometrics, 2002(2): 141-167.

[218] BIVAND R, HAUKE J, KOSSOWSKI T. Computing the jacobian in gaussian spatial autoregressive models: anillustrated comparison of available methods [J]. Geographical Analysis, 2013(2): 150-179.

[219] ORD J. Characterization problems in mathematical statistics [R]. Journal of the Royal Statistical Society. Series A (General), 1975(4): 576-577.

[220] ANSELIN L. Estimation methods for spatial autoregressive structures: a study in spatial econometrics[D]. Ithaca: Cornell University, 1980: 16-189.

[221] HEPPLE L. Bayesian techniques in spatial and network econometrics: model comparison and posterior odds [J]. Environment and Planning A, 1995(3): 447-469.

[222] HEPPLE L. Bayesian techniques in spatial and network econometrics: computational methods and algorithms [J]. Environment and Planning A, 1995(4): 615-644.

[223] LESAGE J, PARENT O. Bayesian model averaging for spatial econometric models [J]. Geographical Analysis, 2007(3): 241-267.

[224] KELEJIAN H,PRUCHA I. A Generalized spatial two-stage least squares procedure for estimating a spatial autoregressive model with autoregressive disturbances [J]. The Journal of Real Estate Finance and Economics,1998(1):99-121.

[225] KELEJIAN H, PRUCHA I. Specification and estimation of spatial autoregressive models with autoregressive and heteroskedastic disturbances [J]. Journalof Econometrics,2010(1):53-67.

[226] LEE L. Best spatial two-stage least squares estimators for a spatial autoregressive model with autoregressive disturbances [J]. Econometric Reviews,2003(4):307-335.

[227] BIVAND R,PIRAS G. Comparing implementations of estimation methods for spatial econometrics [J]. Journal of Statistical Software,2015(1):1-36.

[228] 林光平,龙志和,吴梅.我国地区经济收敛的空间计量实证分析:1978—2002年[J].经济学(季刊),2005(S1):67-82.

[229] 吴玉鸣.中国省域经济增长趋同的空间计量经济分析[J].数量经济技术经济研究,2006(12):101-108.

[230] 林光平,龙志和,吴梅.中国地区经济 σ-收敛的空间计量实证分析[J].数量经济技术经济研究,2006(4):14-21,69.

[231] 苏良军,王芸.中国经济增长空间相关性研究——基于"长三角"与"珠三角"的实证[J].数量经济技术经济研究,2007(12):26-38.

[232] 吴玉鸣.县域经济增长集聚与差异:空间计量经济实证分析[J].世界经济文汇,2007(2):37-57.

[233] 张玉明,李凯.中国创新产出的空间分布及空间相关性研究——基于1996—2005年省际专利统计数据的空间计量分析[J].中国软科学,2007(11):97-103.

[234] 苏方林.中国省域 R&D 溢出的空间模式研究[J].科学学研究,2006(5):696-701.

[235] 李志刚,汤书昆,梁晓艳,吴灵光.我国创新产出的空间分布特征研究——基于省际专利统计数据的空间计量分析[J].科学学与科学技术管理,2006(8):64-71.

[236] 张继红,吴玉鸣,何建坤.专利创新与区域经济增长关联机制的空间计量经济分析[J].科学学与科学技术管理,2007(1):83-89.

[237] 吴玉鸣.空间计量经济模型在省域研发与创新中的应用研究[J].数量经济技术经济研究,2006(5):74-85,130.

[238] 符淼.省域专利面板数据的空间计量分析[J].研究与发展管理,2008(3):106-112.

[239] 骆永民.财政分权、空间溢出与经济增长[J].财贸研究,2008(3):66-72.

[240] 张宇麟,柳锐.我国省级财政政策收敛研究:基于空间面板数据模型的分析[J].中央财经大学学报,2008(4):19-23.

[241] 白雪梅,赵峰.我国区域经济趋同测度研究——基于面板数据空间计量模型的分析[J].财经问题研究,2011(4):108-115.

[242] 陈耀辉,殷文超.经济增长收敛的空间计量分析:以江苏省县域经济为例[J].南京财经大学学报,2013(5):8-12,20.

[243] 张可云,王裕瑾.区域经济 β 趋同的空间计量检验[J].南开学报(哲学社会科学版),2016(1):89-96.

[244] 卢睿,孙永波.县域经济增长 β 趋同的空间计量分析——以黑龙江省为例[J].经济师,2011(2):234-236.

[245] 仲深,杜磊.金融集聚对区域经济增长的影响研究——基于空间面板数据的计量经济分析[J].工业技术经济,2018(4):62-69.

[246] 李剑,姜宝.物流产业集聚对区域经济增长影响研究——基于省际数据的空间计量分析[J].中南大学学报(社会科学版),2016(4):103-110,115.

[247] 姜天龙,范静.保险业市场结构对经济增长的影响研究——基于省际面板数据的空间计量检验[J].技术经济与管理研究,2017(3):90-94.

[248] 纪玉俊,李超.我国金融产业集聚与地区经济增长——基于225个城市面板数据的空间计量检验[J].产业经济评论,2015(6):35-46.

[249] 晋盛武,盛淑洁.中国高技术产业集聚的就业效应研究——基于空间面板的实证分析[J].地理与地理信息科学,2015(1):80-86.

[250] 车树林,顾江,郭新茹.文化产业对区域绿色发展的影响研究——基于省际面板数据的空间计量分析[J].江西社会科学,2017(2):38-46.

[251] 韩峰,谢锐.生产性服务业集聚降低碳排放了吗？——对我国地级及以上城市面板数据的空间计量分析[J].数量经济技术经济研究,2017(3):40-58.

[252] 王耀中,欧阳彪,李越.生产性服务业集聚与新型城镇化——基于城市面板数据的空间计量分析[J].财经理论与实践,2014(4):105-110.

[253] 谢治春.制造业集聚与城镇化推进:基于省际面板数据的空间计量分析[J].当代经济科学,2014(4):20-25,124-125.

[254] 曾国平,吴明娥.服务业的集聚与城市化——基于省级面板数据的空间计量分析[J].城市问题,2013(12):55-61.

[255] 李长亮.城镇化、空间溢出与城乡收入差距——基于全国和省域面板数据的空间计量分析[J].经济问题,2016(6):121-125.

[256] 蓝庆新,陈超凡.新型城镇化推动产业结构升级了吗？——基于中国省级面板数据的空间计量研究[J].财经研究,2013(12):57-71.

[257] 陈含桦."新常态"背景下产业结构高级化、新型城镇化与经济增长——基于省域面板数据的空间计量分析[J].商业经济研究,

2017(21):137-141.

[258] 王坤,黄震方,余凤龙,曹芳东.中国城镇化对旅游经济影响的空间效应——基于空间面板计量模型的研究[J].旅游学刊,2016(5):15-25.

[259] 田青,马明阳.中国软件产业集聚的空间特征及影响因素——基于空间面板模型的分析[J].数学的实践与认识,2015(5):64-74.

[260] 金春雨,王伟强.我国高技术产业空间集聚及影响因素研究——基于省级面板数据的空间计量分析[J].科学学与科学技术管理,2015(7):49-56.

[261] 欧阳彪,陈洁.中国商贸服务业空间格局特征及影响因素分析——基于城市面板数据的空间计量检验[J].求索,2015(9):49-54.

[262] 周海波,胡汉辉,谢呈阳.交通基础设施、产业布局与地区收入——基于中国省级面板数据的空间计量分析[J].经济问题探索,2017(2):1-11.

[263] 万坤扬,陆文聪.中国技术创新区域变化及其成因分析——基于面板数据的空间计量经济学模型[J].科学学研究,2010(10):1582-1591.

[264] 李涛,孙研.我国西部区域创新能力影响因素的空间计量分析——基于西部地区面板数据的实证研究[J].湖南社会科学,2016(1):134-139.

[265] 余泳泽.创新要素集聚、政府支持与科技创新效率——基于省域数据的空间面板计量分析[J].经济评论,2011(2):93-101.

[266] 郭嘉仪,张庆霖.省际知识溢出与区域创新活动的空间集聚——基于空间面板计量方法的分析[J].研究与发展管理,2012(6):1-11,126.

[267] 何永达.人力资本、知识创新与服务业空间集聚——基于省际面板数据的计量分析[J].经济地理,2015(9):120-125.

[268] 郭泉恩,孙斌栋.中国高技术产业创新空间分布及其影响因素——基于面板数据的空间计量分析[J].地理科学进展,2016(10):1218-1227.

[269] 李婧,谭清美,白俊红.中国区域创新生产的空间计量分析——基于静态与动态空间面板模型的实证研究[J].管理世界,2010(7):43-55,65.

[270] 纪玉俊,李超.创新驱动与产业升级——基于我国省际面板数据的空间计量检验[J].科学学研究,2015(11):1651-1659.

[271] 张文武,熊俊.外资集聚、技术创新与地区经济增长——基于省级面板数据的空间计量分析[J].华东经济管理,2013(7):48-53.

[272] 陈得文,苗建军.考虑集聚效应的区域技术效率估计及其空间效应分析——基于SFA-空间面板数据计量模型分析[J].产业经济研究,2011(6):11-18.

[273] 郑展鹏.中国区域对外直接投资的空间效应研究——基于空间计量面板数据的分析[J].经济问题探索,2015(7):107-113.

[274] 赵云鹏,叶娇.对外直接投资对中国产业结构影响研究[J].数量经济技术经济研究,2018(3):78-95.

[275] 董春,梁银鹤.工业集聚与外商直接投资——基于空间动态面板计量模型的分析[J].财经科学,2014(6):97-107.

[276] 宋勇超.FDI、产业集聚与经济发展方式——基于面板数据空间计量模型的研究[J].商业经济研究,2016(14):163-165.

[277] 张伟,张晓青,吴学花.FDI集群经济效应及环境效应的空间面板计量分析[J].经济学动态,2013(10):96-101.

[278] 许和连,邓玉萍.外商直接投资导致了中国的环境污染吗?——基于中国省际面板数据的空间计量研究[J].管理世界,2012(2):30-43.

[279] 邵燕斐,王小斌.FDI对中国二氧化碳排放的影响——基于省域面板数据的空间计量[J].技术经济,2014(11):68-76.

[280] 姚奕,倪勤.中国地区碳强度与FDI的空间计量分析——基于空间面板模型的实证研究[J].经济地理,2011(9):1432-1438.

[281] 严雅雪,齐绍洲.外商直接投资与中国雾霾污染[J].统计研究,2017(5):69-81.

[282] 龙小宁,朱艳丽,蔡伟贤,李少民.基于空间计量模型的中国县级政府间税收竞争的实证分析[J].经济研究,2014(8):41-53.

[283] 邓慧慧,虞义华.税收竞争、地方政府策略互动行为与招商引资[J].浙江社会科学,2017(1):28-35,155-156.

[284] 康锋莉.税收竞争的空间相关性和FDI效应:一个实证分析[J].财贸研究,2008(3):73-78.

[285] 张宇麟,吕旺弟.我国省际间税收竞争的实证分析[J].税务研究,2009(6):59-61.

[286] 柴江艺.地方政府财政支出、"第三方"效应及经济外溢效应——基于空间计量面板数据的经验分析[J].社会科学家,2016(8):66-70.

[287] 袁浩然,欧阳峣.大国地方政府间税收竞争策略研究——基于中国经验数据的空间计量面板模型[J].湖南师范大学社会科学学报,2012(5):96-101.

[288] 李正升,李瑞林,王辉.中国式分权竞争与地方政府环境支出——基于省级面板数据的空间计量分析[J].经济经纬,2017(1):130-135.

[289] 张虎,赵炜涛.财政支出、城市化与经济增长的空间特征研究——基于空间相关性和空间异质性的实证分析[J].经济问题探索,2017(4):66-75.

[290] 张延,赵艳朋.财政分权、晋升激励与基础设施投资——基于中国省级面板数据的空间计量分析[J].经济问题探索,2017(12):1-9.

[291] HUCHET-BOURDON M, CHEPTEA A. Informal barriers

and agricultural trade: doesmonetary integration matter? [J]. Agricultural Economics, 2011(4): 519-530.

[292] 龚静,尹忠明.中国服务经济发展的空间集聚效应及影响因素研究——基于31省市面板数据的空间统计及计量分析[J].国际贸易问题,2015(7):97-107.

[293] 张兴,霍学喜.我国苹果出口贸易的决定因素——基于地区数据的空间计量分析[J].农业技术经济,2012(5):114-120.

[294] 谢杰,刘任余.基于空间视角的中国对外直接投资的影响因素与贸易效应研究[J].国际贸易问题,2011(6):66-74.

[295] 郝景芳.基于面板数据引力模型的中国对外贸易研究[D].清华大学,2012:30-79.

[296] 曹伟,言方荣,鲍曙明.人民币汇率变动、邻国效应与双边贸易——基于中国与"一带一路"沿线国家空间面板模型的实证研究[J].金融研究,2016(9):50-66.

[297] 刘庆林,段晓宇,汪明珠.中国农产品市场准入政策改革的福利效应——基于贸易限制指数方法的分析[J].财贸经济,2015(11):101-113.

[298] TINBERGEN J. Shaping the world economy: suggestions for an international economic policy [M]. New York: The Twentieth Century Fund,1962:70-115.

[299] ANDERSON J. A Theoretical foundation for the gravity equation [J]. The American Economic Review, 1979(1): 106-116.

[300] KRUGMAN P. Increasing returns, monopolistic competition, and international trade [J]. Journal of International Economics, 1979(4): 469-479.

[301] HELPMAN E. Imperfect competition and international trade: evidence from fourteen industrial countries [J]. Journal of the

Japanese and International Economies,1987(1):62-81.

[302] BERGSTRAND J. The gravity equation in international trade: some microeconomic foundations and empirical evidence[J]. The Review of Economics and Statistics,1985(3):474-481.

[303] BERGSTRAND J. The generalizzed gravity equation, monopolistic competition, and the factor-proportions theory in international trade[J]. The Review of Economics and Statistics,1989(1):143-153.

[304] CHANEY T. Distorted Gravity: The intensive and extensive margins of international trade [J]. The American Economic Review,2008(4):1707-1721.

[305] FEENSTRA R, MARKUSEN J, ROSE A. Using the gravity equation to differentiate among alternative theories of trade [J]. Canadian Journal of Economics,2001(2):430-447.

[306] DEARDORFF A. Determinants of bilateral trade does gravity work in a neoclassical world? [R]. NBER Working Paper, 1995:2-28.

[307] EATON J, KORTUM S. Technology, geography, and trade [J]. Econometrica,2002(5):1741-1779.

[308] GHIRONI F, MELITZ M. International trade and macroeconomic dynamics with heterogeneous firms [J]. Quarterly Journal of Economics,2005(3):865-915.

[309] 施炳展,冼国明,逯建.地理距离通过何种途径减少了贸易流量[J].世界经济,2012(7):22-41.

[310] BALTAGI B. Econometric Analysis of Panel Data [M]. New York: John Wiley,2005:15-189.

[311] MATTHIAS B, PETER N, MARIANA S. Foreign direct

investment and labour rights a panel analysis of bilateral FDI flows [J]. Applied Economics Letters,2011(1):149-152.

[312] 陈强.高等计量经济学及 Stata 应用[M].北京:高等教育出版社,2014:575-597.

# 后 记

本书基于笔者博士论文的内容修改而成。其内容构思始于笔者攻读研究生时,至今六年有余,在此期间,中国经济和贸易环境经历了重大变化。中国经济进入高质量发展阶段、"一带一路"倡议的深化推进、中美贸易争端愈演愈烈等,这些重大事件的发生使得笔者对国际贸易问题的理解更加深入,笔者也更清楚地认识到"一带一路"倡议、贸易政策、制度质量、地理空间效应对国际贸易的深刻影响。

在完成该研究的过程中,多位老师和同学给予了我莫大帮助,在此笔者深表谢意。

第一,要感谢我的研究生导师华东理工大学杨逢珉教授。《易经》有云:"见龙在田,利见大人。"杨老师就是我生命中的"大人",她引导我进入学术研究的道路,并拓展了我的学术视野。杨老师在国际贸易政策、贸易便利化、农产品贸易、欧盟问题等方面都有深入研究,她的研究范式和学术观点对本书的完成有关键作用。

第二,我要感谢加州大学圣塔巴巴拉分校(ucsb)的秦承忠教授,他在我联合培养博士期间一直鼓励并支持我。秦老师是著名的华人经济学家,对博弈论颇有造诣,他的研究启发了我从博弈的角度研究经济和贸易问题。

第三,我也要感谢华东理工大学的吴玉鸣教授、刘建国教授、孙定东副教授、叶志强老师、李佑平副教授,对本书的指导和帮助。

第四,本书也得到了诸多专家的指导,感谢上海对外经贸大学张永安教授、华东师范大学杨来科教授、上海财经大学林珏教授、上海社会科学院徐明棋教授等各位老师的批评指正,正是因为这些老师的辛苦付出，本书才能顺利完成。

第五，我也要感谢师门的金缀桥、文峰、陈媛媛、叶荣、胡亚辉、向鑫、孙晓蕾、吴梦怡、程凯、田洋洋等兄弟姐妹们的帮助和鼓励，在导师杨逢珉教授的带领下，我们就如同一个大家庭的成员，不管是论文写作还是在生活中遇到困难，师门的兄弟姐妹们都尽其所能提供帮助。同时感谢班级里的徐驰、朱振宁、杨路英、费文博、孙攀和梁乘等同学，大家为共同的目标而相聚一堂，在学习中互相帮助，他们的学术才能以及大家之间的沟通交流也为本书提供了支持。

第六，我也要特别感谢我的男友韩惠民，感谢他一直以来对我毫不动摇的支持与鼓励，本书中的很多论点论据、研究方法是在和他讨论、交流时完善的；涉及的数据整理等工作，他也耐心地给予帮助。

第七，我要感谢我的家人，感谢父母三十年来的养育之恩。从三岁开始上幼儿园一直到博士毕业工作，没有父母的支持和鼓励，我无法得到这些收获。感谢我的家人作为我最坚强的后盾一直支持着我，感谢你们不求回报的付出和操劳，虽然相距很远，但距离丝毫没有减弱你们对我的爱与支持，这份毫不保留的关切成了我努力前行的动力，感谢我亲爱的家人们！

本书的每一份成果都凝结着师友的关爱和帮助，这是我在学术研究中持久的动力。本书是我学术生涯的一个阶段性成果，在"百年未有之大变局"的当下，未来有越来越多的经济学课题值得我们去研究。木秀于林，行高于人，面对可能发生的经济贸易争端，我们作为学者，要以家国情怀为学术研究出发点，为我国经济高质量发展建言献策！

李文霞<br>2023 年 3 月<br>上海立信会计金融学院